古代歷史文化研究輯刊

初 編

王 明 蓀 主編

第14冊

蒙元帝國初期的政教關係

胡 其 德 著

國家圖書館出版品預行編目資料

蒙元帝國初期的政教關係／胡其德 著 — 初版 — 台北縣永和
市：花木蘭文化出版社，2009〔民98〕
目 2+190 面；19×26 公分
（古代歷史文化研究輯刊 初編：第 14 冊）
ISBN：978-986-6449-42-0（精裝）
1. 政教關係　2. 元代
625.7　　　　　　　　　　　　　　　　　　98002381

ISBN - 978-986-6449-42-0

9 789866 449420

古代歷史文化研究輯刊
初　編　第十四冊　　　　　　　　ISBN：978-986-6449-42-0

蒙元帝國初期的政教關係

作　　　者　胡其德
主　　　編　王明蓀
總 編 輯　杜潔祥
出　　　版　花木蘭文化出版社
發 行 所　花木蘭文化出版社
發 行 人　高小娟
聯絡地址　台北縣永和市中正路五九五號七樓之三
　　　　　電話：02-2923-1455／傳眞：02-2923-1452
網　　　址　http://www.huamulan.tw 信箱 sut81518@ms59.hinet.net
印　　　刷　普羅文化出版廣告事業
初　　　版　2009 年 3 月
定　　　價　初編 20 冊（精裝）新台幣 31,000 元

蒙元帝國初期的政教關係

胡其德　著

作者簡介

胡其德，1951 年生於台灣台南，1990 年於台灣師範大學取得文學博士學位。先後任教於台灣師範大學（1984－2006）和清雲科技大學（2006 年迄今）。從 1988 到 2006 年，先後四次赴歐洲研究，稍識西方文化和西人治學之法。以蒙古史和道教史爲專業，重要著作有《元朝驛遞制度研究》、《蒙古族騰格里觀念的演變》、〈成吉思汗即位前後的政教關係〉、〈蒙古族顏色觀念研究〉、〈太一與三一〉、〈金代太一教興起的背景分析〉、〈王重陽的解脫法門〉等。

治史之餘亦寫詩，先後出版《翡冷翠的秋晨》、《香格里拉》和《白日集》三本詩集。

提　要

　　以宏觀的歷史而言，蒙元帝國初期的政教關係可分三大階段來論：

　　第一階段：從 1189 年到 1259 年。1206 年以前，薩蠻得勢，並且左右可汗的人選；以後薩蠻失去了社會基礎，只能與可汗建立互利的私人關係。1223－1251 年間，全真道士亦頗爲蒙古可汗器重。

　　第二階段：從 1260 年到 1281 年，喇嘛最受蒙古可汗寵信，位居要津。從 1255 年到 1281 年先後三次的佛道大辯論，可汗都立足於制高點。漢地僧侶雖然取得了勝利，但是全真道並未因此而消失，而是走入民間，奠定它在華北的基礎。

　　第三階段：從 1281 年到 1304 年，此階段最受寵信的道派是從天師正一分出來的玄教。玄教宗師張留孫憑藉五朝皇帝的寵信，奠定正一之爲江南道教領袖之基礎。

　　從供需原理而言，法術越強者越受可汗重視，政教關係越密切。第一階段的薩蠻、第二階段的喇嘛，以及第三階段的喇嘛、正一道士均屬之。

　　從社會安定的角度而言，全真道士以其收納流亡、安定華北社會人心之作用，在 1223 年到 1276 年之間，曾備受蒙古可汗重視。

　　從政治控制的角度而言，蒙古可汗頗有利用宗教自由政策與宗教管理機構，以遂行其政治目的之企圖。

　　就政教關係的類型而言，蒙元帝國初期的政教關係屬於楊慶堃所謂「第一類型」（即各教派人士與統治者合作），但是，天平向蒙古可汗傾斜。即各宗派在蒙古強大武力的震懾以及蒙古可汗「汗位天授」的觀念之下，只有想盡辦法迎合可汗的旨意，以獲得恩寵和實際利益。

目

次

第一章　緒　論

　　一二〇六年，帖木眞在斡難河（Önön Mören）源立起九腳白旄纛，建號「成吉思汗」，統一了今日的外蒙全部及新疆、內蒙一部分。隨後經過祖孫三代的努力，在七十年之內，南滅金、南宋與大理，西服中亞、西亞、俄羅斯及東歐廣大地區，滅基輔公國、黑衣大食與其他小國家，締建了歷史上版圖最遼闊的帝國，帶給歐、亞兩洲人民極大的震撼，其影響至深且鉅。

　　十三世紀以來，蒙古族武功的強盛，史不絕書，學者們均耳熟能詳。有關蒙古可汗（尤其是元帝國）的政治制度與宗教信仰、宗教措施，學者們亦早已注意及此，著作不可謂不豐。惟就政治與宗教二者之關係，日本學者研究論文甚夥，然作深入的、全面的探究者，仍未之見。考其因素，大約有下列數端：

　　1. 蒙古帝國版圖遼闊，治下人民各有其固有之歷史文化，不但血統不同、語文不同，連宗教信仰也不同。欲對其作全面性的研究，以一人之力，幾乎是不可能的。

　　2. 政治的現實與微妙，宗教的神秘，教義的繁複與艱澀，均易使學者望而卻步。

　　3. 有關各教派的歷史（尤其是薩蠻教）留下的史料並不多。以有限的史料探無限之境，容易陷入主觀的臆測。

　　由於以上諸因，有關蒙元帝國初期的政教關係之研究，仍然屈指可數。其中又以探討喇嘛教（西藏佛教）與蒙古可汗的關係，漢地佛教與蒙古統治者的關係爲多，間亦有探討道教與蒙古帝國之關係者。有關蒙元帝國初期政教關係的研究，在專書方面，有札奇斯欽著《蒙古與西藏歷史關係之研究》、

《蒙古歷史與文化》，黃正旭著《喇嘛教對元代政治的影響》，孫克寬著《元代太一教考》、《元代道教之發展》，陳援庵著《南宋初河北新道教考》，鄭素春著《全真教與大蒙古國帝室》等；在論文方面，日本學者的著作甚多，較重要者有：岡田英弘〈蒙古史料中可見之初期蒙藏關係〉，圀下大慧〈元初に於ける帝室と禪僧との關係について〉，藤島建樹〈元教における政治と佛教〉、〈元朝崇佛の一面〉、〈元朝后妃の佛教信仰〉，橋本光寶〈フビライ汗とラマ教〉，野上俊靜、稻葉正就合撰〈元の帝師について〉，羽藤秀利〈成吉思汗建國當時の宗教形相〉，以及中村元〈中國佛教發展史〉第五章〈元朝的佛教〉等。中文論著亦不少，較重要者如下：譚英華〈喇嘛教與元代政治〉（收入《佛教與政治》一書），札奇斯欽〈蒙古可汗們何以信奉了土番的佛教〉、〈十三世紀蒙古君長與漢地佛道兩教〉（俱收入《蒙古史論叢》），湯曉方〈喇嘛教與元代蒙古文化〉，陳慶英、史爲民合撰〈蒙哥汗時期的蒙藏關係〉，姚從吾〈成吉思汗信任邱處機這件事對於保全中原傳統文化的貢獻〉、〈成吉思汗時代的薩蠻教〉（俱收入《姚從吾先生全集》），黃時鑒〈真金與元初政治〉、〈金元之際的全真道〉（俱收入《元史論叢》第三輯），金峰〈喇嘛教與蒙古封建政治〉，周清澍〈庫騰汗——蒙藏關係最早的溝通者〉，以及筆者在 1986 年所寫的〈成吉思汗即位前後的政教關係——以薩蠻教爲中心〉，和 1999 年所寫的〈蒙古碑刻文獻所見統治者的宗教觀念與政策〉等篇。西文方面的論著，以法國學者伯希和（Pelliot）、格魯塞（Grousset）與德米耶維爾（Demiéville）等人的研究成果較爲豐碩，將於正文中引用，茲不贅述。

在以上所列舉的論著中，外國學者與少數中國學者如姚從吾、札奇斯欽二人，皆以蒙古可汗的方面來看各教派，而大部分的中國學者則習慣以各教派的角度來看蒙古統治者。就「政教關係」這個主題而言，以上兩個相反的角度正是研究「政教關係」的兩條主線，缺一不可。而我們在研究蒙古帝國初期的政教關係時，也應當兼顧二者。只是蒙古帝國崛起與發展過程中的強大的武力，的確震懾了歐亞兩洲的老百姓，這在漢文史料中可以明顯地看出來。由於這種特性，再加上帝國境內民族的複雜、教派的繁多，使得蒙古帝國初期的政教關係有異於其他朝代。因此，在探討此時期的政教關係時，以蒙古帝國統治者的方面來看各教派的肆應，或許比以各教派的眼光來看蒙古可汗的政策，要來得寬廣而客觀。

關於「政教關係」的類型，楊慶堃曾提出三大類型：

1. 宗教人士積極地與政權合作：或支配它，或作爲它的工具而支持它。

2. 宗教人士棄絕仕途，歸隱山林。

3. 宗教人士強烈反抗當政者：爲了保全自己或取得政權。〔註1〕

日本學者阿部美哉提出類似的分類方法，他也將「政教關係」分爲三大類型：

1. 宗教與特定的社會緊密結合，加強社會規範，以資緩和社會的緊張。此原則下，政治與宗教的目的一致。

2. 隨著國家權力的確立，政治力轉強，宗教不過是強制達成政治目的之一工具而已。宗教傳統、教義、儀禮等爲了合乎政治權力的要求，而被扭曲。

3. 宗教立足於普遍性，宗教家與「社會惡」、「人間苦」等問題奮鬥，提出與政治權力意圖相反的解決方法。宗教與政治嚴陣對立。〔註2〕

阿部美哉的第一、第二類型實際上就是楊慶堃的第一類型；他的第三類型就是楊氏的第三類型。不同者在於：阿部美哉是以社會基礎這個角度來看政教關係，而楊慶堃則比較注意政教關係的緊張或和諧，強弱有層次感。

德國學者韋伯（Max Weber）在研究宗教時，特別注意到宗教價值與現實世界（政治）之間在倫理上的差距。他將宗教分成「苦修主義」（asceticism）與「神秘主義」（mysticism）兩大派別；前者比較容易與當政者合作，後者易於傾向反抗政權或逃避〔註3〕。韋伯因爲以此爲出發點，因此他就比較注意所謂「正統」與「異端」，以及理性化、世俗化的問題。

法國學者 M. Granet 則從各教派的思維方向與特質去探討它們與當政者的關係，他把道教視爲「自然主義一元論」（naturalist monism），把儒家思想（西人亦視儒家思想爲一宗教）看作是「道德的主觀主義」（moral subjectivism），把佛教視爲一種「自力的主觀主義」。由於各教派的特質不同，因此它們在各朝代的命運也不同〔註4〕。Granet 也注意到「正統」與「異端」的問題。

比較前面四種研究角度或方法，我們會發現：阿部美哉與楊慶堃比較接

〔註1〕 C. K. Yang，*Religion in Chinese Society*, University of California Press, Berkeley, Los Angeles 1970, pp. 104～5.

〔註2〕 阿部美哉《政治と宗教》，見小口偉一、堀一郎合編《宗教學辭典》，頁466。

〔註3〕 M. Weber, *The Religion of China*, the Free Press, N. Y. 1951, translated by Hans H. Gerth.

〔註4〕 M. Granet, *The Religion of the Chinese People*, translated by M. Freedman. Harper & Row, Publishers, N. Y. Hagerstown. San Francisco, London. 1975.

近，傾向於以「人的實際行為」這個角度來探討政教關係；Granet 與 Weber 比較類似，傾向於以各教派教義或思維方面來探討政教關係。這反映出東西方學者治學方法的不同。

前賢的觀點和方法，的確給我們一些啟示。不過，由於蒙元帝國及其統治者的特殊性，我們發覺用西方學者的方法來研究蒙元帝國初期的政教關係，經常會遭遇到困難。因為蒙古可汗於各教派的義理並不甚了了〔註5〕，而且由於成吉思汗大札撒所訂的宗教信仰自由政策，使得帝國初期無所謂「正統」與「異端」的問題，各教派只有政治上得勢與失勢之別而已。職是之故，我們在研究此時期的政教關係時，必須另闢蹊徑。本文擬用「功能理論」與「供需原理」來探究蒙元帝國初期的政教關係。先擬出可汗的需要，再找出各教派的功能或所能提供的協助，然後考察兩者之間的對應程度，程度較高較密切者，則該教派與統治者的關係較密切，該教派亦容易得勢。反之，對應程度較低較疏者，則該教派與統治者的關係容易疏遠，教派亦會失勢。我之所以採用此種方法來研究，是因為我在研究過程中發現蒙古可汗有強烈的功利主義傾向。當然，我也深知此項方法的局限，因為「三教合一」的情形在十三世紀以前（也就是帝國崛起以前）已經非常普遍，一人經常身兼三教，因此要判定某人是屬於哪一教派，頗有困難。因此，我們必須找出每一教派的重點與主線，才不致於迷失。

表一：茲擬「可汗的需求」與「教派的功能」如下表所示：

可 汗 的 需 求	教 派 的 功 能
1. 追求人生的快樂與享受	1. 符籙、齋醮、祈禳、煉丹
2. 長命百歲或長生不死	2. 與神靈交通、治病驅邪
3. 帝國安寧與久遠	3. 祭祀諸神、山川岳瀆
4. 天災之消弭	4. 解除天災（如求雨解除旱象）
5. 諸神靈之安慰與祭祀	5. 占卜、預言休咎
6. 疾病邪祟之驅除	6. 提出修身養性治國之術
7. 能預知吉凶，作為行動的依據	7. 組織群眾
8. 利用教團，統御信徒	8. 提供宗教慰藉，與社會福利，解決一些社會問題。

〔註 5〕此為圖下大慧之說。見〈元初に於ける帝室と禪僧との關係について〉，頁90。（《東洋學報》11/4. 1921年）

　　要附帶說明的是：並不是每一個可汗都有以上所列舉的八種需要，也並不是每一個教派，都能提供所有的功能，其間是有倚輕倚重之別的。而且道教的支派繁多，每一支派各有其特色，亦各有其主要功能。除此之外，尚可從社會經濟史的觀點與可汗的政治考慮等角度來考察政教關係。

　　蒙元帝國統治下的種族複雜，宗派猥多，本文並不想做全面的研究，而是先就「薩蠻教」與「道教」兩者與統治者的關係，作一較爲深入的探討，並試圖建立一套理論架構或新的研究方法，作爲研究其他宗派與統治者關係的參考。本文研究範圍之所以選擇「薩蠻教」與「道教」，除了上文所說的原因之外，還有其他原因：薩蠻教在十六世紀下半葉以前一直是蒙古民間信仰的主流，也爲蒙古可汗所酷信（詳下文）；而「道教」爲漢族本土宗教，在帝國初期頗受可汗寵遇（初爲全眞，後爲正一玄教），尤其是喇嘛得勢以前。薩蠻教與道教所從出的社會與承載者雖然不同，但兩者在根源與儀式方面都有諸多相似之處，可供比較。

　　關於「宗教」的定義，東西學者界說不一。西方學者著重「第一根源」（上帝）、「最終目的」（救贖）與「教會」﹝註6﹞；東方學者則著重宗教修持與儀式﹝註7﹞。這兩個不同的著眼點，正好點出了布魯格（Brugger）所謂「超越性宗教」與「內在性宗教」﹝註8﹞的特色。

　　本文對「宗教」的看法採廣義，與東方學者所持者較爲接近。本文並不打算對「宗教」下一個條舉式的或範疇式的定義，而是嘗試從「體系」的觀點來看宗教，先把宗教當作一個整體看待，再將此一體系細分成「觀念體系」、「信仰體系」與「崇拜體系」三個部分（詳圖一）。任何一種東西只要能兼攝

﹝註6﹞　布魯格《西洋哲學辭典》云：「宗教的本質，一言以蔽之，是重新與第一根源及最終目的相連繫。」（頁353）法國學者涂爾幹（Durkheim）認爲「宗教」是「能把所有信奉者都圍結在所謂教會這樣一個精神團體之中的、信仰與儀式的完整體系。」（涂爾幹：《宗教生活的基本方式》），轉引自葛兆光著《道教與中國文化》，頁136～137。

﹝註7﹞　有關東方學者對「宗教」所下的定義，可參考小口偉一和堀一郎合著的《宗教學辭典》，頁255～256。內云：「『宗』是指祭神的建築物或祭祖靈的靈廟。佛教所言的『宗』是指因爲掌握佛教根本眞理而達到的究極的、至高的境地；所謂『教』是指從各種角度引人到達『宗』的境地的言語說教。」因此，所謂「宗教」就是「宗與教」或是「入宗之教」。日本學者中村元對「宗教」所下的定義，實與上述定義相若。可參考中村元〈界の諸傳統における哲學と宗教の意義〉（蔡彥仁《晚近歐美宗教研究方法學評介》手稿轉引）。

﹝註8﹞　布魯格著，項退結譯《西洋哲學辭典》，頁353，國立編譯館。

涵蓋此三體系，即可視之爲「宗教」。至於各體系的內涵，則各宗教之間自有相異處，也有吻合處。而且內涵會隨著各教派之間的融合與相互影響，而有所改變。易言之，內涵因時因教派而異，但三體系爲任何宗教所必須具備者。用此種方法來定義宗教或解釋宗教，或許可以解決或避開一些不必要的論爭，或許也可以給宗教研究在方法上開闢另一蹊徑。

俄國學者普列漢諾夫說：「宗教是觀念、情緒和活動的相當嚴整的體系：觀念是宗教的神話因素，情緒屬於宗教感情領域，而活動則屬於宗教禮拜方面，換句話說，屬於宗教儀式方面」〔註9〕，他也是從「體系」的角度來看宗教，只是他的第二個體系與我所建構的不同。我所提出的「信仰體系」比他的「感情領域」涵蓋面要來得廣，而且有更大的包容性。因爲「感情」（應譯作「情感」較妥）只是宗教信仰的根源之一而已〔註10〕。當然，它是相當重要的一個根源，這是不能否認的。

茲將我所建構的宗教三體系圖解如下：

這三個體系中的每一個體系均分爲「主體」、「中介」與「客體」三部分，彼此之間有縱的關係。這裡所謂「主體」、「客體」是借用哲學上的名詞，惟意義略有擴充。「主體」就是「指向一個對象（客體）的自我或群體」，是觀念、信仰或崇拜的承載者，擁有者或執行者。「客體」與「主體」相對立，在本文指涉的是觀念的內涵，以及信仰、崇拜的對象。所謂「中介」指的是主體感受客體以及主客之間互相溝通的媒介人或物。觀念、信仰、崇拜三體系又可以重疊起來，變成一個廣義的宗教信仰體系（即上文所謂「宗教體系」）。此三體系之間又有橫的關係：觀念體系經過神職人員的鼓吹或由於社會習俗、禁忌等因素，會更加具體化、系統化、普及化，而形成「信仰體系」，而後者又有保存原始的、模糊的觀念之功能。「崇拜體系」一方面體現了「信仰」，另一方面具有強化信仰體系的功能。易言之：透過各種宗教儀式，使人們對「神」（或「超自然物」、「超自然性」）的信仰更加深了一層。

在這三個體系之中，以「信仰體系」爲中心。所謂宗教信仰，不論視其爲「神的恩賜」〔註11〕，或視其爲「個人的最高興趣」〔註12〕，或「對超驗

〔註 9〕 普列漢諾夫《論俄國的宗教探討》（轉引自葛兆光《道教與中國文化》一書，頁136，上海人民出版社，1987年）。

〔註10〕 烏格里諾維奇著，沈翼鵬譯《宗教心理學》，頁31～32，北京，社會科學文獻出版社，1989年）。

〔註11〕 此爲基督教神學家的看法，見前引書，頁68。

物的存在主義的眞誠信念」〔註 13〕，諸家說法有一共同點：即承認「超自然本質的存在」，並認爲它與人之間有互動的關係。〔註 14〕

在「信仰體系」之中，又以「神職人員」最爲重要。他們不但是信仰的催生者、保護者、教義的編纂者、禮拜儀式的主持者，而且也是游乎三界，交通神明的中介人物。故宗教的探討可以說是環繞著他們而立論的。

本文的研究對象以十二、三世紀蒙古族所信仰的薩滿教（Shamanism）爲主，當然，彼時蒙古族所信奉的宗教不僅僅是薩滿教而已，景教在當時的蒙古社會裡也非常流行。只是因爲薩滿教與蒙古早期的社會、後期的發展和蒙古帝國的建立有密切的關係，故以薩滿教爲研究主題。

薩蠻教是否爲一種宗教，有兩派說法：一派主張薩蠻所施的巫術（Magic）不過跡近宗教而已，它只是儀式，只是「心理技術」，不是宗教〔註 15〕；另一派主張薩蠻教雖無經典、廟宇、教團，然其功用是像一種宗教，它的思想系統是哲學，並且是一種醫術〔註 16〕。本文也是把薩蠻教當作一種宗教看待，因爲它包含了上文所述的三個體系，雖然其內涵不像其他進步宗教（如基督教、佛教、道教等）那麼成熟。

本文所涵蓋的時間，從一一八九年至一三〇四年，但以一二〇六年到一二八一年爲主，約一百年。一二〇六年是帖木眞建號成吉思汗的時候，也是有關宗教的大札撒制定的時間，對於薩蠻與可汗的關係影響很大，因此以它爲研究的出發點。一三〇四年（大德八年）則是元成宗授第三十八代天師張與材爲「正一教主，主領三山符籙」〔註 17〕，正一地位完全確立的時候，同時大德年間也是道教在至元十八年受挫而復興的時候，因此以它爲本文研究的終點。至於一二〇六年以前的情形，則視爲背景略加討論。

本書全文約二十一萬言，分七章：第一章「緒論」，說明研究方法、範圍與文章架構。第二章「蒙古族的宗教信仰」，以宗教三大體系的架構來闡釋十

〔註 12〕 此爲蒂利希之說，見前引書，頁 69。
〔註 13〕 此爲帕尼卡爾之說，見前引書 70。
〔註 14〕 前引書，頁 141。
〔註 15〕 布魯格《西洋哲學辭典》，頁 353，A. Lommel 認爲薩蠻教只是一種「心理技術」（psychological technique），而不是宗教（見 *Shamanism-The Beginnings of Art*）。
〔註 16〕 凌純聲《松花江下游的赫哲族》，頁 104～105。（《史語所專刊》甲種之十四，民國 23 年南京）引 Shirokogoroff 之說。
〔註 17〕 《漢天師世家》卷三（《正統道藏》第五八冊）。

二、三世紀蒙古族的宗教信仰。第三章「薩蠻與可汗的關係」，包含蒙古可汗的宗教信仰、宗教政策與宗教管理機構。第四章「薩蠻與蒙古可汗的關係」，含薩蠻與可汗權力的消長、薩蠻在帝國初期所扮演的角色以及一二六〇年以後薩蠻讓位給其他教派。第五章「蒙古可汗與道士」，先論金元之際道派之淵源與特質，再論道士與可汗的關係，最後論道士在元初政局中所扮演的角色。第六章「蒙古可汗宗教政策下的佛道衝突」，先以「耶律楚材與丘處機」一節作為引子，（佛道衝突的原型），次論全真教的經濟勢力，預為伏筆，最後論佛道衝突的原因、經過與影響，以及蒙古人與色目人在其間所扮演的角色。第七章「結論」，總結全文，對蒙古帝國初期政教關係，就 1. 階段 2. 功能論 3. 社會與經濟勢力 4. 可汗的政治考慮 5. 類型五個方面，加以全盤檢討。正文五章之間，彼此環環相扣：第二章是第三章的基礎，第三章所適用的對象又含攝第四、第五兩章。這兩章大體上是按照時間的先後加以論述，其中第四章第三節是本文從第四章過渡到第五章的橋樑。第六章主題為佛道關係，但是它是在蒙古可汗宗教政策下加以考察，目的在探討政教關係與教派關係兩者之間有無互動。事實上蒙元帝國初期的佛道衝突，蒙古可汗扮演仲裁的角色（詳本文），故實有討論之必要。

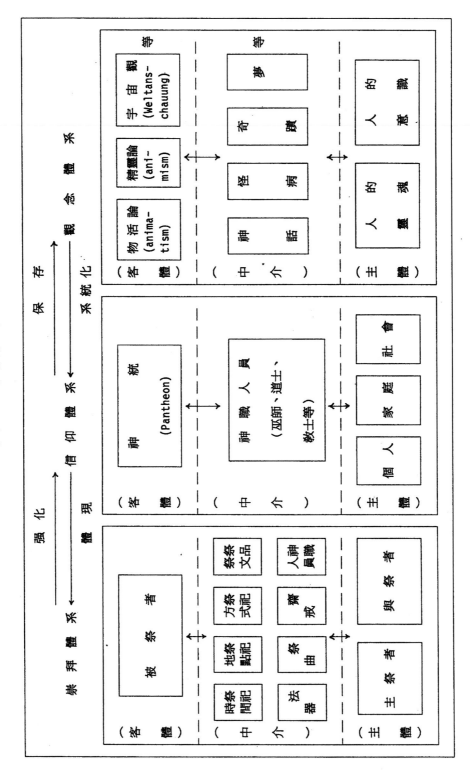

圖一：宗教體系

第二章　十二、三世紀蒙古族的宗教信仰

本章依「緒論」所提出的「宗教體系」架構，探討下列問題：

一、神統（Pantheon [註1]）如何建立——蒙古人相信哪些神靈？諸神地位與功能又如何？這一節是屬於「信仰體系」。

二、祭祀如何進行——這一節是屬於「崇拜體系」。

三、告天人（薩蠻）如何出現？他們的地位、角色又如何？——這一節屬於「信仰體系」和「崇拜體系」。

四、蒙古宗教信仰反映出何種宗教觀念？——這一節屬於「觀念體系」。

在探討過程中，每一節均注意到「時間」的因素（縱的因素），也就是注意到歷史發展過程中，各體系內涵的演變。另外，也兼顧到橫的因素，也就是其他宗教對薩蠻教的影響。

第一節　神統的建立與演變

一、天與天神——從「騰格里」（tngri）到「庫穆斯塔」（Khormusda）。

以「騰格里」來指涉「天」，自匈奴始。匈奴人稱「單于」為「撐犁孤塗」（tngri qutu），意思是指「天子」。「撐犁」即「騰格里」，意思是「天」；「孤塗」意思是「子」 [註2]。「騰格里」的語源，Hommel 認為來自蘇美語的 Dingir，李豐楙教授認為是漢語「重黎」的音轉 [註3]。迄無定論。匈奴人亦有祭天之

〔註 1〕「神統」一詞譯自 Pantheon，也有人譯為「神譜」。我採用佐佐木宏幹，「神統」的譯名（見氏著シャーマニズム，頁 50、73、77，東京，中央公論社，1980 年），只是沿用成習。其實，就薩蠻教而言，應譯為「靈統」較妥。

〔註 2〕陳師慶隆〈從借字看突厥、回紇的漢化〉（《史語所集刊》四七本三分，頁 434，1976 年）。

〔註 3〕Eliade, *Patterns of Comparative Religion*, p. 64. 1958。李豐楙《神話的故鄉——

舉，《史記·匈奴列傳》云：

> 歲正月，諸長小會單于庭，祠。五月，大會龍城，祭其先、天地、
> 鬼神。秋，馬肥，大會蹛林，課校人畜計。

《後漢書·南匈奴傳》也有類似的記載：

> 匈奴俗：歲有三龍祠，常以正月五月九月戊日祭天神。南匈奴既內
> 附，兼祠漢帝。因會諸部，議國事，走馬及駱駝爲樂。〔註4〕

以上這兩條記載很明顯地證明了匈奴人的確行祭天之儀式。而且所祭者，不僅僅是自然的「天」，更把它神格化，當作「天神」加以崇拜。不過匈奴人並未賦予「天神」一個名字，它仍然與自然「天」共用 tngri 這個稱呼；匈奴人也尚未把「天神」偶像化。《漢書·匈奴傳》有一段休屠王以金人祭天的記載：

> 明年（漢武帝元狩二年，西元前 121 年）春，漢使票騎將軍去病將
> 萬騎出隴西，過焉耆山千餘里，得胡首虜八千餘級，得休屠王祭天
> 金人。〔註5〕

這裡所謂「祭天金人」，有的說是「祭天主」（顏師古），有的說是指佛像（張晏、崔浩），但據白鳥庫吉的研究，休屠王的祭天金人是仿秦始皇十二金人而製，象徵北極紫微宮十二星擁太一神（天神），「金人」指涉的是星體，而非上天〔註6〕。白鳥之說甚有見地。匈奴人心中的天神，只是把自然天奉爲神祇加以崇拜而已，既無名字，亦未偶像化。

匈奴單于自認爲是天地所生，是「天之子」。冒頓單于致漢文帝書，自稱「天所立匈奴大單于」〔註7〕，老上單于致漢文帝書，也說自己是「天地所生，日月所置匈奴大單于」〔註8〕，本世紀在內蒙包頭出土的瓦當上有「天降單于」的字樣〔註9〕，這些文獻與考古資料，都足以證明匈奴單于的天命觀念，且單于既爲「天之子」，祭天實際上亦爲一種祭祖的表現。不過，匈奴人對於「天」與「日、月」的崇拜，未見有何高下之別。老上單于自稱「天地所生、日月

山海經》，頁 255～256，時報文化出版公司，1984 年。

〔註4〕 《史記》卷一一○〈匈奴列傳〉，頁 2892。《後漢書》卷八九〈南匈奴傳〉，頁 2944，鼎文書局。

〔註5〕 《漢書·匈奴傳》卷九四，頁 3768，鼎文書局。

〔註6〕 白鳥庫吉〈匈奴の休屠王の領域と其の祭天の金人とについて〉，收入《白鳥庫吉全集》第五冊，頁 340、346、348。

〔註7〕 《史記·匈奴列傳》卷一一○，頁 2896，鼎文書局。

〔註8〕 同上註，頁 2899。

〔註9〕 護雅夫《遊牧騎馬民族國家》（講談社，東京，1967 年），頁 175。

所置匈奴大單于」，「天地」與「日月」的職掌似有別，可是冒頓單于又說他是「天所立」，由此可見在匈奴人的觀念中，「天」與「日」是沒有什麼區別的。所別者：一較抽象，一較具體而已。不僅匈奴人如此，突厥、迴鶻（Uygur）人亦是如此。觀下文所引突厥可汗、迴鶻可敦即位的記載可知。即使是漢族，也曾有過類似的情形。《儀禮・覲禮》云：

> 祭天燔柴，祭山丘陵升，祭川沈，祭地瘞。

鄭玄注：燔柴祭天，謂祭日也。柴爲祭日，則祭地瘞者，祭月也。日月而云天地，靈之也。賈公彥疏：鄭（玄）引此諸文者，欲證此經祭天燔柴是祭日，非正祭天神，以其日亦是天神，故以祭天言之〔註10〕。《禮記・郊特牲・祭天》：「旂十有二旒，龍章而設日月，以象天地」〔註11〕。天與日等量齊觀，並且合祭，或許是宗教發展的一個普遍現象。遼、金、元三朝諸帝的龍袍上也都繡有日月圖案，忽必烈甚至下令臣民禁「繪段織日月龍虎及以龍犀飾馬鞍」〔註12〕。這些都是以日月來象徵沒有具體形象的「天」，而且爲北亞游牧民族入主中原的天子所專用。元憲宗二年八月八日，祭天於日月山〔註13〕，而且相沿成習。此「日月山」，蒙古語曰「納剌赤剌溫山」（Nara Čilagun），意思是「日石」，這也是太陽與天被等量齊觀的一佐證。

根據米開羅夫（Mikhajlov）的說法，「蒼天」（Köke Tngri）的觀念西元前五世紀即已形成〔註14〕，可是在有關匈奴（西元前三世紀末崛起）的文獻中，並未出現「蒼天」字樣。或許匈奴眞有此觀念，只因文獻不足徵耳！Köke Tngri 的字眼在突厥人文獻中則經常出現〔註15〕，可見此觀念在突厥人心中已根深蒂固。

突厥人崇拜天地與太陽。突厥可汗自認爲是天所生，是天意的代表。天是蒼色的，因此突厥人自稱 Köke Türk。〔註16〕

〔註10〕以上引文見阮元《十三經註疏・儀禮》卷二七，頁 2363，大化書局。

〔註11〕《十三經註疏・禮記》卷二六，頁 3143，大化書局。

〔註12〕《元史》卷七〈世祖本紀〉，頁 47（中華大典編印會），S. Cammann, *China's Dragon Robes*, p. 6. The Ronald Press Co. N. Y. 1952.

〔註13〕屠寄《蒙兀兒史記》卷六，頁 224，鼎文書局。

〔註14〕Mikhajlov, "Evolution of Early Forms of Religion"，收入 *Shamanism in Eurasia* 一書中，頁 97。

〔註15〕Chen, Ching-lung, "Concepts Regarding Numbers, Colors and the Cardinal Points Among the Turkic Peoples", p. 52，收入 *Proceedings of the 28th Permanent International Altaistic Conference* 一書中，Wiesbaden, 1989。

〔註16〕同上註，頁 52～53。〈芯伽可汗碑〉云：「朕是同天及天生突厥芯伽可汗」（汞・

突厥族系的太陽崇拜與拜天是混在一起的，在《北史・突厥傳》與《舊唐書・回鶻傳》中可以找到線索。《北史・突厥傳》云：

> 其主初立，近侍重臣等輿之以氈，隨日轉九回，每回臣下皆拜。〔註17〕

《舊唐書・回鶻傳》云：

> 既至虜廷，乃擇吉日，冊公主爲迴鶻可敦……。相者引公主升輿，迴紇九姓相分負其輿，隨日右轉於庭者九。公主乃降輿升樓，與可汗俱東向坐。〔註18〕

繞日九轉，正反映出東突厥、回鶻「九重天」的觀念（詳下文）。

突厥人是否已賦予「天神」以名字？吾人從突厥文的碑文中找不出來，但在西突厥 Oğuz 族（居中亞裏海與鹹海之間）稱最高的神（天神）爲 Bai Ülgen（意思是「富貴的 Ülgen」），此天神位在天上界的第九層（最高一層）。《周書・突厥傳》則記載突厥人稱呼「地神」爲「勃登凝黎」（Put Tngri, Budun Inli）〔註19〕，此所謂「突厥」不知是指東突厥，還是西突厥，我推測是後者。

契丹的柴冊儀（皇帝即位儀式），積薪爲壇，新皇帝受群臣玉冊，在全部儀式過程中，要行「再生儀」，也要拜日。禮畢，則燔柴祀天〔註20〕，「祭山儀」中，則「設天神、地祇位于木葉山，東向；中立君樹，前植群樹，以象朝班（中略）皇帝、皇后詣天神、地祇位，致奠。……」〔註21〕，這一段文字顯示出契丹的「祭山儀」也要祭天神、地祇，樹木正象徵著通天之途徑。

蒙古族與其他北亞游牧民族一樣，也崇拜天神，而且天的崇拜與太陽崇拜亦無明顯的區分。在祭天的時間、地點、方式、祭品等方面，顯然比匈奴、突厥、回鶻、契丹要來得完整而繁複（詳下文）。而且在某些方面很明顯地受到北亞早期游牧民族的影響。例如：成吉思汗即位時，坐在黑氈上，由七位領袖持舉之〔註22〕，這顯然是北魏拓跋氏與突厥、迴鶻即位典禮的翻版。護

N. Orkun, *Eski Turk Yazitlari*，第一冊，頁 56～73 與林幹〈突厥的習俗和宗教〉一文，頁 227。

〔註17〕 《北史・突厥傳》，卷九九，頁 3287，鼎文書局。《周書・突厥傳》也有相同的記載。

〔註18〕 《舊唐書・回鶻傳》，卷一九五，頁 5212～5213，鼎文書局。

〔註19〕 《周書》卷五十〈突厥傳〉，頁 910，（鼎文書局）Budun Inli 譯名引自陳慶隆師 "Concepts Among the Turkic Peoples" 一文，頁 52。

〔註20〕 《遼史》卷四九〈禮志〉，頁 836，〈國語解〉，頁 1536，鼎文。

〔註21〕 同上註，頁 834。

〔註22〕 護雅夫《游牧騎馬民族國家》，頁 100。

雅夫認為可汗即位典禮所用的氈，與薩蠻成巫式（initiation）所用的氈具有同樣的含義，象徵死後再生的聖具，是人轉成神靈的神聖場所，也是神靈降臨人間界的憑藉，也暗示可汗權力來自天上的神靈〔註23〕，「氈」是否象徵再生，尚待商榷；不過，它是人神之間的憑藉，則應無疑義。「氈」應是象徵薩蠻或可汗升天的坐騎。原始宗教有以局部代表整體者，毛氈是動物的一部分，被用來代表整隻坐騎，此解或得真諦。《多桑蒙古史》記載窩闊台，貴田汗、蒙哥汗即位時，蒞會人員都對新君九拜，新君再率臣下出帳對日三拜〔註24〕，此亦受突厥影響，只是略加改變而已。對蒙古人而言，氈亦具有其象徵意義。凡后妃妊身或帝后病危，皆移居於外氈帳房。宮車晏駕時，輿車用白氈青緣納失失為簾。〔註25〕

《蒙韃備錄》云：「（蒙古人）其俗最敬天地，每事必稱天」〔註26〕，蒙古人敬天、禮天，是十分明顯的。蒙古人對天的崇拜，受到北亞其他游牧民族的影響，已如前述。惟於十三世紀以後，開始有差異，有進一步的發展。這可從幾方面加以討論：

1. 在「天」之上，發展出「長生天」（Möngke Tngri）的觀念（詳下文「宗教觀念」）。
2. 賦予「長生天」以名字──庫穆斯塔（Khormusda）。
3. 「騰格里」（天）開始分化，多達九九個甚至一○二個之多。各個「騰格里」皆有其獨特的功能，然亦有重疊處。
4. 諸神之間的地位，開始有階層化（Stratification）的趨向。
5. 「九重天」的觀念正式確立。「九」變成「天」的屬性之一（詳下文）。

茲先就二、三、四項加以探究。

「長生天」這個語彙，最早出現在一二四○年左右成書的《蒙古秘史》（Mongol-un Niğuča Tobčiyan），以後迭出不窮。而「庫穆斯塔」一語在蒙古地區出現的時間，有三種說法：俄國學者 Banzaroff 推測它是在西元六世紀以前，隨著拜火教自波斯傳入北亞〔註27〕，Mikhajlov 則認為 Khormusda 的崇拜在成吉思汗與忽必烈（即十三世紀）時代，逐漸形成中，法國學者格魯塞

〔註23〕前引書，頁104～106，頁117。
〔註24〕馮承鈞譯《多桑蒙古史》，頁192、248、264，商務印書館。
〔註25〕《元史》卷七七，〈祭祀志〉，頁728。
〔註26〕王國維《蒙韃備錄箋證》，頁5017。
〔註27〕白馬庫吉譯，Banzaroff 著《黑教》，頁15。

（Grousset）認爲 Khormusda 源自波斯語 Ormuzd，經粟特人（Sogdians），維吾爾人（Uyğurs），傳給蒙古人〔註28〕。後二者的說法較爲可靠。因爲 Khormusda 一語出現在一四三一年編成的一本蒙文書裏〔註29〕，後來陸續出現在很多蒙文史料裏，像成書於十六、七世紀之間的《黃金史》（Altan Tobči Nova）、一六六二年成書的《蒙古源流》（Erdeni-yin Tobči）、十八世紀編成的《西蒙古厄魯特》（Ölöt）祖先神話中，均出現該字。但是在《蒙古秘史》或拉施特哀丁的《史集》（十三世紀末成書）中均未出現。由此可見：Khormusda 即使在十三世紀已經出現，仍不普遍流行。我推測它進入蒙古薩蠻教的咒文中，最早不會早於十三世紀中葉。忽必烈統治時代（西元 1260 至 1294），各教人士齊集汗廷，彼此互相接觸，互相影響，Khormusda 可能就在這時自畏兀兒人或喇嘛傳給薩蠻。而且 Khormusda 既爲諸騰格里之首，因此它之進入薩蠻教的體系，當與騰格里之分化（詳下文）同時或稍後。最晚在十四世紀初，Khormusda 這個名字已進入薩蠻的咒文中，先是口傳，然後形諸文字，載入書中。1330年（文宗至順元年）成書的《白史》（Čagan Teuke）可以證明此點。〔註30〕

次論「騰格里」的分化與「階層化」。如前所論，「騰格里」本指自然天，後指「天神」，但最初「騰格里」只有一個；易言之，在「騰格里」之前冠上名詞的是《蒙古秘史》中的「帖卜・騰格里」（Teb Tngri）〔註31〕，有關「帖卜」這個字的解釋，學者解說不一：秋浦主編的《薩滿教研究》一書，認爲是「天使」之意〔註32〕；尤外尼（Juvaini）《世界征服者史》（The History of the World Conqueror）一書把它解作 Most Heavenly〔註33〕，拉施特哀丁的《史集》一書則謂「帖卜・騰格里」的名字爲 Bout Tngri〔註34〕（Bout = Put = But）Bout，

〔註28〕 前引 Mikhajlov 之文，頁 103，馮承鈞譯、格魯塞（Grousset）著《蒙古史》，頁 51，商務。

〔註29〕 Heissig, La Religion de la Mongolie, p. 406. Payot, Paris, 1973。

〔註30〕 哈日赤〈查干圖和的作者與成書年代考〉（載《内蒙古社會科學》，1985, No.2, pp.30～33），考訂《白史》的作者爲必蘭納識里，成書年代爲 1330 年。
德國學者 Sagaster 認爲《白史》作者爲忽必烈可汗。（見氏注 Die Weisse Geschichte, p.57）當以哈日赤之說爲是。

〔註31〕 陳師慶隆在 "Concepts Regarding Numbers, Colors, and the Cardinal Points Among the Turkic Peoples" 一文中，曾談到突厥人的地神稱爲 Put Tngri。這可能就是潘世憲所云「博・騰格里」（額博考，頁 441～2）。

〔註32〕 薩滿教研究，頁 94。

〔註33〕 Juvaini, The History of the World Conqueror, p. 39.

〔註34〕 D'Hosson, L'Histoire des Mongols, p. 99. La Haye et Amsterdam, 1834。

在鄂圖曼土耳其語中爲「偶像」之意〔註35〕。那珂通世將「帖卜・騰格里」
解釋成「神巫」，道潤梯布則認爲「帖卜」即「透、通」，「帖卜騰格里」爲「通
天巫」；哈勘楚倫教授則引用維吾爾語 Tiib 與阿拉伯語 Tebib，認爲「帖卜」
乃「醫生」之謂，「帖卜騰格里」即「天醫」或「御醫」〔註36〕。Heissig 之說
與 Juvaini 頗爲接近，他認爲帖卜・騰格里乃 "The Fully-heavenly" 之意〔註
37〕。Cleaves 亦曾撰寫 "Teb Tenggeri" 一文，他把 Teb 解爲 Cunning〔註38〕。
要在這麼多解釋中找出一個眞解，實在不容易。大抵而言，上述解說可分成
兩派：一派將「帖卜」視爲名詞，另一派則視爲形容詞或由動詞轉化而成的
形容詞。我個人比較傾向道潤梯布的說法。因爲「騰格里」分化以後，諸騰
格里的名稱，其造法絕大部分是名詞加上「騰格里」〔註39〕，而且西突厥有
一神名 Put Tngri〔註40〕，與《史集》的 Bout Tngri 完全相同。至於「帖卜」
的意思是否與 Put 一樣，爲「偶像」之意，尚待進一步的研究。蒙文史料《金
輪千幅》記載成吉思汗亦封邱處機爲「帖卜・騰格里」〔註41〕，我推測此稱
呼蓋有「諸告天人之長」之意。一二二三年〈盩厔重陽萬壽宮聖旨碑〉記載
成吉思汗給邱處機的一道聖旨，內云：「教天下應有底出家人都管著者」，可
作爲旁證。

德國學者 Heissig 在《蒙古的宗教》（*La Religion de la Mongolie*）一書中
列舉了將近一百個騰格里的名字，並對其中幾個的來龍去脈加以詳述。他又
說：騰格里經常由好幾個組成一組，例如「四隅騰格里」（Dörben Jobkis-un
tngri）、「五風騰格里」（Kei-yin Tabun Tngri）、「五門騰格里」（Qagalgan-u Tabun
Tngri）、「五閃電騰格里」（Čakilgan-u Tabun Tngri）、「九黃騰格里」（Sirabur
Yisun Tngri）等皆是。而且這些騰格里譜系與游牧經濟有密切的關係。〔註42〕
Heissig 之說甚有見地。除此之外，吾人對於「騰格里」的分化尚有幾點認識：

〔註35〕Türkçe Sözlük, p. 603.（Ankara 1966）. Redhouse Sözlügü, Türkçe-ingilizce p. 941.

〔註36〕以上三說皆見哈勘楚倫教授〈成吉思汗的宗教觀〉一文。

〔註37〕Heissig, "Shaman Myth and Clan-Epic" p. 319. 收入 *Shamanism in Eurasia* 一書中，1984 年。

〔註38〕Cleaves, "Teb Tenggeri"一文收於 *Ural-Altaische Jahrbücher*, Band39, pp.248～260, 1967.

〔註39〕Heissig, *La Religion de la Mongolie*, pp. 405～459.

〔註40〕同註31，頁 5。

〔註41〕《金輪千幅》卷二，頁 4 下。（轉引自札奇斯欽〈談蒙文史料：金輪千幅〉）

〔註42〕同註29，頁 406～412。

1. 諸「騰格里」的出現，是多種文化融合的結果，因此「騰格里」的名字中，經常出現來自不同文化背景的語彙，尤以喇嘛教最多。例如：Bisnu（Visnu）Tngri, Burgan（Buddha）Tngri, Bisman Tngri（= Vaisravana）等皆是〔註43〕，而「五風騰格里」、「五門騰格里」、「五閃電騰格里」顯然受到道教的影響。

2. 諸騰格里的功能仍有重疊的現象。其共同的功能是保護向他們祈禱祭祀的人。〔註44〕

3. 隨著騰格里的分化，騰格里數目的增加，勢必帶來諸神地位的「階層化」（Stratification）。Khormusda 變成了諸騰格里之首，它既是三十三騰格里之首，又是九十九騰格里之首〔註45〕。蒙古原有的神，如旗神（Sülde）、火神（Gal）等在「騰格里化」之後（稱為 Sülde Tngri, Gal Tngri），都變成了 Khormusda 的屬下或子民了。Khormusda 與「長生天」（Möngke Tngri）變成了同義詞。與它們相對應的是人世間的可汗（Khagan, Khan）。

4. 分化後的騰格里，除了 Khormusda Tngri, Möngke Tngri 等少數幾個之外，其餘的「騰格里」已喪失原有的「天」的意義，而應解為「神靈」，或者被視為「天」的「靈體」。

二、地與地神

北亞游牧民族早期的宗教裡，天地經常合稱合祭。這自匈奴族以來已然如此，契丹人也是如此（如上文所述）。居中的突厥人大概也有合祭天地的場合，雖然祭地神的大典在烏德犍（Utugen）西五百里處舉行〔註46〕，但祭地的地點當不僅限於該處而已。不過，突厥人已把「天」與「地」慢慢分開，而賦予不同的屬性；「天」是偉大的，蒼色的；「地」是神聖的、可怕的，與「黑色」結合在一起〔註47〕。

作為自然界一部分的「天」與「地」，是同時存在的，但是神格化的「天神」與「地神」，則形成的時間並不一致。據蔡志純的說法，「地神」概念形成的時間可能要早於「天神」〔註48〕。這種說法，從人類社會發展的過程來

〔註43〕 所引諸「騰格里」，見 Heissig, *La Religion de la Mongolie* 一書。
〔註44〕 前引書，頁 417。
〔註45〕 前引書，頁 406。
〔註46〕 《周書》卷五〇，〈突厥傳〉，頁 910，鼎文書局。
〔註47〕 同註 15，頁 52～53。
〔註48〕 蔡志純〈蒙古薩滿教變革初探〉，《世界宗教研究》第四期，中國社會科學出版社，1988 年。

看，是相當合理的推測。人類先有母系社會，再進入父系社會，而且「地」距離人類較近，又能生長萬物，這使人很容易把它與母親聯想在一起，構成「地母」的概念。「地神」的性別也一直是女性。

至於「天神」與「地神」地位的高低如何，實難判斷。依常理推測，在匈奴（西元前 3 世紀）、古突厥（西元 6 世紀左右）時代，「地神」的地位當不下於「天神」，甚至超越天神。不過，自十三世紀初，蒙古帝國建立之後，「天神」的地位顯然凌駕於「地神」之上，尤其是「長生天」出現之後，更是如此。John de Mandeville 認為「地神」（itoga）為蒙古人之最高神〔註49〕，此說恐怕不能用於十三世紀之後。

蒙古人將他們所崇拜的地神稱作 Etügen。十三世紀中葉出使貴由汗廷的勃朗嘉賓（Plano Carpini）說蒙古人信仰 Itoga（Palladius 將 Itoga 視作 Etügen）〔註50〕。馬可波羅（Marco Polo）則將地神稱作 Nacigay〔註51〕。日本學者羽田亨認為 Etügen 就是女薩蠻（idughan/udughan/udaghan）〔註52〕，馬可波羅所說的 Nacigay 就是勃朗嘉賓所說的 Itoga。因為在某些蒙古語中，有 n 無 n，意義相同。例如 nimagan = imagan（羊）、nagasi = inagasi（迄今、自從、從此）皆是。而 itoga 就是 idughan，迄今達呼爾方言猶呼女薩蠻為 idughan 或 Yadhan〔註53〕。綜合以上所論，馬可波羅、Palladius、羽田亨三人皆視 idughan（= udughan = udaghan = itoga = nacigay）為 etügen。唯俄國學者 Banzaroff 持不同的看法，他認為 etügen 與 idughan 無關〔註54〕。針對這個問題，我認為羽田亨三人的說法頗為可信。就語言學的觀點而論，etügen 與 idughan 只是陰性元首與陽性元首的轉換，這在蒙古語中不少例子。例如 bida = bide（我們）、Sigira = Sigere（脛骨）、Simarga = Simergen（雪堆）、Sob = Söb（獺）、tirang = teireng（財富神）、nais = neis（和諧）、ečihu = očixu（去）、tamtarixu = temterihu（接

〔註49〕 Banzaroff 著，白鳥庫吉譯《黑教》，頁 23。

〔註50〕 馮承鈞譯《馬可波羅行紀》，頁 250，商務印書館。又見 *Journey of William of Rubruck*, p. 246. note of Rockhill.

〔註51〕 前引書，頁 246「彼等有神，名稱納赤該（Natigay），謂是地神，而保佑其子女牲畜田麥者，大受禮敬」。

〔註52〕 羽田亨《北方民族の間に於ける巫について》（收入羽田博士史學論文集，頁 461～489）。

〔註53〕 哈勘楚倫、胡格金台合著《達呼爾方言與滿蒙語之異同比較》，頁 172，學海出版社，台北。

〔註54〕 許明銀譯，Banzaroff 著《黑教》，頁 6。

觸）。就社會學的觀點而論，人類先有母系氏族社會，再有父系氏族社會。而最初擔任薩蠻者，均屬女性〔註55〕。東北鄂溫克薩蠻在禱祠中追述薩蠻的源流時；唸誦九十九個阿巴戈爾迪（Abagurdai）與七十七個奧德根（Udagan）〔註56〕，而地之靈體有七十七個，因此「奧德根」與「地神」（etügen）為同義詞。薩蠻是神的代言人，在施行法術時，被視為神，因此，「地神」與「女薩滿」用同一個字，順理成章。

邵循正認為馬可波羅行記所說的 Nacigay，即勃朗嘉賓所說的 itoga/ičoga（這個觀點與前文所論一樣），又等於「元朝秘史」所說的「亦思該」（isgai/esegei/isegei），意思是「遮風氈」或「蓋馬氈」〔註57〕。這是把地神崇拜與祖神（祖靈，蒙古語作 Ongghon，複數作 Ongghot）崇拜，混為一談。所以會造成此種混淆，是因為蒙古人有時候把地神與祖神合祭，而且祭祀方式一樣所致。勃朗嘉賓記行云：「他們（指蒙古人）禮敬日、月、火、水、和土地，每天早上飲食前，先以飲食祀之」〔註58〕，這種禮拜方式與蒙古人禮敬氈製偶像（即「翁昆」）的方式完全一樣（詳下文）。再加上「氈」（isegei）的語音與「地神」（ičoga/itoga/etügen）的語音非常接近，遂導致此種混淆。

蒙古人的祖先崇拜是伴隨地神崇拜的〔註60〕，祖神概念要比地神晚出。而在蒙古氏族社會裡，每一個氏族各有其地神和祖神作為守護靈〔註61〕，兩者也經常合祭。可是演變到後來，地神崇拜逐漸納入祖神崇拜的體系之中，祖神的地位漸漸凌駕地神之上。到了十六世紀，東蒙人最禮敬的神靈是天神與「翁昆」（祖神）〔註62〕，地神已不若以前那麼重要了。

三、日月崇拜

前文已論及：由於日月是顯而易見的天體，因此經常用來象徵「天」、代表「天」。它們也常常與「天地」同時出現在文獻與禱詞中。對匈奴人而言，

〔註55〕《薩滿教研究》，頁 55。

〔註56〕同上註，頁 57。

〔註57〕邵循正《釋 Natigai, Nacigai》（收入《元史論叢》第一輯，元史研究會編，中華書局，北京，1982 年）。

〔註58〕Dawson, *The Mongol Mission*, p. 10. Sheed and Ward, London and New York, 1955.

〔註60〕羽藤秀利《成吉思汗建國當時の宗教形相》，頁 13。

〔註61〕前引書，頁 24。

〔註62〕Heissig, *La Religion de la Mongolie*, pp. 353～354.

日月具有某種特殊的力量，可以作爲舉事的參考。《史記・匈奴列傳》云：「單于朝出營，拜日之始生，夕拜月。」〔註63〕這是每天對日月的崇拜。同書同傳又說：「舉事而候星月，月盛壯則攻戰，月虧則退兵」〔註64〕，這是以月之盈虧作爲舉事與否的依據。這裡反映出原始宗教中「月亮」主殺的觀念。

突厥族系的太陽崇拜，在《北史・突厥傳》的可汗即位典禮與《舊唐書・回鶻傳》的可敦冊立典禮（詳上文）中，表露無遺。太陽崇拜與拜天也常混在一起。

突厥族的方位觀念與太陽密不可分。他們以日升日落的途徑來決定方位名稱：太陽上升的東方，就是前方；日落之處──西方，就是後方；山向陽的一面（向陽坡）是南方，也就是近方；背陽坡稱北方，也就是上方。就語源上而言，突厥語「東方」（Togu）源自「太陽升起」（toγ-）；「西方」（bati）源自「太陽落下」（bati-）；「南方」（Küney）源自「向陽面」（Kün+ey），「北方」（Kuzay）源自「背陽面」（Kuz+ay）〔註65〕。由此可見：「太陽」在突厥族的心目中，占有十分重要的地位。同樣的，它在突厥族宗教信仰中，亦居主要地位。突厥可汗即位典禮的繞日九轉，充分反映出這個事實。

蒙古族的日月崇拜，在前文所引勃朗嘉賓記行的一段話以及蒙古可汗即位典禮中可見。另外，在《多桑蒙古史》（*L'Histoire des Mongols*）一書中，也有很清楚的記載。內云：「他們崇拜日月山河五行之屬。出帳南向，對日跪拜，奠酒於地，以酹天體五行。」〔註66〕這條記載除了顯示蒙古人對日月的崇拜之外，還有三點值得研究：

第一、對日跪拜，爲何是「南向」，而不是像突厥族一樣「東向」？

這個問題並不容易解決，吾人只能借諸旁證。《黑韃事略》記載：「其營必擇高阜，主將駐帳必向東南」〔註67〕，這裡談到蒙古軍主將營帳的門開向東南，蒙古可汗營帳的門大概也是如此。元世祖命劉秉忠設計大都城時，亦加入己見，在大內東南方設「太乙神壇」，作爲祭太乙神的地方。「太乙神」是漢族信奉的天神，不是蒙古族的神，但祭天神的方位設在東南，應是別有

〔註63〕《史記・匈奴列傳》卷一一〇，頁2892，鼎文書局。
〔註64〕同上註。
〔註65〕同註15，頁53。
〔註66〕D'Hosson, *L'Histoire des Mongols*, p. 16. 馮承鈞譯文，見頁33（商務印書館，台北）。
〔註67〕王國維《黑韃事略箋證》，頁5066。

用意。蒙古可汗拜天拜日面臨的方向極可能就是東南方，而《多桑蒙古史》所謂「出帳南向」（Vers le midi），應是東南方的略說。

第二、「奠酒於地」的「酒」，《多桑蒙古史》原文寫作 boissons，這個法文字固然有「酒」之意，但通常指一般飲料而言。我認為多桑書中的 boissons 就是「馬湩」（Kumiss），我們從很多記載中，可以得到證明。《蒙古秘史》第一○三節云：

> 帖木真從不兒罕山下來，捶著胸說……。說了就面向太陽灑奠祝禱，跪拜了九次。〔註68〕

札奇斯欽注：「灑奠」原總譯作「將馬奶子灑奠了」，可能當時灑奠必用馬湩（馬奶子）。又引《元史‧祭祀志》「國俗舊禮」條「太僕卿以朱漆盂，奉馬乳酌奠。」〔註69〕

《黃金史》（*Altan Tobči Nova*）記載成吉思汗即位時（西元 1206 年），「用馬湩向長生天灑奠祭祀，立起九斿白纛，龍王向可汗獻美玉寶璽」〔註70〕，《黑韃事略》也記載蒙古族的飲食方式：「賴馬而乳，須羊而食」〔註71〕。又載：「其軍糧：羊與泲馬（手捻其乳曰泲）。馬之初乳，日則聽其駒之食；夜則聚之以泲，貯以革器。湏洞數宿，味微酸，始可飲，謂之馬嬭子。」〔註72〕

從以上記載可知：馬湩是用在祭天、拜日及日常生活上，因此多桑書所謂「奠酒於地」指的是「馬湩」無疑。

第三、以灑馬湩於地的方式，即以「澆祭」（libation）的方式來祭天拜日，是蒙古族特有的。此點留待下文「祭祀」這一節再討論。

蒙古族與匈奴族一樣，以月之盈虧作為行事的依據。《黑韃事略》云：「其擇日行事，則視月盈虧以為進止，見新月必拜。」〔註73〕，木華黎（Muxali）國王（成吉思汗「四犬」之一）的軍旗上亦有一「黑月」〔註74〕，這使我們聯想到突厥族把黑色作為「地神」的屬性，兩者之間似有關係。根據法國學者 Eliade 的說法，「地」與「月」具有下列共同象徵屬性：（1）繁衍（2）死

〔註68〕札奇斯欽《蒙古祕史新譯並註釋》，頁 110，聯經。
〔註69〕《元史》卷七七，〈祭祀志〉，頁 728，國防研究院。
〔註70〕札奇斯欽譯《黃金史》上冊，頁 71，聯經。
〔註71〕王國維《黑韃事略箋證》，頁 5064。
〔註72〕前引書，頁 5066。
〔註73〕前引書，頁 5041。
〔註74〕王國維《蒙韃備錄箋證》。

亡（3）再生（4）生命的泉源。〔註75〕易言之，他們有共同的質素。

勃朗嘉賓說：「韃靼人（指蒙古人）呼月爲大皇帝。」〔註76〕，這是把 Kham（咸、薩蠻）與 Khan（汗、可汗）混爲一談所致。不過，令人感到困惑的是：他爲何將月亮與 Kham, khan 扯在一起？這俟諸後日的研究。

關於蒙古族的日月崇拜，還有一點值得注意的是：雖然在十二、三世紀文獻裡也經常提到禮敬日月，但是它們的地位已不如從前，尤其是突厥族所特重的太陽崇拜，已讓位給天神騰格里，尤其是在「長生天」的觀念已定型（十三世紀）之後。我們從史料中，可以找到一些蛛絲馬跡：

1. 禮拜太陽從「東向」改爲「東南向」（或南向）。南向正是天子臨朝聽政的方向。「東向」以太陽爲主、「南向」則以天子爲主，拜日方向的改變，正反映出天神地位的提高。

2. 比較突厥可汗與蒙古可汗即位典禮的過程，我們會發現一個有趣的現象：前者是君臣皆繞日九轉，後者是臣子先對新君九拜，新君再率臣下出帳對日三拜。這正是象徵著代表上天的可汗地位已經提昇了不少。

3. 《蒙韃備錄》云：「（蒙古人）其俗最敬天地，每事必稱天。」〔註77〕

4. 蒙古人祭天的日子比起匈奴突厥族要繁複得多（詳下文），這也反映出對天神的重視。

5. 十四世紀以後的祈禱文中，呼一切的諸神，但沒有提到太陽及月亮〔註78〕，太陽崇拜已經納入天神崇拜系統之中。

四、祖先崇拜

祖先崇拜有兩個來源：一是從「鬼魂崇拜」發展而來，一是從「自然崇拜」、「圖騰崇拜」衍生出來。就發生先後次序而言，後者早於前者。

匈奴人已有祖先崇拜（如上文所述），但是否將死去的祖先製成偶像，加以膜拜，則史料不足徵。突厥人的祭祖活動，出現在《周書·突厥傳》與《隋書·西突厥傳》中〔註79〕。他們是否將祖先製成偶像，亦無從考查。惟《酉陽雜俎》

〔註75〕Eliade, *Patterns of Comparative Religion*, pp. 104～5。

〔註76〕*Journey of William of Rubruck* p. 246 引 Pian Carpini 之言。

〔註77〕同註71、頁 5017。

〔註78〕Banzaroff 著、許明銀譯《黑教》，頁 5～6。

〔註79〕《周書》卷五○〈突厥傳〉：「（可汗）每歲率諸貴人祭其先窟」（頁 910）《隋書》卷八四，〈西突厥傳〉「每五月八日相聚祭神，歲遣重臣向其先世所居之窟致祭」（頁 1876～7），鼎文書局。

記載：「突厥事祅神，無祠廟，刻氈爲形，盛于皮袋。行動之處，以脂蘇塗之，或繫之竿上，四時祀之。」〔註80〕這裡的「刻氈爲形」是否就是蒙古族「翁昆」（Ongghon，木製、石製或氈製的偶像）的前身，尚待考證。有一點可以確定的是此「刻氈爲形」乃爲「事祅神」而作，與祖先崇拜無關。我推測「翁昆」的製作，大概自十二、三世紀的蒙古人開始，（也許從突厥人事祅神一事得到靈感），因爲在祭祖時，習以動物作爲犧牲，不一定要有「翁昆」作爲膜拜對象。例如遼、金、元三朝的「燒飯」（蒙古語作 inerü）祭祖儀式〔註81〕並無翁昆。

「翁昆」是從初期單純的祖先崇拜演變而來〔註82〕，因此翁昆之被視爲「祖靈」加以膜拜，是在祖先崇拜發展到相當成熟的階段，才有可能，我把時間定在十二、三世紀時。在氏族社會裡，每一個氏族體都有一定的土地神和祖神，作爲守護神。蒙古人的祖先崇拜是與土地神崇拜結合在一起〔註83〕，由薩蠻主祭。祖神（祖靈）之所以被崇拜，是因爲人們相信它們能助人抵抗來自大自然的威脅，而薩蠻的出現（詳下節），是與祖靈崇拜密切相關〔註84〕。

「翁昆」如何出現在祖先崇拜的體系之內？欲解此問題，必先追究「翁昆」最初是如何製作的。根據策‧達賴的說法，最早的翁昆是「人們把自己認爲最凶惡的東西的形狀，用木頭或石頭仿製出來，用草或毛繩捆起來，磕頭，因而產生了神像」〔註85〕，這個說法反映出一個意義：被製成翁昆的是惡靈或惡形惡狀的東西，具有特殊的能力，人們透過膜拜，將敬畏心理轉化成祈求保護的心理。蒙古人將死去的祖先奉爲神靈，也稱作「翁昆」〔註86〕，也是基於同樣的心理轉換過程。

除此之外，蒙古人也把死去的薩蠻當作「翁昆」，因此蒙古人的「翁昆」實包含兩個含義：祖靈（家庭守護靈）與薩蠻靈。而且能夠決定什麼人的靈魂死後能當翁昆的，只有薩蠻〔註87〕。祖靈憑附的對象，也是薩蠻。這些發

〔註80〕段成式《酉陽雜俎》前集，卷四，頁31，《四部叢刊初編》子部二七冊，商務印書館。

〔註81〕同註65，頁72～73。

〔註82〕同註52，頁10。

〔註83〕同註57，頁13、24。

〔註84〕同註40，頁354～5。

〔註85〕蔡志純〈蒙古薩滿教變革初探〉（《世界宗教研究》第四期，1988年引策‧達賴著《蒙古薩滿教簡史》，頁58，中國社會科學院、民族研究所油印本）。

〔註86〕同註52。

〔註87〕Heissig, *La Religion de la Mongolie*, p. 354。

展反映出薩蠻掌握了祖先崇拜與翁昆崇拜。

雖然我們不知道第一個「翁昆」的製作時間，但祖先崇拜的「翁昆化」（也就是「偶像化」）勢必對其他神靈的崇拜產生影響，而帶動某些神靈的偶像化（當然，其中包含了其他宗教的影響）。例如蒙古人的 Sülde 本來只是軍旗的神靈，後來卻被描繪成戰神的模樣。Dayičin（戰神）與 Čagan Ebügen（白髮仙翁）也是如此〔註88〕。這些都是相當晚期的發展，已超出本文研究範圍，因此點到為止。

五、火與火神

「火」在人類文明史上占有極重要的地位，而在各民族宗教信仰體系中，「火」被當作「火神」加以膜拜，也出現得很早。瑣羅亞斯德（Zoroaster）所創的「祆教」，即以禮拜聖火為主要儀式〔註89〕，時間在西元前七世紀以前。另外，據 Poppe 的研究，中亞游牧民族在西元前六、七世紀時，已有火神崇拜〔註90〕。至於北亞游牧民族的火神崇拜，則自突厥人始，時間約在西元六世紀。這從借自突厥的蒙古語 Odqan（od/ot 突厥語「火」，qan「可汗」、「汗」、「王」，Odqan 意思是「火王」、「火神」）這個字〔註91〕，以及突厥的鍛鐵傳說〔註92〕可以得到證明。另外，西突厥人事火神，在文獻上也有證據可尋。西元六世紀中葉，室點密可汗在位時，東羅馬使臣蔡馬庫斯（Zemarchus）出使西突厥，在行抵中亞索格底亞（Sogdia，即粟特）境時，有突厥人來言：能驅逐魔鬼，預阻不祥之兆。於是圍繞蔡馬庫斯及從人，取其行李置眾人之中，搖鈴繫鼓于其上。又有手持香者，火勢熊熊，來往繞走，狀類瘋狂，指天畫地，幾若魔鬼誠被其驅逐者。咒既讀畢，乃請蔡馬庫斯經過兩火間，其人亦自皆陸續走過兩火間。謂如是則妖魔悉可洗淨也〔註93〕。《大唐大慈恩寺三藏法師傳》卷二記載玄奘在中亞見「突厥事火」〔註94〕，這是七世紀初的事情。

〔註88〕 前引書，頁 438～459，頁 430，頁 431。

〔註89〕 許明銀譯、Banzaroff 著《黑教》，頁 8。
　　　　 林幹〈突厥的習俗和宗教〉，頁 228（《蒙古史論文選集》第五輯）。

〔註90〕 Heissig, *La Religion de la Mongolie*, p. 430～431。

〔註91〕 Heissig, *La Religion de la Mongolie*, p. 430～431。

〔註92〕 護雅夫《遊牧騎馬民族國家》。

〔註93〕 林幹〈突厥的習俗和宗教〉，頁 226、引張星烺《中西交通史料彙編》。

〔註94〕 慧立本《大唐大慈恩寺三藏法師傳》卷二，頁 227，《大正藏》第五十冊，史傳部（新文豐出版社）。

「火」可以驅邪淨身的習俗，爲蒙古人所承襲，使臣在晉見蒙古可汗，諸王前，須從兩火之間通過，以潔其身〔註95〕。蒙古人對於火，也有許多禁忌，例如嚴禁從火上跨越，禁止以刀觸火，禁止唾口水於火〔註96〕，也不能讓火爐（golumta）中的火熄滅等等。

北亞游牧民族的「火神」崇拜與鍛鐵的發明，有密切的關係。北亞游牧民族約在西元五、六世紀時，進入鐵器時代，相當於突厥族崛起的時候。突厥的鍛鐵出山傳說與除夕鍛鐵儀式〔註97〕，都反映出突厥人已開始用鐵。這與前文所述突厥人崇拜火神，在時間上是吻合的。吾人從遼史得知：契丹人最晚於九世紀初已進入鐵器時代〔註98〕，同樣地，契丹人也有在除夕夜拜火神的儀式〔註99〕，蒙古人則有籌火鎔鐵出山的傳說與除夕召鐵工至內廷捶鐵的儀式〔註100〕。以上這些記載，都足以證明「火神」的崇拜與鐵的發明密切相關。

「火神」的性別最初爲女性，因此它被突厥人、蒙古稱作 od galaqan eke（火母）或 gal-un eke（火母）；性別轉爲男性時，則被稱作 odqan（火王）、gal-un qan（火王）或 gal tngri（火騰格里）〔註101〕，火神性別轉變的時間是在十二、三世紀蒙古人崛起時。因爲在這個時候，火神的稱呼是男女並用。「火神」崇拜受到喇嘛教影響之後，多依梵文取名，這已超出本文討論範圍，故略去不論。「火神」最初的性別是女性，這與最初的薩蠻是女性可能有關。因爲火神的崇拜都由薩蠻主其事，火神又被認爲具有繁衍的功能。

十六世紀以後的祭火神的祈禱文中，火神被認爲是「自母 etügen（即地神）之足跡生，依 tngri（天神）等之所造」，又被視爲「太陽和月亮的一部分」〔註102〕，則火神的地位已降低矣！

〔註95〕 *Journey of John of Pian de Carpine*, p. 9。《多桑蒙古史》，頁 33。

〔註96〕 許明銀譯、Banzaroff 撰《黑教》，頁 8。蔡志純文，頁 115～116。

〔註97〕 Heissig, *La Religion de la Mongolie*, p. 430。

〔註98〕 《遼史》卷二〈太祖本紀〉云：「玄祖生撒刺的，仁民愛物，始置鐵冶，教民鼓鑄，是爲德祖，即太祖（阿保機）之父也。」（頁 24，鼎文書局），按：阿保機生於西元 872 年，則德祖撒刺的應生於九世紀初。

〔註99〕 《遼史》卷四九，〈禮志〉，「歲除儀」條：「初夕，敕使及夷離畢率執事郎君至殿前，以鹽及羊膏置爐中燎之。巫及大巫以次贊祝火神記。閣門使贊皇帝面火再拜。」頁 838，鼎文書局。

〔註100〕 馮承鈞譯《多桑蒙古史》，頁 35，商務印書館。

〔註101〕 Heissig, *La Religion de la Mongolie*, p. p. 431～3 。

〔註102〕 許明銀譯《黑教》，頁 8。蔡家麒《中國北方民族的薩滿教》，頁 15。

　　除了上述諸神之外，蒙古人還崇拜許多神祇，如山神、川神、雷神、雷神、旗神等。尤其是旗神（Sulde）對於蒙古帝國的崛起與擴張，發揮了相當的作用。而且對旗神的禱詞尤能反映出游牧經濟的色彩〔註103〕，當另文論之。

　　綜合以上所論，吾人對於十二、三世紀蒙古的宗教信仰中，神統的形成、神格的轉變以及神的地位的變遷諸方面，可作如下的結論：

　　1. 越是晚出的神，其地位反而後來居上。例如日、月、山、川、風雨諸神出現比地神早，反居地神之下；天神概念形成的時間要比地神晚，但演變到後來，卻凌駕於地神之上。祖神比地神晚出，但在蒙古帝國時代，祖先崇拜盛況已可與地神崇拜等量齊觀。

　　2. 有具體形象的自然神，讓位給沒有具體形象的神或杳不可測的天神和祖。在突厥時代（西元六世紀），太陽崇拜非常重要，但是到了十三世紀，太陽神的地位已經讓給了天神。地神崇拜則漸漸納入祖先崇拜。隨著蒙古帝國的擴張，蒙古族的宗教信仰漸漸分成「天神崇拜」與「祖先崇拜」兩大系統，前者的人間代表是可汗，後者是薩蠻。

　　3. 神的性別由女性轉成男性，火神性別的轉變就是一個顯著的例子。雅庫特人（Yakuts）、布里雅特人（Buryats）的火神皆為男性〔註104〕。相對應的是：女薩蠻的地位漸漸被男薩蠻取代。

　　4. 蒙古文化是北亞諸文化的融合結果，這使北亞民族共用的「騰格里」在蒙古帝國時代開始分化。隨著騰格里的分化，諸神地位也開始「階層化」。「騰格里」的意義也由原來的「天」、「天神」轉變成「神靈」之意。

　　5. 「翁昆」崇拜帶動了某些神靈的偶像化。

　　6. 某些神祇崇拜經過三個階段：自然物、自然神與人格神。給神取一個不同於大自然的名字或是用人的觀念去了解神，都是神的「人格化」的一種表現。

第二節　祭祀的展開

　　在研究祭祀體系（即「崇拜體系」）時，除了要注意祭者（主體）、被祭者（客體）與祭祀的中介之外，仍須注意三者之間的對應關係（縱的關係），

〔註103〕Heissig, *La Religion de la Mongolie*, p. 451。
〔註104〕托卡列夫著，魏慶征譯《世界各民族歷史上的宗教》，頁185。中國社會科學出版社，1985年。

並且它要考慮到該祭祀體系與信仰體系之間的關係（橫的關係），如此才能窺其堂奧。

有關北亞游牧民族的祭儀，留下來的資料並不多，尤其是沒有文字留下來的匈奴族，更是如此。突厥族雖有碑文留下，但可資利用者仍嫌少。蒙古族有文字，留下來的史料也不少，只是紛亂如麻，不容易理出一個頭緒來。下文僅能就研究架構作一個概括性的分析，還談不上十分縝密。

先就北亞各游牧民族祭祀時間、地點、被祭者三項製成一表，加以說明。（祭祀地點在中原者，不列入本表）

表二：北亞游牧民族祭祀時間地點對象一覽表

族　名	祭祀時間	祭祀地點	被祭者	祭品或犧牲	資料來源
匈奴	正月	單于庭祠			史記匈奴列傳
匈奴	正月戊日	單于龍祠	天神		後漢書南匈奴傳
契丹	正月		天地		遼史太祖、太宗本紀
契丹	正月		天地	青牛白馬	遼史聖宗本紀
蒙古	正月一日	天神			蒙韃備錄
契丹	二月		天地	青牛白馬	遼史太祖本紀一次、景宗四次
契丹	三月		天	酒（穆宗）、鴇（聖宗）	遼史太祖一次、穆宗兩次、聖宗一次
契丹	三月		天地	青牛白馬	遼史聖宗本紀
契丹	四月		日神		遼史聖宗本紀
蒙古	四月八日	舊桓州西北	天神	灑馬湩	元史、蒙兀兒史記
蒙古	四月九日	和林河	天神	灑馬湩	塞北紀行
蒙古	四月十六日（紅圓光日）	外蒙	天、日、祖先、旗神		蒙古秘史
匈奴	五月	蘢城	祖先、天地、鬼神		史記匈奴列傳
匈奴	五月戊日	單于龍祠	天神		後漢書南匈奴傳
突厥	五月中旬	他人水	天神		周書突厥傳
西突厥	五月八日		神		隋書西突厥傳
契丹	五月五日		天		金史禮志
契丹	五月八日		天地	青牛白馬	遼史聖宗本紀
蒙古	五月五日		天神		蒙韃備錄

蒙古	五月九日		神		盧布魯克遊記
契丹	六月		天地		遼史興宗本紀
契丹	七月	黑山	天地	酒脯	遼史穆宗本紀
契丹	七月		天地	青牛白馬	遼史聖宗本紀
契丹	七月		天	黑白羊	遼史道宗本紀
契丹	七月十五日		天		金史禮志
蒙古	七月七日或九日		祖先		元史
契丹	八月	烏孤山	天	鵝	遼史太宗本紀
契丹	八月		天地		遼史太宗本紀
契丹	八月		天地	青牛白馬、黑白羊	遼史聖宗本紀
蒙古	八月八日	日月山	天神		蒙兀兒史記
蒙古	八月廿四日	上都開平	祖先	灑馬奶、馬一、羊八、綵緞練絹各九匹、黑白羊毛纏若穗者九、貂鼠皮三	元史
蒙古	八月廿八日至九月初一		神		馬可波羅行紀
匈奴	九月戊日	龍祠	天神		後漢書南匈奴傳
契丹	九月	蹛林	日神		遼史太祖本紀
契丹	九月		天地	赤牛青馬	遼史太祖本紀
契丹	九月		天地	白黑羊、酒	遼史穆宗本紀
契丹	九月		天地	青牛白馬	遼穆宗一次、聖宗一次
契丹	九月	小山	天地		遼史穆宗本紀
契丹	九月九日	高水	天		遼史聖宗本紀
蒙古	九月九日	外蒙	祭所奉祀之神靈	灑白馬乳	塞北紀行
蒙古	九月		祖先	燒飯（inerü）	元史
蒙古	秋天	軍腦兒（Gün Nağur）	天神	灑馬乳	元史、蒙兀兒史記
契丹	十月		天地、軍神		遼史景宗本紀
契丹	十月		天地	青牛白馬	遼景宗一次、聖宗一次
契丹	十月		天地	黑白羊	遼聖宗三次

契丹	十一月		日神		遼史穆宗本紀
契丹	十一月		天地	青牛白馬	遼聖宗二次、興宗二次
蒙古	十一月	日月山	天神		蒙兀兒史記
契丹	十二月		天地		遼史太宗本紀
契丹	十二月		天地祖先		遼史穆宗本紀
契丹	十二月		天地	青牛白馬（景宗） 黑白二牲（聖宗）	遼史景宗本紀、聖宗本紀
契丹	十二月		日月		遼史聖宗本紀
契丹	十二月除夕		神神		遼史禮志
蒙古	十二月十六日以後	宮廷	祖先	燒飯、馬一、羊一 黑白羊毛線纏身	元史祭祀志「國俗舊禮」
蒙古	十二月除夕	宮廷	天、火		蒙兀兒史記
突厥	（時間不詳，可能在五月）	於都斤（ötügen）西五百里	地神		周書突厥傳
突厥	（時間不詳）	祖居地	祖先		周書突厥傳、隋書西突厥傳
突厥蒙古	可汗即位時（時間不定）	即位地	天、日		正史突厥傳，多桑蒙古史
蒙古	可汗祭日	祖陵所在地	祖先		元史、蒙兀兒史記
蒙古	（時間不定）	不兒罕山	天神、祖先	灑馬乳酒	蒙古秘史
蒙古	每年四次	太廟	祖先	奠馬乳	元史祭祀志

上表記載雖然不夠周詳，但有些是可以確定的：

（1）以「青牛白馬」或「黑白羊」祭天地是契丹族特有的，因為契丹族自認是青牛白馬的後裔。「黑白羊」祭天地，是遼穆宗定下的規矩。若撇開這兩項，我們會發現祭祀月份以正月、五月（含四月）、九月、十二月為最多。這與北亞地理環境是吻合的：正月為歲首，四五月草已青，九月秋高馬肥，十二月為歲末。若以日期論，則以戊日、八日、九日為多。其中「戊日」受漢族影響﹝註105﹞，八日或九日（尤其是九日）可能與薩蠻信仰有關。

（2）以「被祭者」而論，則以天神（天日或天地）與「祖先」為兩大系統，這種現象在蒙古帝國時代尤其明顯。這也反映天神、祖神地位提昇。

﹝註105﹞ Ching-lung Chen, "Chinese Symbolism in the Huns" p. 67（*Proceedings of the 27th Meeting of the Permanent International Conference*, 1984）。

（3）就蒙古人而言，祭天神的地方常在固定的山（如日月山或不兒罕山），因爲「山」在原始宗教裡，被視爲「天地交會之處」。

另外，蒙古人視「紅圓光日」（Khula'an tergel edür）爲非常吉祥的日子，很多大事在這一天舉行。蒙古秘史第一一八節記載帖木眞與札木合在紅圓光日那一天起營出發〔註106〕，第一九三節記載帖木眞在一二〇四年的紅圓光日灑馬奶子祭大蠹旗（tuγ）出發征乃蠻〔註107〕。吾人從祕史的記載，只知道蒙古人祭旗神。札奇斯欽推測它可能是祭祖的重要節日〔註108〕，Heissig 則認爲它是夏至日（Solstice d'été），也是一大宗教節日〔註109〕。Heissig 之說有待商榷，因爲夏至日在陽曆六月廿一日或廿二日，陰曆應是五月，不可能早到四月十六日。反過來講，四月十六日換成陽曆，亦無晚至六月廿一日者。我認爲「紅圓光日」的慶祝，應以太陽爲主要對象，兼及祭祖祭旗。顧名思義，「紅圓光日」這一天的太陽應是既紅又圓，「紅色」在原始宗教中一向被視爲「再生」，泰亦赤烏惕（Taici'ud 蒙古族一支）的慶祝活動，直到日落才散〔註110〕，可見這是爲慶祝太陽再生而舉行的。而以這一天爲祭旗神出征或拔營的日子，也是視其爲新生命的開始。陰曆四月在漢族觀念中，是陽氣、善氣最盛的時候〔註111〕，蒙古族的「紅圓光日」應與漢族節氣的「立夏」相近。

次論祭品、犧牲與祭祀方式。

匈奴族用何種祭品、何種動物作犧牲，以何種方式祭祖先、天地、鬼神，史料甚少，僅有一條「刑白馬祀天」的記載。至於休屠王的「祭天金人」受漢族影響，不是匈奴族所固有的，前文已論及。日本學者江上波夫把匈奴五月大會之地「龍城」解釋爲「以自然林木、樹木、柴薪堆積搭建而成的祭壇」，此與薩蠻祭儀所用的樹林具有同樣的意義〔註112〕。江上波夫之說有待商榷。即使江上之說能夠成立，吾人亦不能證明匈奴族與契丹族一樣有「燔柴」之舉。突厥族用何種祭品或何種動物作犧牲，史無明文。契丹族祭天地，則以「青牛白馬」或「黑白羊」爲主要之犧牲，間亦有用酒或酒脯或鳥者（詳上表）。蒙古族祭天

〔註106〕札奇斯欽《蒙古祕史新譯並註釋》，頁 133。
〔註107〕前引書，頁 262。
〔註108〕前引書，頁 88。
〔註109〕Heissig 前引書，頁 352。
〔註110〕同註 105。
〔註111〕《太平經鈔》丙部卷三：「四月巳德在上九，到於六遠八境，盛德八方，善氣陽氣莫不響相應。」
〔註112〕護雅夫《遊牧騎馬民族國家》，頁 189～190。

則以奠馬湩於地爲主，祭祖則以奠馬湩或燒飯爲主、「燒飯」（inerü）承自遼金舊習〔註113〕，而祭祖時供奉「黑白羊毛纏若穗者九」〔註114〕，或「黑白羊毛線纏身」〔註115〕，我認爲是從遼朝祭天地所用的「黑白羊」脫胎而來。至於黑白羊所具有的象徵意義，尚待進一步的研究。質言之，祭天時，奠馬湩於地，爲蒙古人所特有。此種「澆祭」（libation）既不同於漢族的「祭天燔柴」，也迥異於契丹族柴冊儀的「燔柴祀天」，頗値得吾人注意。

蒙古人非常重視馬湩，嚴禁把酒或酸馬乳（即「馬湩」）灑在地上；他們認爲這樣做，閃電會打在家畜（尤其是馬）身上或打倒他們家裡〔註116〕。何以他們在祭天或祭祖時常用馬湩？按：波斯人與印度人祭太陽神時，重要之供犧皆爲馬，且常野外薦酒於其神〔註117〕。波斯人、印度人所薦的酒是否爲馬奶酒，吾人不得而知，惟從宗教的禮拜儀式來看，薦酒於地正是最原始的方式。蒙古人在山上灑馬奶酒，一方面認爲山爲天地交會之處，最接近天，另一方面也反映出最原始的宗教信仰——地神崇拜雖已讓位給天神崇拜，然仍留其痕跡在。至今雅庫雅人（Yakuts）春秋兩季都舉行 Kumiss（馬湩）祭，面向東方，行灑奠儀式，祭畢還向地神祈禱〔註118〕可作旁證。

蒙古人除了以「澆祭」的方式祭天之外，也有以竿懸肉祭天的儀式，蒙古語稱之爲 Jügeli（主格黎）。依札奇氏之見，Jügeli 爲薩蠻教儀之一。在十二世紀，此種祭祀乃全氏族主要大典，全體氏族成員集合對其祖先或氏族神祭祀之前，先行祭天〔註119〕，Jügeli 所用的竿木，即象徵著「世界軸」（Axis mundi）、宇宙的中心點〔註120〕。此外，蒙古人也用石塊、沙土堆成圓形土包，稱作「額包」（Obo），亦爲祭天神的場所〔註121〕，我認爲「額包」是人造的、具體而微的假山，與固定的聖山，具有同樣的象徵意義。

〔註113〕 札奇斯欽《蒙古祕史新譯並註釋》引姚從吾說。

〔註114〕 《元史》卷七七、〈祭祀志〉「國俗舊禮」條，頁 728，國防研究院。《蒙兀兒史記》卷七七，頁 1924，鼎文書局。

〔註115〕 同上註。

〔註116〕 Rashid-ed-Din 著，周建奇、余大鈞譯《史集》。第一卷第一冊，頁 256〜257。

〔註117〕 加藤玄智著、鐵錚譯《世界宗教史》，頁 184，商務印書館，1972 年 3 版。

〔註118〕 潘世憲〈額博考〉（《蒙古史論文選集》，第五輯，頁 447）。

〔註119〕 札奇斯欽《蒙古祕史新譯並註釋》，頁 3。

〔註120〕 可參考 M. Eliade, *The Patterns of Comparative Religion*。

〔註121〕 蔡志純〈蒙古薩滿教變革初探〉，頁 117，1988 年。又見護雅夫《遊牧騎馬民族國家》。

蒙古人對於「翁昆」的禮敬方式是每天清晨飲食前，先以馬、牛、羊之初乳塗其口〔註122〕，這是每天必須做的簡單禮拜活動。「翁昆」體積小，便於攜帶或移動。「翁昆」崇拜十足地反映了游牧經濟生活方式。而以初乳塗「翁昆」之口，與巴布亞人（Papua）以第一批採摘的果實供奉祖先〔註123〕，具有同樣的象徵意義。

蒙古人祭天用的供品或犧牲，常呈九數，這與蒙古人「九重天」的觀念有密切的關係，容下文再論。至於主祭者、與祭者是薩蠻、族長還是可汗、皇族，則在下一節論之。

蒙古每一年祭太廟四次，是由薩蠻以蒙古語告神〔註124〕，歲末「射草狗」儀式，只限於某些氏族的人參加。「祭畢，帝后及太子嬪妃併射者，各解所配衣，俾蒙古巫覡祝讚之。祝讚畢，遂以與之，名曰脫災。」〔註125〕蒙古的射草狗與契丹巫覡之磔犬以制邪〔註126〕，具有相同的象徵意義。

第三節　「告天人」的出現

所謂「告天人」是指人神的中介，各民族稱法不一：通古斯語謂之Śaman；阿爾泰區方言、維吾爾語稱之為 Kham；蒙古語叫做 bö'e，古突厥人稱為 Śaman〔註127〕。而漢字把它寫作「薩滿」或「薩蠻」或「珊蠻」，都是 Śaman 的對音。其語源，有認為來自梵語的 Śramana〔註128〕，有認為來自中亞者〔註129〕。我在〈成吉思汗即位前後的政教關係〉一文中，曾提出質疑：假如 Śaman 源自梵語，何以東傳的過程中，只在通古斯語中保存，卻不在蒙古語中流行，亦不在維吾爾語、阿爾泰山區方言中出現〔註130〕？Banzaroff 也

〔註122〕同註29，頁352～3。

〔註123〕烏格里諾維奇著、沈翼鵬譯《宗教心理學》，頁154。

〔註124〕《元史》卷七七，頁728〈祭祀志〉「國俗舊禮」條。

〔註125〕《元史》卷七七，頁728〈祭祀志〉「國俗舊禮」條。

〔註126〕張正明《契丹史略》，頁163～5，帛書出版社。

〔註127〕蔡家麒《中國北方民族的薩滿教》，頁20。

〔註128〕羽田亨〈北方民族の間に於ける巫について〉，頁482（《羽田博士史學論文集》）。

Eliade, *Shamanism-Archaic Techniques of Ecstasy*. p. p. 236～7。

〔註129〕Banzaroff 著、白鳥庫吉譯《黑教》，頁46。

〔註130〕拙著〈成吉思汗即位前後的政教關係〉，《師大歷史學報》第15期，頁148，1987年。

認為 Śaman 一語不來自印度，因為在十六世紀以前，佛教並未深入蒙古民間，梵語不可能傳入〔註131〕。我推測 Śaman 本通古斯語，傳給柔然人（突厥族系），到了十二、三世紀蒙古人崛起時，只保留女薩蠻的通古斯發音（即idakon/idughan/ udughan），而男薩蠻則改稱 bö'e（字額，該語的起源，詳下文）。至於梵語的 Śramana（意為「禁欲者」）與 Śaman 音近，恐係巧合。從另一個角度來看，薩蠻教源於森林狩獵民族，而通古斯族的居地，正是森林地帶，故 Śaman 源自通古斯語，應屬合理的推測。日本學者中村元認為漢譯「沙門」一辭，並非梵語 Śramana 的譯音，能可能是龜茲語 Shamane 或粟特語 Shaman 的同音異譯〔註132〕。我個人認為：漢語「沙門」不管是來自梵語，或來自龜茲語、粟特語，皆與「薩蠻」無涉。

「薩蠻」作法術之事，最早出現在漢文文獻者，應推《魏書·蠕蠕（柔然）傳》〔註133〕，時間是西元六世紀初。而「刪蠻」（薩蠻）一詞的出現，則最早在十二世紀徐夢莘《三朝北盟會編》一書。卷三云：

> 兀室奸滑而有才，自製女真法律文字，成其一國，國人號為珊蠻。

> 珊蠻者，女真語巫嫗也。以其通變如神，粘罕以下皆莫能及。〔註134〕

「薩滿」這個詞彙出現在文獻上的時間雖然很晚，但薩蠻作為預言者、占卜者、主祭者或治病者，則出現得很早。據秋浦主編的《薩滿教研究》一書所云：薩蠻是母系氏族社會的產物〔註135〕，法國學者 Hamayon 認為「薩滿教與氏族組織之間有密切的關係」〔註136〕，德國學者 Heissig 則認為「薩蠻教源於祖先崇拜」、「薩蠻職位與功能是為了確保原始經濟社會的穩定與安全而設。」〔註137〕這三種說法有一個共同點，那就是：薩蠻起源於氏族社會。進一步而言，從最初的薩蠻是女性來看，在母系氏族社會應該就有薩滿。從母系氏族社會進入父系氏族社會以後，男女薩蠻依然扮演極為重要的角色。就北亞游牧民族而言，在匈奴冒頓單于崛起時（西元前三世紀），薩蠻早已存在了。護

〔註131〕同註129，頁44。

〔註132〕中村元著、余萬居譯《中國佛教發展史》。頁22。天華出版公司，台北，1984。

〔註133〕《魏書》卷一○三、〈蠕蠕傳〉。頁2297～8，鼎文書局。

〔註134〕徐夢莘《三朝北盟會編》卷三，頁10，總頁數第36。文海出版社。

〔註135〕《薩滿教研究》，頁55，上海，人民出版社。

〔註136〕R. Hamayon, "Is There a Typical Female Exercise of Shamanism in Patrilinear Societies Such as the Buryat?" pp. 310～311。收入 *Shamanism in Eurasia* 一書中。

〔註137〕Heissig, *La Religion de la Mongolie*, pp. 355～7。

雅夫說：「新石器時代營游牧生活的各氏族的族長是薩蠻。」〔註138〕薩蠻與族長的關係如何，兩者是否為一，下文再論。惟薩蠻起源於氏族社會，是鐵的事實。因為各氏族的守護靈需要憑藉薩蠻才能溝通。

西方學者試圖對 Shaman 下定義。Shirokogoroff 說：「男女薩蠻是那些已經馴服神靈的人。他們能夠引神靈入其身，並施行法術，召喚這些神靈來相助，尤其是幫助那些受惡靈折騰的人。」〔註139〕Lewis 對薩滿下的定義是：「受到啟示的先知與治病者。一個具有 Charisma 的宗教人士，他們常以化身為神靈的方式控制之。假如神靈透過他而發言，他亦能從事神祕的搏鬥以及其他身外的體驗。」〔註140〕佐佐木宏幹認為「薩蠻具有與神靈直接接觸的能力，並實行之，完成任務。在行使能力時，經常處在異常狀態之下。」〔註141〕這三個定義有一個共同點：任何薩蠻均有其助靈，均可與彼等交通，薩蠻借之以治病、預言或升天入地。易言之，薩蠻與萬靈信仰（animism）是分不開的。

《多桑蒙古史》云：「珊蠻者，其幼稚宗教之教師也，兼幻人（magicien）、解夢人、卜人、星者、醫師於一身。此輩自以各有其親狎之神靈，告彼以過去、現在、未來之祕密。擊鼓誦咒，逐漸激昂，以至迷罔。及神靈之附身也，則舞躍瞑眩，妄言吉凶。人生大事皆詢此輩巫師，信之甚切。設其預言不實，則謂有使其術無效之原因，人亦信之。」〔註142〕這一段話頗能顯示薩蠻的功能：他可以是一個魔術師、解說者、預言者，也可以是一個占卜者、主祭者與治病者。在北亞游牧社會裡，預言、占卜、治病皆薩蠻所專有，他人不得預焉。尤其是治病更能顯示薩蠻的特色：在治病時，他借重各種法器（如神鼓、護鏡、神帽、神裙以及象徵性的座騎），擊鼓誦咒，進入迷惘狀態，或脫魂（ecstasy）升天入地；或神靈入其身（spirit possession），與神交通，口出神言，覓回病者失落之靈，或找出病因，以達到治病的效果。薩蠻也因為與神交通的方式不同，而分為「脫魂型」與「憑靈型」兩種。前者又稱為「移動型」，後者又可細分成「自發性的憑靈」與「非自發性的憑靈」兩類〔註143〕。北亞游牧民族的薩蠻多屬「脫魂型」，這與游牧經濟似乎有關係。若以出身而

〔註138〕護雅夫《遊牧騎馬民族國家》，頁 184。
〔註139〕Lewis, "What is Shamanism" p. 7-p. 9.
〔註140〕Lewis, "What is Shamanism" p. 7-p. 9.
〔註141〕佐佐木宏幹《シャ——マニズム——エクスタシと憑靈の文化》，頁 26～27。
〔註142〕馮承鈞譯《多桑蒙古史》，頁 33。D'Hosson, *L'Histoire des Mongols*, p. 17。
〔註143〕佐佐木宏幹，前引書，頁 32、頁 35、頁 50。

分類，薩蠻可以分成「召命型」、「世襲型」、「修行型」三類。「召命型」的薩蠻對社會的影響力極強；「修行型」的薩蠻對社會的影響力較弱〔註144〕。十二、三世紀蒙古的薩蠻多屬召命型，即使是世襲，也要經過召命型的成巫過程。從蒙古祕史到二〇四節第二四五節、第二四六節可知：晃豁壇（Honggutan）氏為世襲的薩蠻。

在較為成熟的社會裡，「薩蠻」與「祭司」兩者的功能有嚴格的區別。美國人類學家 Mandelbaum 從功能說立論，對於此二者有詳盡的說明〔註145〕，本文不擬贅述。在十二、三世紀的蒙古社會裡，薩蠻仍兼祭司角色，擔任一部分的祭祀活動（尤其是祭祖神、地神）。

以下論薩蠻與氏族長、可汗之間的關係。

在討論這個問題時，須先考慮三者的特質與主要功能，再考慮歷史的發展，才能釐清三者之間分分合合的關係。茲以圖表示如下：

表三：薩蠻、族長、可汗主要功能表

人　物	主　要　功　能	產　生　方　式
薩　蠻	預言、祭祀、與神靈交通、治病、占卜	世襲
族　長	主持氏族會議、全族經濟活動、祭祀	世襲
可　汗	戰時統帥	非世襲（選舉），帝國建立後，改為世襲

從上表可知：薩蠻功能以祭祀、治病為主，族長掌理氏族平時事務為主，可汗則負責戰時之征伐。薩蠻與族長的主要共同點是：職位世襲。族長若為薩蠻則亦兼祭祀工作。族長與可汗最大的區別在於：一主平時，重血緣關係；一主戰時，不重血緣關係。契丹建國前的「辱紇主」與「莫賀弗」這兩個稱呼正反映出「族長」與「可汗」這兩種身分〔註146〕。氏族瓦解，帝國建立後，族長併入可汗。

就北亞遊牧民族而論，各氏族族長兼薩蠻，有過一段長時間的歷史。匈奴

〔註144〕佐佐木宏幹，前引書，頁101～102。M. Eliade, *Shamanism-Archaic Techniques of Ecstasy,* p. 250。
〔註145〕佐佐木宏幹，前引書，頁143。
〔註146〕愛宕松男著、邢復禮譯《契丹古代史研究》，頁113～116，內蒙古人民出版社，呼和浩特，1987年。

族留下的史料不多，無從證實。匈奴於五月舉行的龍城祭典，由誰主持，不得而知。不過，從「龍城」、「蹛林」這些字眼來看，確有薩蠻參與其事〔註147〕。突厥族、蒙古族這些民族的氏族長有過曾經是薩蠻的例子〔註148〕。蒙古族留下的史料較多。茲就蒙古族而論。在西元十二世紀蒙古氏族社會尚未分化解體以前，蒙古各氏族的族長尤其是林木中百姓蔑兒乞惕（Merkid）與斡亦剌惕（Oirad）的族長，都有過兼薩蠻的例子，如兀孫老人（Usun Ebügen）和豁兒赤（Khorči）皆是〔註149〕，族長與薩蠻共用「別乞」的稱呼〔註150〕，早期的布里雅特人（Buryat）曾有過被少數薩蠻統治的時代〔註151〕。蒙古帝國締建後，祭祖仍由薩蠻主持，頗能反映早先族長就是薩蠻的時代。

十二世紀以後，蒙古氏族社會進入分化解體的階段，經過「草原貴族制」時代（此時出現「混合氏族」（obog）），到十三世紀初，帖木眞建號「成吉思汗」之後，帝國正式建立，氏族完全解體，族長的權力為可汗所取代；可汗不再只是戰時統帥而已，他也是平時的領袖人物了〔註152〕。這時開始進入「可汗」與「薩蠻」對抗的時期，成吉思汗設計殺害薩蠻帖卜·騰格里，並制訂「札薩」（Jasak）約束薩蠻之後，「薩蠻」才完全屈服於「可汗」之下，專責祭祀。

護雅夫在《遊牧騎馬民族國家》一書，一再強調突厥、蒙古等族可汗的遠祖是薩蠻〔註153〕，這些可汗的遠祖是一氏族族長，他們兼薩蠻是常有之事。只是北亞遊牧社會在進入「帝國」體制時（也就是氏族瓦解時），可汗與薩蠻勢必要分開。契丹人在建立遼帝國之後，可汗與薩蠻也是各有人選、各有專司。契丹皇帝的「再生儀」與「歲除儀」，都由薩蠻主其事〔註154〕。《遼史·景宗本紀》亦明白記載：「乾亨二年冬十月辛未朔，命巫者祠天地及兵神」〔註155〕，而帖木眞兩次即位（1189 年與 1206 年），更是得力於薩蠻豁兒赤與帖卜·騰格里之

〔註147〕 護雅夫《遊牧騎馬民族國家》，頁 189、190、196。

〔註148〕 前引書，頁 115～116。

〔註149〕 札奇斯欽〈蒙古的宗教〉（收入《蒙古史論叢》，頁 77）。

〔註150〕 拙作〈成吉思汗即位前後的政教關係〉，頁 3～5。

〔註151〕 Vladimirtzov 著，張興唐、烏占坤合譯《蒙古社會制度史》，頁 57。（中華文化出版事業委員會，民國 46 年）。

〔註152〕 拙作〈成吉思汗即位前後的政教關係〉，載於《台灣師大歷史學報》第 15 期。

〔註153〕 同註 147。

〔註154〕 《遼史》卷四九〈禮志〉一「歲除儀」，頁 838。《遼史》卷五三，〈禮志〉六，「再生儀」，頁 879～880。

〔註155〕 《遼史》卷九，〈景宗本紀〉，頁 103，鼎文書局。

假借天命，這在《蒙古祕史》記載得非常詳細。質言之，由於薩蠻所擁有的特殊能力與氏族守護靈密切結合，使他們在氏族社會裏擁有極高的地位。在帝國時代，雖然屈居可汗之下，但其某些功能仍是不可取代。

至於北亞遊牧民族的鍛鐵師與薩蠻的關係，護雅夫認爲鍛鐵師不僅鍛鐵，而且製造薩蠻修儀所用的祭具，他們因爲經常接觸薩蠻的祭具，結果體會了祭具所賦有的靈力，自身亦成爲薩蠻〔註156〕。我個人認爲鍛鐵師或有成爲薩蠻的可能，「達爾罕」（Darkhan，意爲「鐵匠」、「自在人」）之用在薩蠻身上，正足以反映出此種可能。但若說北亞遊牧民族的君長皆起源於鍛鐵師，或說成吉思汗年輕時當爲鐵匠〔註157〕，則有待商榷。因爲就出現的次序而言，族長最早，其次爲薩蠻，再其次爲可汗，最後才是鍛鐵師。因此，與其說是鍛鐵師成爲薩蠻不如說是薩蠻兼鍛鐵工作，較合乎史實。至於成吉思汗年輕時曾爲鍛鐵師的傳說〔註158〕，Rockhill 已駁其爲非。他說此傳說之錯誤乃由於將成吉思汗的名字帖木眞（Temüjin）與突厥語「鐵匠」（Temürji）混爲一談所致。Rockhill 之說甚是。

在「自然崇拜」時期，人類各自膜拜天、地、日、月、山川，風雷及各種動植物神，各人皆有其守護靈，並未有專職的薩蠻出現，亦無大規模的、定期的祭典。圖騰崇拜（totemism）與薩蠻信奉（即薩蠻教 Shamanism）亦有別：前者是以「氏族祖神祕世界的逗留爲特徵，只崇拜與氏族祖有關的唯一的屬於圖騰種的動物」；後者是以「靈界巡視爲特徵，相信一切動物都有精露，所以不加區別地加以崇拜。」〔註159〕愛岩松男這個區分，甚爲敏銳。因此，吾人可以斷言：薩蠻應自祖先崇拜才有，而非如某些學者所說的起於圖騰崇拜。

綜合本節與上一節所論，吾人可仿羽藤秀利之法〔註160〕製一「神統」、「祭

〔註156〕護雅夫前引書，頁 128。
〔註157〕前引書，頁 119。
〔註158〕同上註。
〔註159〕邢復禮譯，愛宕松男著《契丹古代史研究》，頁 74～5。
〔註160〕羽藤秀利在〈成吉思汗建國當時の宗教形象〉一文中，（頁 29）曾把蒙古人的祭祀體系，製成下表：

體	靈	祭的意義
個人	守護神	本分
氏族	祖神、土地神	部族生活（地方政治）
國家	大元靈	國政

羽藤氏所謂「體」，就是我所說的「主體」，「靈」就是我所說的「客體」，「大

祀體系」、「社會發展」的對照表：

表四：神統、祭祀體系、社會型態、宗教型態對照表

主　體	客　　　　　體			
社會型態	主祭者	被　　祭　　者	宗教型態	祭祀的意義
原始社會	個　人	守護神、自然物	自然崇拜時期	個人的幸福
氏族社會	薩蠻兼族長	祖神、天地及其他守護神	祖先崇拜時期	全氏族的繁榮與福祉
帝國社會	薩　蠻	一般天神、祖神為主	祖先崇拜	薩蠻為可汗、帝國效勞
	可　汗	長生天	諸神階層化時期	

　　附帶要說明的是：宗教發展即使到了最成熟的階段，自然崇拜仍然持續著。此外，北亞各民族社會發展的速度並不一致，因此宗教型態演變的時間並不一致。而且「長生天」為蒙古族所特有，其他游牧民族即使建立帝國，也未發展出「長生天」。

　　薩蠻的性別亦值得研究。早期母系社會時代，薩蠻皆為女性，已為學者所共識。進入父系社會以後，男薩蠻的地位逐漸提高，甚至以男薩蠻為主。關於此點，我們在文獻中亦可得到證實。《梁書》上記載「狗國」云：「天監六年，有普安人渡海，為風所飄至一島，登岸，有人居止。女則如中國，而言語不可曉；男則人身而狗頭，其聲如吠」〔註161〕此所謂「人身而狗頭」正是男薩蠻著狗面具作法的描寫。而女真族有名的薩蠻兀室（即完顏希尹）〔註162〕，亦為男性。蒙古祕史中出現的薩蠻，如豁兒赤、兀孫老人以及鼎鼎大名的帖卜・騰格里，也都是男性。這些都反映出男薩蠻的地位已凌駕於女薩蠻之上。不過，男薩蠻在作法時仍著女服，這是承襲傳統而來。

第四節　蒙古族的宗教觀念

　　人、動物和大自然之間，「靈」的交流是可能的，此意識型態是原始宗

　　　　　元靈」就是「長生天」。
〔註161〕《梁書》卷五四，頁809〈諸夷傳〉，鼎文書局。《元史》卷一三〈世祖本紀〉記載「命開元等路宣慰司造船百艘，付狗國戍軍」，地望與《梁書》所云相符，足證狗國的確存在。
〔註162〕陶晉生《邊疆史研究集——宋金時期》，頁114，商務印書館，民國60年。

教精靈觀、世界觀的基調〔註 163〕，而薩蠻教的觀念正是以「精靈觀」（animism，即「萬物皆有靈論」）為中心。「精靈觀」是以「物活論」（animatism，萬物皆有神祕意志論）〔註 164〕發展而來，但比後者更進一步。底下先就精靈觀加以探究。

（一）精靈觀──從「守護靈」到「翁昆」

英國人類學家泰勒（Tylor）在論宗教的起源與本質時，提出「靈的存在」（Spiritual beings）的觀念。此「靈的存在」包含「靈魂」（soul）、「死靈」（ghost）、「精靈」（spirits）三種。所謂「精靈」，就是超乎人類之外、浮游於空中的靈的存在。〔註 165〕，北亞的薩蠻也把人死後的「靈魂」視為精靈。對葉尼塞族薩蠻而言，最重要以精靈就是他的祖靈〔註 166〕。蒙古人認為神靈是充滿於宇宙之間，也相信死者之靈對生者會降禍福〔註 167〕。本文則把「精靈」與「神靈」視為同義詞，包含三者。前面所用的天神、地神、日神、月神、祖神等名稱，正確地說，應是「天靈」、「地靈」、「日靈」、「月靈」、「祖靈」等，所以使用前者，只是約定俗成而已。本文所用的「神」，與西方一神教的「神」的觀念迥不相侔。下文在討論「長生天」的觀念時，會再作進一步的說明。

薩蠻之所以成為薩蠻，在於他們具有與神靈交通的能力。但是在薩蠻未出現在人類社會以前，每個人都擁有守護靈，也都有靈力（蒙古語作 udxa）。薩蠻出現以後，他們之所以異於別人者，在於他們能夠將天賦的靈力發揮特殊的功能〔註 168〕，因此演變到後來，「靈力」與「守護靈」變成為薩蠻所專有。薩蠻的「靈力」藉著血緣傳給後代，多半是傳兒子，這也是男薩滿地位高於女薩滿的原因之一，也是薩蠻世襲的原因。此外，「靈力」是借陰莖或肚臍而傳〔註 169〕。

在氏族社會裡，各氏族皆有其祖靈和守護靈，薩蠻的職責就是和他們交

〔註163〕佐佐木宏幹前引書，頁 81。
〔註164〕此譯名採自愛宕松男《契丹古代史研究》一書，頁 74。
〔註165〕小口偉一、堀一郎合編《宗教學辭典》，頁 491。
〔註166〕護雅夫《遊牧騎馬民族國家》，頁 152。
〔註167〕Banzaroff 著、許明銀譯《黑教》，頁 10。
〔註168〕羽藤秀利〈成吉思汗建國當時の宗教形相〉，頁 23～24。
〔註169〕「靈力」一語引自 R. Hamayon 前引文，頁 310。A. Lommel, *Shamanism-the Beginnings of Art*, p.p. 99～100. 托卡列夫認為 udxa 意即「薩蠻之根柢」（見《世界各民族歷史上的宗教》中譯本，頁 179。）

通。蒙古人更認爲氏族之間的爭權奪利，就是雙方氏族靈之間的搏鬥。蒙古祕史記載札木合被帖木眞擊敗之後，說：「我爲有天命的安答（Anda，蒙古語「朋友」）所勝（中略），我生來另有源流，可是被生來多福的安答的威靈所壓服」〔註170〕。札木合與帖木眞分屬於不同的氏族，故有是語。甲氏族併吞乙氏族之後，就可以把對方的氏族靈據爲己有。擁有更多的神靈，則更能保障本氏族的安全與壯大。這也是爲什麼北亞游牧民族在作戰前，都要請薩蠻作法，祈求天地、祖先、軍神保佑的緣故。

　　「翁昆」的崇拜反映出蒙古族已有靈魂不滅的觀念。某些薩蠻、領袖或特殊人物死後，變成翁昆，他們的靈魂對生人有影響力，可以降福，也可能爲禍。翁昆的崇拜，其目的即在祈福禳災〔註171〕。

　　蒙古人又將神靈分成善惡兩類，翁昆也分成善惡兩類。本來翁昆崇拜僅限於自己的祖先，對本族人加以保護，後來演變成崇拜與己毫無關係的翁昆〔註172〕。這正是氏族不斷分化，不斷爭奪的結果，也是「血族復仇」衍生出的觀念。某一強大的氏族在併吞別氏族之後，可以崇拜很多翁昆；相反地，被消滅的氏族屬下的人民，則被迫崇拜他族的翁昆。而敵對的氏族（即被消滅的氏族）的翁昆，被視爲「惡靈」而加以崇拜。因爲不管是善靈或是惡靈，皆被視爲強有力的，都可引來相助。茲以成吉思汗在征金前的禱祠爲例，加以說明：

> 長生之天，阿勒壇汗（Altan Khan，指金朝皇帝）辱殺我諸父別兒罕、俺巴孩二人。脫汝許我復仇，請以臂助；並命下地之人類以及善惡諸神聯合輔我。〔註173〕

北亞的薩蠻是如何與神靈溝通的呢？關於這個問題，在法國學者 Eliade 名著 *Shamanism: Archaic Techniques of Ecstasy*（《薩滿教——古代脫魂術》）與佐佐木宏幹《シャ——マニズム——エクスタシと憑靈の文化》（《薩蠻教——脫魂與憑靈文化》）、Heissig《蒙古宗教》（*La Religion de la Mongolie*）、A. Lommel《薩蠻教——藝術的起源》（*Shamanism-The Beginnings of Art*）四本書中描述得非常詳細，本文不擬再贅述。大抵而言，薩蠻借重各種法器，或模仿動物

〔註170〕札奇斯欽《蒙古祕史新譯並註釋》，頁285。
〔註171〕同註54。
〔註172〕同註54、頁10～11。
〔註173〕馮承鈞譯《多桑蒙古史》，頁69。

的叫聲、動作或帶動物面具，或口誦咒文，所有這些舉動無非都要與動物精靈接近，或象徵性地變成動物精靈本身。薩蠻如欲升天，則必須假借樹枝、木杖、黑氈（或白氈）或羽毛衣〔註174〕，這些東西或象徵蛇，或象徵馬、或象徵飛禽，或鵝。不管升天或入地，薩蠻都要帶一些象徵性的禮物或信物或可以驅邪（驅逐障礙）的東西。薩蠻作法時，常呼喚他自己的守護靈前來相助。守護靈越多的薩蠻，法力越強。

（二）宇宙觀（世界觀 Weltanschauung）

世界各地的薩蠻都認為宇宙由「天上界」「地上界」與「地下界」組成。北亞的薩蠻也不例外。薩蠻教對於「地下界」的結構沒有像「天上界」那麼成熟，那麼有系統。東北亞女眞族的傳說《尼山薩蠻傳》記載薩蠻如何到地下界尋找病人的靈魂〔註175〕，但在北亞薩蠻信仰裏，有關薩蠻入地下界的記載較少〔註176〕，這應當是宗教發展到了晚期，天神地位提高所導致的結果，在宗教最原始的階段，地神（或地母）地位極為重要的時候，有關薩蠻入地的傳說應當不少。最高神從地神轉到天神，薩蠻脫魂從入地到升天，薩蠻的化身從「魚」，到「馬」，到「金鷹」〔註177〕，此三者之間彼此可以互相對照，它們都透露出同一個訊息：諸神地位的轉變。

天上界到底有幾重？我們從突厥與蒙古的薩蠻入巫儀式或祭祀儀式或可汗即位儀式，可以看出早在古突厥時代，北亞游牧民族已有「九重天」的觀念。關于突厥可汗即位時「繞日九轉」之事，前文已指出：它象徵著「九重天」。而突厥於每年刑白馬一隻祭天，典禮持續三夜。立一帳，中有樺樹，樹上刻有九個凹痕，象徵九重天，最高天住著天神 Ülgen，薩蠻行法術，登上九重天，觀見 Ülgen，獻上祭品，取回失落之靈〔註178〕。布里亞特蒙古族薩蠻的成巫式（initiation）中有「昇天儀式」，新薩蠻坐於毛氈上，繞著立於帳外的九棵樺樹轉九次，每爬上一棵樹，於其上鑿九凹痕。在每一顆樹的頂端，

〔註174〕 A. Lommel, *Shamanism-The Beginnings of Art*, p. p. 84～99。
M. Eliade, *Shamanism-Archaic Techniques of Ecstasy*。
〔註175〕 莊吉發師譯註《尼山薩蠻傳》，文史哲出版社，1977 年。
〔註176〕 A. Lommel 前引書記載薩蠻祈求地母賦予婦女性慾的儀式。
〔註177〕 亞美尼亞史家 Grigor of Akan'c 所著《弓手國族史》云：「上帝的使者化作金鷹，將上帝的旨意傳給了他們的領袖鐵木眞」（轉引自札奇斯欽《蒙古黃金史譯註》，頁 22）。
〔註178〕 M. Eliade, *Patterns of Comparative Religion*, p. p. 105～6。

他陷入迷惘（trance），這九棵樹如同九道凹痕一樣，象徵著九重天〔註179〕，芬蘭學者 Harva 認為布里亞特蒙古薩蠻的成巫式，很可能脫胎於波斯的 Mithra 神話。該神話將天分為七層：第一層是土星，第二層是金星，第三層是木星，第四層是水星，第五層是火星，第六層是月亮，第七層是太陽〔註180〕。Eliade 認為 Harva 的假設似乎可以成立，因為中亞地區的神話裏有很多波斯神話的因子，波斯文化透過粟特人（Sogdians）從中亞傳入蒙古〔註181〕。我個人認為 Harva 與 Eliade 的推測都很合理。因為至今阿爾泰地區的蒙古薩蠻每年祭最高神 Ülgen 時，薩蠻也是爬上樺樹，象徵登天，天第六重就是月亮，第七重就是太陽，再往上昇，一直到蒼穹最高點，就可以見到 Ülgen。這與前述波斯之 Mithra 神話諸星體（即諸神）的位置完全吻合。波斯地區天文學極為發達，波斯人已把七大行星神格化，並予以安排層位。而中亞的粟特人擅長經商，往來於中亞與北亞之間，因此把波斯神話傳入蒙古地區是相當可能的。只是 Harva 與 Eliade 兩人留下兩個問題沒有解決：（1）粟特人在何時把波斯「七重天」的觀念傳入蒙古？（2）波斯「七重天」的觀念傳入蒙古地區之後，如何演變成「九重天」？

　　關於第一個問題，吾人可以從粟特人東來經商的歷史加以考察。根據掛田良雄博士論文《粟特的研究》，得知粟特人早在漢代已到中國，至魏晉南北朝時代，仍繼續東來。在隋唐時代，粟特人東來的人數達於極盛〔註182〕。讓我們再回憶一下《北史・突厥傳》與《舊唐書・回鶻傳》中所記載的可汗即位儀式與可敦冊立儀式，我們似乎可以說：粟特人把波斯「七重天」的觀念帶到北亞，應在魏晉南北朝時代，最晚不會晚於唐代。

　　第二個問題殊難解決，因為牽涉到文化一元論或多元論。眾所周知，漢族「乾九」的觀念早在上古時代就已形成。漢族的觀念經由與游牧民族接觸的結果，把「乾九」的觀念傳入北亞，是可以設想的，只是我們在文獻上，在傳統上，找不到任何證據。而且漢族有以十二象天，如《禮記》所云者。因此，到目前為止，我們無法判定北亞蒙古的「九重天」的觀念是否受到漢

〔註179〕 M. Eliade, *Shamanism-Archaic Techniques of Ecstasy*, p. p. 119～120.
　　　　 Patterns of Comparative Religion, p. 105。
〔註180〕 前引書，頁121。
〔註181〕 前引書，頁122。
〔註182〕 掛田良雄《粟特的研究》，國立台灣師範大學歷史研究所博士論文，民國77年。

族影響。忽必烈入主中原以後，採行漢制，引用漢族「乾九坤六」的觀念，則是顯而易見的事實。或許，北亞游牧民族將波斯的「七重天」觀念自行衍成「九重天」的觀念，亦未可知。

無論如何，「九重天」的觀念在突厥族崛起時代已定型，傳給十二、三世紀蒙古人，一直流傳至今。而在十三世紀初，蒙古帝國崛起之後，「九」遂為可汗（天子）所專用〔註183〕。這顯然是從「九重天」的觀念演變而來，天既有九重，「九」遂成為天之屬性，可汗為天之子，遂能與「天」一樣，共用「九」數。

雖有空間觀念（宇宙觀），但他們的時間觀念卻極為模糊。原始民族通常沒有強烈的時間觀念；他們只生活在「現在」與「過去」（即「原始時代」）。「現在」的生活是奠基於不斷重複「原始的過去」的事情。而「原始的過去」的象徵就是，他們不僅生活在「現在」，也生活在「過去」，因為「過去」的創生力仍在他體內活躍著〔註184〕。Heissig 也說薩蠻沒有來世的觀念〔註185〕。職是以觀：薩蠻的宇宙觀就是「過去」的凝結——一個「人神可以直接交通」的原始的過去。薩蠻的升天入地，只是重複過去所發生的，人人皆可為的事情。易言之，薩蠻教的「時間」觀念是藉著「宇宙」觀念來體現的。

（三）天志觀與天命觀

蒙古人既敬天，又畏天。此種敬畏的情緒，一方面表現在他們的風俗習慣、禁忌之中、另一方面也表現在他們的敬天儀式上。《蒙韃備錄》記載蒙古人，「其常談必曰：托著長生天底氣力、皇帝底福蔭。彼所欲為之事，則曰天教恁地；人所已為之事，則曰天識者（tngri či mede），無一事不歸之天。自韃主至其民無不然。」〔註186〕蒙古人也嚴禁把酒或酸馬奶倒在地上，認為這樣做會遭到天譴：閃電會打在家畜身上或他們家裏。蒙古人以最好的祭品來供犧來拜天，前文已述及，茲不贅言。質言之，蒙古人認為上天有意志，能夠行賞罰，降禍福，主宰人的命運。此觀念，本文姑以「天志」名之。

「天志」觀進一步發展，會演變成「天命」觀。但並不是每一個人都會有此種觀念。大抵而言，「天命觀」的承載者多半是領袖人物。就北亞游牧民族而

〔註183〕拙著〈十三、四世紀蒙古族數字觀初探——以三、九為中心〉，頁8～9。

〔註184〕A. Lommel, *Shamanism-The Beginnings of Art*, p. 75。

〔註185〕Heissig, *La Religion de la Mongolie*, p. 363.

〔註186〕王國維《蒙韃備錄箋註》（收入《王觀堂先生合集》第十二冊，頁5047），文華出版社。

言，文獻上最早有「天命」觀念的是西元前三世紀的匈奴單于，他們自認爲是「天地所生，日月所置」，又自以爲是「天降」，如前文所述者。突厥可汗也有「天命」的觀念，這在突厥碑文中可以明顯地看出來。如〈苾伽可汗碑〉云：「朕是同天及天生突厥苾伽可汗」〔註187〕，〈闕特勤碑〉云：「尊撐梨（tngri）之□□，受屠耆之寵任」〔註188〕。契丹族的遼太祖自號天皇王〔註189〕，其中含有天命觀，蒙古可汗也有「天命」的觀念。此「天命」蒙古語叫做 Jayaga，這在《蒙古秘史》與《黃金史》中可以找到很多資料，例如第一節云：「成吉思汗的先世，是奉上天之命而生的孛兒帖赤那（Börte Činua）〔註190〕，第一二一節云：「天地商議好，要叫帖本眞作國家之主」〔註191〕。第二○節記載阿蘭・豁阿說她晚出的三子「顯然是上天的子息」〔註192〕。《黃金史》記載成吉思汗擊敗泰亦赤烏人之後說：「我並非靠體力過人，做了國主；我是靠了我父上天的恩命才當的。我不是靠我賢明異常做了可汗，我是靠著皇天我父的恩命才當的」〔註193〕。

　　蒙古可汗更把「天命」觀念進一步衍生爲「長生天」的觀念。這是蒙古可汗所特有的，匈奴單于與突厥可汗均未有此觀念。蒙古可汗自何時開始有此種觀念呢？吾人從《蒙古秘史》與蒙古可汗白話碑中，可以尋其端倪。

　　《蒙古秘史》有關一一八九年至一二○六之間的記載，帖木眞有時用「上天」、「天父」字眼，有時用「長生天」字眼〔註194〕。在一二○六年以後，則頻頻出現「長生天」字樣，光是《蒙古秘史》就出現八次之多〔註195〕。這八次之中，只有第二四四節那一次是薩滿帖卜・騰格里說的，時間是一二○六年成吉思汗建號即位不久。彼時薩蠻權力仍大，迨成吉思汗設計殺害帖卜・騰格里之後，不再有任何薩蠻能用「長生天」字眼。

　　我們如將一二○六年以後一二九五年以前的蒙古白話碑彙集，作一比較，會發現其中有規則存在。我把它們歸納成三種模式：

〔註187〕同註16所引〈苾伽可汗碑〉。
〔註188〕唐玄宗御製〈故闕特勤碑〉（收入鈴木氏餐菊軒印行〈闕特勤碑譯文〉，1935年）。
〔註189〕《遼史》卷一〈太祖本紀〉，頁10，鼎文書局。
〔註190〕札奇斯欽《蒙古祕史新譯並註釋》，頁1，聯經。
〔註191〕前引書。
〔註192〕前引書。
〔註193〕札奇斯欽譯註《黃金史》，頁30，聯經。
〔註194〕《蒙古秘史》第172、187、199。三節。
〔註195〕《蒙古秘史》第203、208、224、240、244、256、265、267節。

　　第一種：可汗（皇帝）的聖旨，一律冠以「長生天氣力裡」或直言「皇帝聖旨」。這種情況在下列碑文中可見：一二二三年〈鰲屺重陽萬壽宮聖旨碑〉、一二三五年〈重陽萬壽宮聖旨碑〉、一二四○年〈濟源十方大紫微宮聖旨碑〉、一二五二年〈安邑長春觀道教眞人箚碑〉、一二五二年〈平遙崇聖宮給文碑〉、一二六一年〈鹿邑太清宮聖旨碑〉、同年〈林縣寶嚴寺聖旨碑〉、〈忽必烈皇帝聖旨〉、一二六八年〈鰲屺重陽萬壽宮聖旨碑〉、一二七五年〈龍門禹王廟聖旨碑〉、一二八○年〈虛仙飛泉觀碑〉、一二八一年〈忽必烈皇帝聖旨〉〔註196〕等。

　　第二種：諸王令旨，則冠以「天地底氣力裡」。見一二四三年〈鄢縣草堂寺闊端太子令旨碑〉、一二四五年〈鰲屺重陽萬壽宮聖旨碑〉（此碑實際上是闊端太子令旨碑）、一二五○年〈鰲屺重陽萬壽宮聖旨碑〉（此碑實際上是彌里杲帶太子令旨碑）〔註197〕等。

　　第三種：諸王令旨前，如加上「（某）皇帝福蔭裏」字樣，則令旨開頭可冠以「長生天氣力裏」，合起來變成「長生天氣力裏，（某）皇帝福蔭裏（某）王太子令旨」。這種情況在下列碑文中可見：一二五七年〈鹿邑太清宮令旨碑〉、一二五八年〈忽必烈（當時尚未即位）令旨〉、一二七六年〈龍門禹王廟令旨碑〉、一二七七年〈鰲屺重陽萬壽宮聖旨碑〉。〔註198〕

　　綜合以上所論，我們可以斷言：在帖卜・騰格里被剗除之後，蒙古帝國境內，已經沒有任何人的權力足與可汗分庭抗禮。「長生天」變成可汗的專用語，沒有例外。成吉思汗以後，雖然陸續有薩蠻弄權之事，但他們都是在可汗的卵翼之下才得以弄權，而他們的最終命運，都是被新可汗處死（詳下文）。誠如蒙古學者烏恩所言，「長生天」的觀念是在成吉思汗時代形成的〔註199〕，它反映出可汗權威的至高無上。

　　蒙古可汗既有強烈的「長生天」的觀念，則彼等有替天行道的想法，就不足爲奇了。一二二○年成吉思汗攻下不花剌（Bokhara）之後，對居民說：「我爲上帝之災，設汝曹無大罪，上帝曷降災於汝曹之首？」〔註200〕一二

〔註196〕蔡美彪《元代白話碑集錄》。科學出版社，上海，1955年。

〔註197〕蔡美彪《元代白話碑集錄》。科學出版社，上海，1955年。

〔註198〕蔡美彪《元代白話碑集錄》。科學出版社，上海，1955年。又見拙著〈蒙古白話碑新探〉。

〔註199〕烏恩〈淺論蒙古族長生天思想產生及演變的根源〉（載於《蒙古族哲學思想史論集》，頁175～176，民族出版社，1984年）。

〔註200〕馮承鈞譯《多桑蒙古史》，頁105。

四六年貴由汗覆教皇書則說：「上天之神威，眾生之君王，朕致書大教皇。（中略）爾知上天究欲加恩於何人乎？朕等亦信上天，賴上天之力，將自東徂西，征服全世界也。如此非上天之力，人又有何力耶？」〔註201〕蒙哥可汗致法國國王路易九世（Louis IX）的國書上說：「長生天的旨意是：天上只有一個長生天，地上只有一個君王──成吉思汗、天之子。」〔註202〕這裡很露骨地將地上的可汗與天上的「長生天」比附在一起。可汗是長生天的「權威的直接體現者」〔註203〕，天意的代言人。

前引蒙哥可汗國書中，西方學者把「天」（騰格里）譯成「神」，把「長生天」譯成「永生神」（拉丁文寫作 Deus eternus，法文寫成 Dieu éternel）〔註204〕，導致某些西方學者誤解蒙古可汗為一神教（monotheism）信徒〔註205〕。西方學者之所以把「騰格里」譯成「神」，把「長生天」視為西方「上帝」，是因為他們用基督教的眼光來看待蒙古宗教所致。其實，蒙古可汗的「長生天」只是一抽象的概念〔註206〕，它是從「自然天」經過「天神」（騰格里）的階段而發展出來的，象徵諸天（諸騰格里）之首，蒙古可汗並未將它偶像化；在「庫穆斯塔」（Khormusta）沒有被引進蒙古宗教體系以前，此「長生天」甚至連名字都沒有。而且成吉思汗與蒙哥汗皆酷信薩滿教，膜拜各種神，並非一神教徒。法國學者施博爾教授（Prof. Schipper）說上帝是「一獨特的、排他的神」（un dieu unique, exclusif），以此來觀蒙古可汗的「長生天」，則「長生天」不等於西方的「上帝」，其理至明。

綜合以上所論，我們可以就十二、三世紀蒙古族的宗教信仰的三大體系，作一初步的結論：

〔註201〕 P. Pelliot, "Les Mongols et la Papauté "p. p. 17～21 收入 *Revue de l'Orient Chretien*, 3 serie Nos. 1～2, 1922～23. Paris。

〔註202〕 Van den Wyngaert, *Sinica Franciscana*, p. 307. Vol. I. Firenze. 1929。

〔註203〕 羽藤秀利前引文，頁30。

〔註204〕 Simica Franciscana p. 307。
Demiéville "La Situation Religieuse en Chine au Temps de Marco Polo" P. 194。

〔註205〕 Demiéville 前引文，頁194。

〔註206〕 札奇斯欽亦持同樣的看法，見《蒙古文化與社會》，頁152，商務印書館，台北，1987年。古學者亦鄰眞也認為「長生天是蒙古人心中宇宙最高主宰，是自然崇拜的產物，不等於基督教的上帝」（見〈讀一二七六年龍門禹王廟八思巴字令旨碑〉，頁369。）載於《蒙古史論文選集》第四輯。

　　一、就觀念體系而言——以「精靈觀」與「宇宙觀」爲主，時間觀念並不明顯，也無來世觀念。而隱藏在「精靈觀」與「宇宙觀」底層的意識型態爲「靈的交流是可能的」。「宇宙觀」的演變，則從注重「地下界」演變到注重「天上界」；天上界又由「七重天」演進到「九重天」。「天」的觀念在單于可汗腦海裡，又把它引申成「天命觀」，這是把「宇宙觀」與人事變化結合在一起了，易言之，就是「天上界」與「人間界」的對話。如果說薩蠻是人間派到天上的代表，可汗就是天意的直接體現者（易言之，天命從薩蠻傳達，轉變成可汗直接體現）。到了十二、三世紀之交，蒙古可汗又把「天命觀」衍爲「長生天」。

　　二、就信仰體系而言——在「神統」方面，我們發現：（1）越是晚出的神，其地位反而後來居上。天神地位之高於地神，就是一個明顯的例子。（2）有具體形象的自然神，讓位給沒有具體形象的或杳不可測的神。太陽崇拜之納入天神崇拜，地神崇拜之與祖先崇拜合併，皆爲著例。（3）隨著騰格里的分化，諸神地位也開始階層化。在信仰的承載者方面，從薩蠻是唯一能與神靈交通的人，演變到可汗與薩蠻分享天神崇拜與祖先崇拜。

　　三、就崇拜體系而言——在祭祀時間方面，以正月、五月、九月、十二月爲主，在祭祀地點方面，天神崇拜多在山上或額包舉行，祖先崇拜多在宮廷祖居地與祖陵所在地。在祭品與供犧方面，祭天用者，多呈九數，並奠有用「竿肉祭」（Jüegeli）與燔祭。就「主祭者」而論，亦呈二分現象：祖先崇拜以薩蠻主其事，天神崇拜以可汗主其事，皇族參與。

　　我們如果從歷史發展的角度來看蒙古宗教信仰的演變，會發現十二、三世紀之交正是一個轉捩點，此時期正是蒙古社會由氏族社會型態逐漸轉變成封建社會（帝國社會）、族長地位讓給可汗的時候，而此時期在宗教信仰體系的轉變上，發生幾件大事：（1）「長生天」觀念形成。（2）諸神開始階層化。（3）崇拜體系有二分爲「天神崇拜」與「祖先崇拜」兩大系統的趨勢。（4）翁昆出現。（5）可汗解消薩蠻在祭祀的壟斷權。這些宗教信仰的轉變不能說與蒙古政治、社會的演變毫無關係。相反地，我們可以說：蒙古政治、社會體制的演變，影響了宗教體系的轉變。

　　蒙古族的薩蠻信仰與其游牧狩獵經濟型態密切相關。這可從幾方面來看：

　　1. 氈的廣泛使用及其象徵意義——可汗即位典禮用氈、翁昆用氈製、后妃妊身與帝后病危時移居外氈帳房、輿車用白氈青緣納失失爲簾，以及防風

氈、蓋馬氈等，在在皆顯示氈具有靈性，而其靈性源自其所從出之動物。氈的廣泛使用及其豐富的象徵意義，正凸顯出游牧經濟的特色。

2. 祭祀的方式以澆祭（灑馬奶）為主，這與農業社會之以燔祭為主，恰成強烈的對比。灑馬奶、犧牲用馬、視「風馬」（Kei Mori）為幸運的象徵〔註207〕，這些都反映出馬在蒙古宗教信仰中的地位。

3. 以狗的吼叫聲判定吉凶，以及歲末射草狗儀式，這些與契丹的磔犬以制邪一樣，頗能反映出「狗」在蒙古宗教信仰中的地位，而狗正是早期狩獵社會極為重視者。不過，從契丹的「磔犬以制邪」到蒙古的「射草狗」，似反映出狩獵變成次要的經濟活動。

4. 軍旗的旄斿以及對旗神的禱告詞，亦反映出游牧經濟的需要。不僅對旗神的禱告詞如此，對其他神的禱告詞也常透露出對牲畜繁衍與安全的迫切需要。

5. 蒙古薩蠻與北亞其他游牧民族一樣，多屬「脫魂型」，這與游牧經濟有關。

蒙古族的薩蠻信仰既與游牧社會經濟密切相關，則薩蠻的出現正是為了確保原始社會經濟的穩定與安全，是社會的「安全瓣」。而隨著原始社會經濟型態的轉變，薩蠻的地位與角色亦隨之而變。「孛額」、「別乞」、「達爾罕」這些名稱，正反映出此種現象。

〔註207〕Heissig, *La Religion de la Mongolie*, p. 461。

第三章　蒙古可汗的宗教信仰與政策

第一節　蒙古可汗的宗教信仰

　　十二、三世紀蒙古族的民間宗教信仰，已如前述。而蒙古可汗、可敦的宗教信仰是否與民間一樣，或者是另一番景象，實有進一步說明之必要。因為自一二〇六年以後，可汗的權力至高無上，他們的宗教觀念、宗教信仰直接影響到他們的宗教政策。本節擬就此加以申論，涵蓋的對象包括成吉思汗（r.1206～1227）、窩闊台汗（r.1229～1241）、脫列哥那可敦（Tölegene 即「乃馬眞六皇后」）（r.1242～1245）、貴由汗（Güyük Khan r.1246～1248）、海迷失可敦（Qaimiš Khatun r.1248～1250）、蒙哥汗（Möngke Khan r.1251～1259）、忽必烈汗（Khubilai Khan r.1260～1294）七位。

　　一一八九年以前，當帖木眞從不兒罕山（Burkhan Khaldun）脫險下來，曾面向太陽，把腰帶掛在頸上，把帽子托在手裡捶著胸，對著太陽灑奠祝禱，跪拜了九次〔註1〕。一二〇六年成吉思汗即位時，坐在黑氈上，由七位領袖持舉之（見第二章），又於斡難河源建九腳白旄纛。任命有功者，擔任「別乞」。《史集》上也記載成吉思汗在作戰前兩軍對壘時，習慣登上山頂，晝夜恭順地向上天祈求哀告〔註2〕。在征金前夕，祈求「長生天」與善惡諸靈前來協助（見第二章），這些都足以証明成吉思汗是徹頭徹尾的薩蠻信徒。《多桑蒙古史》記他「本人自信有一主宰，並崇拜太陽，而遵從珊蠻教之陋義」〔註3〕，

<hr>

〔註1〕 札奇斯欽《蒙古祕史新譯並註釋》，第103節，頁110。
〔註2〕 余大鈞、周建奇合譯《史集》第三卷、頁62，北京，商務印書館，1985年。
〔註3〕 馮承鈞譯《多桑蒙古史》，頁162，台灣，商務印書館。

是很正確的看法。

成吉思汗之信奉薩蠻，使用薩蠻儀式祭天、向天祈福，是受他所從出的社會影響，並無所謂皈依不皈依的問題。所以尤外尼說他「不篤信任何宗教，亦不屬於任何教派」〔註4〕，指的就是這個意思。

成吉思汗在南征北討的過程當中，儘管接觸過許多不同文化背景的人，他仍是一個堅定的薩蠻信徒〔註5〕。十三世紀的西方人曾視成吉思汗為一信奉基督教者〔註6〕，這個說法是不正確的。所以會有此錯誤的傳聞，是因為蒙古部族中的蔑兒乞（Merkids）與非蒙古本部的汪古部、克烈部、乃蠻部均信奉景教（基督教的一支）〔註7〕，又把克烈部酋長王罕與帖本真混為一人所致。

蒙文史料《寶貝史綱》（Erdeni-yin Tobči）記載成吉思汗致函招西藏的喇嘛，表明互相依賴，獲持之意。《水精數珠》（Bolur Erike）也記載同樣的事〔註8〕。這兩件蒙文史料只談到成吉思汗請喇嘛分掌西藏佛法之事，並未明言成吉思汗受戒。八思巴（Hphags-pa）《彰所知論》亦只言忽必烈「歸佛教法，依法化民，佛教倍前光明熾盛」〔註9〕，未言忽必烈受喇嘛戒，皈依佛法。藏文史料《勝教寶燈》（Jigmed-namkha）謂成吉思汗在四十五歲時（西元1206年，該書把成吉思汗生年訂在1162年）曾遣使致書給西藏大薩迦寺的喇嘛 Kun-dgah snin-po，請他護持，迨彼事業完成之際，一同在蒙古國弘

〔註4〕 Juvaini, *The History of the World Conqueror*, p. 26.

〔註5〕 V. V. Bartold. *Turkestan down to the Mongol Invasion*, p. 391. Luzac & Co., London, 1928.

〔註6〕 H. Yule, *Cathay and the Way Thither*, Vol I. P. 14 note3.

〔註7〕 有關蔑兒乞、汪古、克烈、乃蠻三部信奉景教之事，可參考張星烺《中西交通史料彙編》第二冊（世界書局）、羅香林《唐元二代之景教》（香港，中國學社，1966年）以及《盧布魯克遊記》（*The Journey of William of Rubruch*）。

〔註8〕 轉引自岡田英弘〈蒙古史料に見える初期の蒙藏關係〉，頁5～8。《東方學》第二三輯，東京，1962年3月。

〔註9〕 沙羅巴譯八思巴《彰所知論》云：「北蒙古國，先福果熟生王，名曰成吉思。始成吉思從北方（一作「比方」）王多音國，如鐵輪王。彼子名曰斡果戴，時稱可罕，紹帝王位，疆界益前。有子名曰古偉（即貴田），紹帝王位，成吉思皇帝次子名朵羅（即拖雷），朵羅長子名曰蒙哥，亦紹王位。王第名曰忽必烈，紹帝王位，降諸國土，疆界豐廣，歸佛教法，依法化民，佛教倍前光明熾盛。帝有三子：長曰真金，豐足如天，法寶莊嚴。二曰龐各剌，三曰納麻賀，各具本德係嗣亦爾。茲是始從釋迦王種。」（見《大正大藏經》第三二冊，頁131，新文豐出版社影印）。

揚佛法〔註10〕。根據 Tucci 的說法，成吉思汗並未與西藏喇嘛有過任何接觸〔註11〕。成吉思汗，既未曾派遠征軍，亦未曾遣使致書。那麼，何以不少藏文史料與蒙文史料都說成吉思汗有過此舉呢？這個問題，我在一本藏文史料《紅冊》（Deb Ter dMer Po gSar Ma）裡找到了答案。原委如下：一二四〇年，被封在唐兀（即「西夏」）的闊端（Köten，窩闊台次子），派遣了一支遠征軍到西藏，而與薩迦派的喇嘛接觸了，但《紅冊》的作者卻誤將此舉歸諸鐵木眞（《紅冊》把鐵木眞拼成 Dsin gin，又誤把他的卒年定在 1242 年）〔註12〕。因此，吾人可以斷言：派遣遠征軍與遣使致書給薩迦派喇嘛的是闊端，既非窩闊台，更非鐵木眞。《勝教寶燈》又說：在丙午年（1246）薩迦‧班第答（Saskya Pandida）至蘭州會見闊端〔註13〕，這就合乎史實了。

蒙古帝國的第二位可汗窩闊台也是一位薩蠻信徒。我們從以下兩件事可以看出：

（1）一二二九年窩闊台即位時，拖雷奉盞，同時帳內外諸人皆免冠，解帶置肩上，向窩闊台九拜祝賀，奉以可汗之號，新君率領會中諸人出帳對日三拜。〔註14〕

（2）窩闊台征金時，生了病，請來薩蠻作法。薩蠻謂金國山川作祟，須以親人代之。時拖雷在側，薩蠻便按他們的習俗施行巫術，在一木缽水中洗滌他的病身。拖雷誠摯地禱告著，喝掉了那洗病的水。窩闊台痊癒了，拖雷過了幾天就得病去世。〔註15〕

《蒙古黃金史》記載窩闊台有一次患足症，請來薩迦班第答喇嘛作法，不久可汗足疾就痊癒了。於是蒙古國全體皈依了佛法〔註16〕，《黃金史》所以有此錯誤的記載，是因爲作者把「闊端」與「窩闊台」混爲一人所致。

脫列哥那信奉薩蠻的程度較之窩闊台，似有過之而無不及。她的兒子貴由即位典禮的日子，是由薩蠻選定的；整個儀式過程一如窩闊台故事：諸王

〔註10〕日本外務省調查部將《勝教寶燈》譯成日文，改名《蒙古喇嘛教史》，成吉思汗致書西藏喇嘛之事，載於該譯本第 31 頁。

〔註11〕P. Demiéville, "La Situation Religieuse en Chine au Temps de Marco Polo" P. 204. P. 230 note 28 轉引 G. Tucci *Tibetan Painted Scrolls*.

〔註12〕G. Tucci, *DebT\er Dmer Po gSar Ma*, pp. 187～181, Roma, 1971.

〔註13〕《勝教寶燈》日譯本，頁 146，此事亦見藏文史料《青冊》。

〔註14〕馮承鈞譯《多桑蒙古史》，頁 192。

〔註15〕余大鈞、周建奇合譯《史集》第二卷，頁 38～39，又見《蒙古秘史》。

〔註16〕札奇斯欽《蒙古黃金史》譯註。頁 144，聯經。

脫帽解帶，奉貴由坐金座上，共以汗號上之。莅會人員對新君九拜（朮外尼《世界征服者史》謂三拜）〔註17〕，新君再率諸王出帳對日三拜〔註18〕。這種即位儀式是一種薩蠻教儀式〔註19〕。脫列哥那甚至寵信女巫法提瑪（Fatima）到讓她有弄權的機會。貴由汗即位後，將她以妖術陷害闊端的罪名處死。處死的方式是把她身體的上下之口都縫住，裹在一塊大氈裡拋進水中〔註20〕，這些都足以證明脫列哥那也是一位薩蠻信徒。

貴由汗也信奉蒙古民族原始的宗教──薩蠻教，只是不像他的母親脫列哥那以及他的妻子海迷失可敦那麼篤信。他在位時間很短，留下來的史料不多，我們只知道他的即位典禮是按照薩蠻儀式而舉行的，其他沒有什麼直接與薩蠻有關的記載。不過，我們有一些資料可以作為旁証。《世界征服者史》云：自太祖以至憲宗，不唯「凡有大事，非經薩蠻與星者意見一致者，不行」〔註21〕，且使薩蠻巫師居於帝帳之左右，以便隨時應召，從事卜筮〔註22〕。在貴由汗時代曾出使蒙古汗廷的羅馬教皇派遣的使臣勃朗嘉賓（Pian de Carpine, Plano Carpini），途中行過火儀式淨身。在昔拉斡耳朵（Sira Ordu，意思是「金黃斡耳朵」看見貴由汗時，被告以不得碰觸門檻，不得帶刀子）〔註23〕。這些都是薩蠻教的儀式或禁忌。

貴由汗由於寵信景教徒鎮海（Čingxai）與合答安（Qadak），而且對景教徒甚為寬厚〔註24〕，遂被少數西方教士誤以為他是基督教。其實此皆子虛烏有之事，盧布魯克已點出真相：貴由和蒙哥只是對待基督教徒略為寬厚而已，其心中固無絲毫信仰基督之意在也〔註25〕。換句話說：少數西方傳教士誤把「宗教政策」與「宗教信仰」混為一談。自成吉思汗以下的蒙古可汗例遵大禮撒之規定，行宗教信仰自由、儀式自由的政策（詳下文），只是每一位可汗對某些教徒各有其偏袒，但絲毫無損其宗教政策之實施也。

〔註17〕 Juvaini, *The History of the World Conqueror*, p. p. 251～2.

〔註18〕 前引書，又見《多桑蒙古史》，頁248。

〔註19〕 仝註2，頁217。

〔註20〕 仝註17，頁245～246。又見《史集》第二卷頁213。

〔註21〕 Juvaini, *The History of the World Conqueror*。

〔註22〕 《多桑蒙古史》，頁278。

〔註23〕 *The Journey of John of Pian de Carpine*, P. 9 P. 23.

〔註24〕 《史集》，頁224。《世界征服者史》，頁259。

〔註25〕 原文見 *The Journey of William of Rubruck*，譯文見張星烺所編《中西文通史料彙編》第二冊，頁65。

貴由汗非景教徒（非基督徒），從他答覆羅馬教皇的國書中可以明顯地看出來。國書云：

> 爾來書云：朕宜領洗信徒基督。朕可告爾：朕不知為何而應領洗。爾來書又以殺人之多而驚異，尤以信從基督之波蘭人、匈牙利人、奧拉維人被殺而不安，朕亦不明爾驚異之由。然朕不欲默而不言者，茲以之告爾，彼輩不聞上天與成吉思汗之命，且殺戮所遣使臣，上天乃欲滅殺之，以彼輩遺於吾輩之手。因如上天不欲為此，人何能為此耶？爾輩西方人以為獨奉基督而鄙視他人，然爾知上天究欲加恩於何人乎？朕等亦信上天，賴上天之力，將自西徂東，征服全世界也。如此非上天之力，人又有何力耶？如爾等願以爾等之武力降於朕，與朕修好，爾教皇及王公巨卿，宜速來見朕言和，切勿稽延，如此朕知爾等真願修好矣。如爾等不聽上天及朕之言，不來見朕，則朕知爾等實願戰爭矣。後事如何，朕不能知，惟上天知之也。〔註26〕

此種口吻，十足反映蒙古可汗受天之命、替天行道的觀念，豈是出自一個基督徒之口？

斡兀立・海迷失（Oğul Qaimiš）可敦在貴由汗因病去世後（一說貴由汗被暗殺），曾攝政一段期間。她酷信薩蠻，《史集》說她「大部分時間單獨與薩蠻們在一起，沈溺于他們的胡言亂語中」〔註27〕。蒙哥即位後，以貴由汗處死女巫法提瑪的方式處死海迷失可敦〔註28〕。可見她是被看作是一個以巫術惑眾的女薩蠻。

蒙哥汗也是一個薩蠻教的信奉者，他的即位儀式如同窩闊台、貴由一樣，也是行薩蠻儀式，盧布魯克曾見蒙古薩蠻居於可汗帳幕之前約一擲石之遠，守護其車中偶像或備諮詢〔註29〕。蒙哥汗的母親唆魯忽帖尼（Sorquqtani）是一個景教徒，但並不影響到她兒子的宗教信仰。蒙哥「酷信巫覡卜筮之術，凡行事必謹，叩之無虛日，終不自厭也」。〔註30〕

回教史家拉施特哀丁（Rashid ed-Din）與朮外尼（Juvaini）在史書中對蒙

〔註26〕 Sinica Franciscana Vol I, P. P. 142～3 譯文引自羅光《教廷與中國使節史》，頁29～30，《傳記文學叢刊》，台北，1983 年。
〔註27〕 《史集》，頁 222。
〔註28〕 前引書，頁 254～255。
〔註29〕 俱見《多桑蒙古史》，頁 264，頁 278。又見 *The Journey of William of Rubruck*。
〔註30〕 《元史》卷 3，〈憲宗本紀〉，頁 19。

哥汗讚不絕口，並謂其偏袒回教徒〔註31〕。而信奉基督教的兩位國王海屯（Haython）與斡兒帛良（Etienne Orpelian）則謂蒙哥偏袒基督教徒〔註32〕，而蒙哥汗又對盧布魯克說：「這些宗教猶如一手之五指」〔註33〕，卻又對佛教徒說：「譬如五指，皆從掌出。佛門如掌，餘皆如指」〔註34〕。這些記載都不能証明蒙哥除了承襲固有信仰之外，皈依任何宗教，它們只是反映出蒙哥宗教政策的成功（詳下一節）與夫擅長外交辭令而已。

元世祖忽必烈在蒙元帝國初期的幾位可汗中，是除了成吉思汗外，相當特殊的一位。他不但在位時間甚長（1260～1294，合計 35 年），而且他很可能是蒙古可汗（或稱「元朝皇帝」）中第一個受佛戒的人。根本上，他並沒有擺脫蒙古固有的薩蠻信仰。《馬可波羅行記》上記載：忽必烈每年留在上都（開平）三個月中，遇到天時不正（氣候反常），則命隨從的巫師星者，驅逐宮上之一切風雲暴雨。住大都（汗八里 Khan—nu Balik）宮城內飲酒時，薩蠻能作法使杯盞自就汗前，不用人力〔註35〕。《元史・祭祀志》「國俗舊禮」也記載由薩蠻主持祭典之事〔註36〕，這些都足以反映忽必烈並未因受佛戒而放棄薩蠻信仰。

忽必烈從喇嘛受佛戒之事，在《彰所知論》與《勝教寶燈》中，均有記載。《彰所知論》云：

> 忽必烈，紹帝王位，降諸國土，疆界豐廣，歸佛教法，依法化民，
> 佛教倍前光明熾盛。〔註37〕

《勝教寶燈》則記載忽必烈於一二五三年與一二七〇年（至元七年）從八思巴受大悲空智金剛之灌頂〔註38〕。惟此事於《元史・世祖本紀》與《佛祖歷代通載》中均無記載，《元史・釋老傳》僅言：「百年之間，朝廷所以敬禮而遵信之者，無所不用其至。雖帝后妃主，皆因受戒，而為之膜拜。」〔註39〕，《佛

〔註31〕 見拉施特哀丁《史集》，頁 261，與朮外尼《世界征服者史》，頁 600～601。例子甚多，不勝枚舉。
〔註32〕 《多桑蒙古史》，頁 278，海敦紀程（收入《中西文通史料彙編》第四冊頁 11）。
〔註33〕 *The Journey of William of Rubruck*。
〔註34〕 《佛祖歷代通載》卷廿一，頁 710（《大正藏》第四九冊，新文豐出版社）。
〔註35〕 馮承鈞譯《馬可波羅行記》，頁 278～9，台灣商務印書館。
〔註36〕 《元史・祭祀志》「國俗舊禮」條。
〔註37〕 同註9，《彰所知論》。
〔註38〕 《勝教寶燈》日譯本，頁 163，頁 172。
〔註39〕 《元史》卷二〇二，〈釋老傳〉頁 2132。

祖歷代通載》僅言至元元年（1264），八思巴授祕密戒之事〔註40〕，以及忽必烈對八思巴說：「願爲朕留，當求受戒法」〔註41〕，皆未明言忽必烈受戒之事，因此令人懷疑《彰所知論》與《勝教寶燈》（俱出自喇嘛之手）記載的可靠性。惟吾人從八思巴受禮遇的程度，忽必烈對佛法的熟稔，以及忽必烈皇后察必與長子眞金、京師王公受戒之事〔註42〕來看，忽必烈汗從喇嘛受戒之事，亦不無可能。《多桑蒙古史》云忽必烈已歸依佛教（p. 30）。忽必烈是否受佛戒，史文闕疑，惟忽必烈十分尊崇喇嘛，則爲千眞萬確之事實。

　　忽必烈以下的可汗何以尊崇喇嘛，歷來學者解釋不一：有從宗教主論者，有從蒙古可汗的政治立場考慮者，有從人爲影響爲因素者，也有從歷史文化爲思考的出發點，茲加以臚列，並作進一步的解析：

　　（1）從宗教主論者：Grunwedel 認爲薩迦派最能發揮摩訶迦羅神（Mahakala 神〔註43〕的宗教靈驗，因此爲蒙古可汗所寵信〔註44〕。）札奇斯欽認爲喇嘛教裡面揉雜了西藏原始宗教——苯教（Bon），而苯教就是薩蠻教的一個類型，因此蒙古可汗很容易就接受〔註45〕。

　　（2）從政治立場立論者：論者認爲蒙古可汗尊奉喇嘛，甚至予「國師」、「帝師」之頭銜，一方面是利用他們來安撫、約束藏人，另一方面也利用他們來箝制漢地佛道教徒。〔註46〕

　　（3）從歷史文化的角度主論者：札奇斯欽認爲「蒙古和西藏自然環境類似，產生類似的文化和經濟型態，蒙藏兩民族之間文化的溶合，在文化距離上，彼此還是比農業民族容易接近。因此蒙古人雖然先與漢地佛教接觸，但

〔註40〕　《佛祖歷代通載》卷二十一，頁 705。

〔註41〕　前引書，頁 726。

〔註42〕　前引書，頁 726。《勝教寶燈》與《佛祖歷代通載》，頁 722～724。

〔註43〕　據荻原雲來編纂的《梵和大辭典》，頁 1012 云：「Mahakala 爲世界大破壞者 Shiva（溼婆）神之一形相，漢譯「大黑」、「大時」。」《歷代佛祖通載》也記了「摩合喀喇」（大黑天神）。

〔註44〕　Grunwedel: *Mythologie du Bouddhisme au Tibet et en Mongolie*, p.p. 65～66 Leipzibg, 1900，轉引自李龍範〈元代之西藏佛教與高麗王國〉一文，載於 *Proceedings of the Conference on Sino-Korean-Japanese Cultural Relations*, p. 142 Pacific Cultural Foundation Taipei, 1983.

〔註45〕　札奇斯欽〈談蒙文史料金輪千輻〉（收入《蒙古史論叢》，頁 944～5）。

〔註46〕　持此種看法者，有法國學者格魯塞（Grousset），見《蒙古史略》，頁 48。野上俊靜、稻葉正就合撰〈元の帝師にっいて〉（《石濱東洋史論叢》，頁 430，1988 年），藤島建樹〈元朝における政治と佛教〉。

仍以土番的佛教爲皈依。」〔註47〕

（4）從受他影響這個角度加以考量者：認爲忽必烈之信奉喇嘛教，是受到宗王闊端的引薦與察必可敦（Čimbi Khatun）的影響〔註48〕。此觀點顯然受到《勝教寶燈》的影響，因爲該書記載察必皇后勸忽必烈皈依佛教的詳細經過。

原因固然多端，應有主因助因之分。我個人認爲蒙古可汗之崇奉喇嘛，應從政治的立場加以考量，比較得體。這從至元初「釋教總制院」與至元廿五年「宣政院」的設立（詳下文），可以明顯地看出可汗的政治意圖。在可汗心目中，宗教只是政治的一個工具而已，不僅忽必烈以後的可汗如此，忽必烈以前的可汗也是如此。有關這個事情，會在文中各章節加以申論。另外，蒙古可汗酷愛法術（詳下文），而薩迦派匠尊奉的主神——摩訶迦羅被可汗視爲戰神與禱雨驅邪之神〔註49〕。但這些法術，薩蠻與道士亦能提供，並非喇嘛所專有，因此只能視作輔因。至於忽必烈尊崇喇嘛，受到察必與闊端的影響，則爲更次要的原因。前文已論及：可汗的宗教信仰並不怎麼受宗室的影響。忽必烈的母親唆魯忽帖尼是一個虔誠的景教徒，但她的子女卻沒有一個是景教徒。

忽必烈除了尊崇西藏佛教和僧人之外，也尊崇道士、薩蠻等所謂「偶像教徒」，但不怎麼看重基督徒，認爲他們「蠢無所知，庸碌無用」〔註50〕，這反映出忽必烈可汗的實用傾向。

綜合以上所論，我們對於蒙古可汗的宗教信仰可作以下初步的結論：（1）從成吉思汗到順帝脫歡帖木兒，均承襲蒙古固有的薩蠻信仰，但在一二六〇年以前，可汗所需的宗教功能主要由薩蠻所提供；一二六〇年以後，則主要由喇嘛、道士所提供。（2）可汗的宗教信仰不受宗室左右。（3）可汗對各教寵信的程度與可汗本人的宗教信仰無多大關係，而與可汗之需求密切有關。

第二節　蒙古可汗的宗教政策

有關蒙古可汗的宗教觀念（如「長生天」的觀念）與宗教信仰，已如前述。底下試就宗教政策，略加探究。其中包含宗教政策的定義與內涵，蒙古

〔註47〕札奇斯欽前引《蒙古史論叢》。
〔註48〕札奇斯欽《蒙古史論叢》。
〔註49〕《歷代佛祖通載》，頁726。
〔註50〕馮承鈞譯《馬可波羅行記》，頁306，台灣商務印書館。

可汗的宗教政策，實行該政策的原因，宗教管理機構如何設置，以及此政策實施後，對各教派的影響。本節先就前三項加以論述。至於第四項留待第三節處理，最後一項則將在第四章、第五章加以討論。

一、宗教政策的定義與內涵

　　所謂「宗教政策」最簡單的定義是：站在統治者的立場，而把教派納入政治體系（或云「官僚體系」）之中的一種措施或手段。它是政教關係極為重要的一環。易言之，「宗教政策」是宗教與政治的結合體，只不過它是以現實政治為出發點。它與以宗教修持、儀式為出發點，以「終極眞實」〔註51〕為目標的宗教關懷恰好是兩個不同的方向。在「宗教政策」之下，宗教目的附屬於政治目的；在「宗教關懷」裡，政治目的附屬於宗教目的。

　　就內涵而論，「宗教政策」可包含：（1）宗教法令的制定（含教產的認定與免稅、宗教集會的約束、僧侶資格的認定等）。（2）宗教戶計的編定。（3）宗教管理機構的設置與僧道官的地位。（4）統治者對宗教人士的需求等。（5）宗教糾紛的調解。以上各單元將於本章或其他章節中加以論述。由於蒙元帝國的特殊性，對於上述內涵之論述，或詳或略，端依史料多寡而定。

二、蒙古可汗的宗教政策

　　有關成吉思汗的宗教政策，在他所制訂的《大札撒》（*Yeke Jasak*）中已確立根基。依日本學者田村實造的研究，《大札撒》的成立可分三階段：一一八九年、一二〇四年與一二〇六年。前兩次的內容與宗教完全無關，第三次頒佈的內容對於軍務、政務、宗教、法律均有所規定〔註52〕。至於拉施將哀丁與馬克利茲（Macrizi）兩人均稱《大扎撒》初編是在一二〇六年庫利爾合大會公佈的，續編在一二一〇年及三一八年兩次大會宣佈〔註53〕。成吉思汗有關宗教的法律條文，雖不能確定制訂時間，但必在一二〇六年以後無疑。

　　《大札撒》完整的本子今已不存，吾人僅能從斷簡殘編中加以整理。志費尼的《世界征服者史》、拉施特的《史集》、馬克利茲的《埃及志》（法譯 *Description de I'Egypte*）及阿布法拉只（Gregory Ab-ul Faraj, 1226～？）的史

〔註51〕借用傅偉勳語，見氏撰〈中國文化何處去——一個宏觀的哲學反思與建議〉，《文星》復刊九號（總號 107 期）。
〔註52〕田村實造《中國征服王朝の研究》（中）頁 392。
〔註53〕《蒙古與俄羅斯》，頁 88。

書，均保留了《大札撒》的部分內容〔註 54〕。我們可以從其中理出成吉思汗的一些宗教政策。今人哈勘楚倫教授也收集了《大札撒》三十六條〔註 55〕，可供我們參考。

茲將《大札撒》中有關宗教的法令條文摘錄於後，再加以討論：

（1）人奉祀之神與夫崇拜之方法毫無關係。凡宗教，一律尊崇，且不得有厚此薄彼之行為。〔註 56〕

（2）豁免各宗派教師的賦役。對阿里火者（hoča）、別吉（Beki）、阿布、答烈布的後裔皆免除捐稅及賦役，更對那些托缽僧侶、誦古蘭經者、斷事官、醫師、文人、獻身於祈禱者，一律免賦役及捐稅。〔註 57〕

（3）尊敬寺廟之佛神及僧侶，並免其賦稅。〔註 58〕

（4）禁止百姓對諸宗派表示崇拜而用不實之尊稱。〔註 59〕

（5）在水源或者火種中便溺污染者，處以極刑。〔註 60〕

（6）禁止人民手浸入飲水及用水中。汲水或取水，必需用適當的器皿。〔註 61〕

（7）其以巫蠱之術害他人者，其在決鬥中偏助一人者，並處死刑。〔註 62〕

（8）違反宗教、道德習慣者，違反可汗及國家者，處死刑。〔註 63〕

這些條文可以分為三類：第一類包括前四項，指的是宗教信仰自由以及對各宗教與神職人員的尊重與優待，第二類包括五、六項，脫胎於蒙古固有的宗教禁忌，第三類含七、八項，意在避免宗教人士之為非作歹或干預政治。成吉思汗制定之初，很可能是針對薩蠻而說的。前文論及法提瑪、海迷失可敦皆因「以妖術害人」之罪名被處死，即是根據《大札撒》而辦理的。

〔註 54〕田村實造《中國征服王朝の研究》，頁 395；註 51，頁 79。

〔註 55〕哈勘楚倫老師〈淺談成吉思汗大雅薩法典〉（《蒙藏學術研究論叢》，蒙藏委員會印，民國 76 年）。

〔註 56〕前引書，前 20；又見《蒙古與俄羅斯》，頁 81，引馬克利茲書第十一章，《多桑蒙古史》，頁 162。

〔註 57〕哈勘楚倫前引書，頁 20。《蒙古與俄羅斯》，頁 85，引馬克利茲書第十章，《多桑蒙古史》，頁 162。關於「火者」，可參考陳慶隆師〈和卓考釋〉一文。

〔註 58〕哈勘楚倫前引書，頁 23。

〔註 59〕哈勘楚倫前引書，頁 21。

〔註 60〕哈勘楚倫前引書，頁 19。《多桑蒙古史》，頁 161。

〔註 61〕哈勘楚倫前引書，頁 20。

〔註 62〕《多桑蒙古史》，頁 161。《蒙古與俄羅斯》，頁 86，引馬克利茲《埃及志》。

〔註 63〕《蒙古與俄羅斯》，頁 86。

　　除了《大札撒》裡面含有有關宗教的法令條文之以，在《通制條格》、《元典章》以及可汗《白話聖旨碑》、西人教士的遊記中，均有記載，然皆不出以上所舉的三類，將視本文架構在有關各章節論之。

　　前文所引用的成吉思汗法令「奉祀之神道與夫崇拜之方法毫無關係」，耐人尋味。質言之，這是一種儀式自由政策，對於宗教儀式毫無限制。我個人認爲這一句話最初也是針對薩蠻而言。因爲既然儀式自由，則用其他教派的儀式亦可與上天交通，並不是非採用薩蠻教的儀式不可。成吉思汗「儀式自由」的主張，正是成吉思汗宗教政策的理論基礎，同時解消了薩蠻壟斷祭祀的權力。

　　吉朋（Gibbon）謂成吉思汗的宗教爲「純粹有神論（Theism）和完整的信仰自由（toleration）綜合的體系」。同時他稱讚成吉思汗的法律說：「那就是成吉思汗的宗教」〔註 64〕。吉朋的這一段話涵蓋了本文第二章「宗教體系」中的「觀念體系」與本節所論的「宗教政策」。成吉思汗把宗教主張納入《大札撒》中，這是把宗教法律化。而他的《大札撒》，又爲後代的可汗所遵循，變成一種宗教規範，這是把法律宗教化了。對成吉思汗而言，法律與宗教似乎沒有什麼區分了。

　　蒙古可汗何以推行宗教信仰自由政策，歷來學者有四種解釋：

　　第一種：以札奇斯欽爲代表。他認爲蒙古可汗因爲有泛靈信仰的緣故，也沒有排斥其他宗教的傳統。這構成了蒙古可汗宗教自由政策的主因〔註 65〕。揆札奇氏之意，以爲蒙古可汗的「精靈觀」（Animism）與宗教自由政策有密切的關係。

　　第二種：以園下大慧爲代表。他認爲蒙古人對於異宗教並無批判、辨別、取捨的能力。不僅如此，甚至連漫然接受異宗教並施行其術的能力亦不可得〔註 66〕。園下大慧言下之意，似乎認爲蒙古可汗對於各教教義或儀式的認識，並不甚了了，而皆以「告天人」目之。

　　第三種：以法國學者沙畹（Chavannes）伯希和（Pelliot）爲化表。他們認爲蒙古可汗行此政策的原因之一，是出於政治上的考慮。因爲「有若干異

〔註 64〕全上註，頁 5。

〔註 65〕札奇斯欽〈成吉思汗的宗教觀〉，頁 285（收入《蒙古史論叢》一書中）。

〔註 66〕園下大慧〈元初に於ける帝室と禪僧との關係について〉，頁 9。又見 Luc Kwanten, *Imperial Nomads*, P. 216.

教，在宋代禁止者，對於新朝曾予贊助。所以不但付與他們傳教自由，而且在祈禱處給他們一種班次。」〔註67〕Luc Kwanten 亦認爲蒙古可汗的宗教自由政策出自政治上的考慮。〔註68〕

第四種：以李符桐教授爲代表。他認爲回鶻人爲一泛宗教民族，善於融會貫通，擷取各教精英，而鑄成回鶻文明。成吉思汗與塔塔通阿接觸後，深受回鶻文明的洗禮，故對於宗教採取放任政策。〔註69〕

以上四種解釋皆有可取之處。第四種說法與第一種頗爲接近，蒙古族的確與畏吾兒族一樣，信仰多種宗教，也有精靈觀念，然這只是宗教自由政策的助因而已，是充分條件，而非必要條件。闍下大慧之說，見到了蒙古可汗宗教信仰的一面，蒙古可汗確把各教人士視爲「告天人」，要他們爲可汗祝壽，爲國祈福。忽必烈甚至說「佛道不別了」〔註70〕。但蒙古可汗對於各教派的法術卻知之甚稔，而且加以運用（詳下文）。因此我們不能說他們對是宗教毫無辨別取捨的能力。我個人比較傾向於「政治考慮說」，認爲這才是蒙古帝國採行宗教自由政策的主因。不過，我採取的角度與沙畹、伯希和不同。他們把可汗的宗教政策當作是一種政治上的酬謝，我則直探本原，認爲可汗如此做，一方面是爲了換取宗教人士的協助（如喇嘛之治藏、道士之祭岳瀆、祈雨等），另一方面也是爲了消弭因爲政治上的不平等〔註71〕可能帶來的種族衝突，而且各教派平等，則任何教派不因得寵而遂行其私。元初沒有任何教團假宗教名義倡亂者，不能不說是蒙古宗教自由政策的成功。而蒙古可汗之不斷延攬各教派人士至朝廷〔註72〕，不能不說是一種政策的運用。

有關宗教人士免除賦役的規定，除了前引《大札撒》有若干條文之外，在蒙古可汗《白話聖旨碑》、《元史》、《元典章》、《通制條格》，以及西人來華的教士的遊記中，茲舉數例以說明之：

1. 一二二三年〈盩屋重陽萬壽宮聖旨碑〉云：「丘神仙（處機）應有底修行院舍等，係逐日念誦經文告天底人每，與皇帝祝壽萬歲者。所據大小差發

〔註67〕 引沙畹、伯希和之説。
〔註68〕 Luc Kwanten, *Imperial Nomads*, P. 216.
〔註69〕 李師符桐《成吉思汗傳》，頁 133，（新動力出版社，台北，民國 54 年）。
〔註70〕 一二六一年〈林縣寶嚴寺聖旨碑〉（蔡美彪《元代白話碑集錄》，頁 22）。
〔註71〕 參考蒙思明《元代社會階級制度》，哈佛燕京出版，1938 年。
〔註72〕 這在《元史》本紀、《漢天師世家》、《茅山志》、《長春眞人西遊記》、《歷世眞仙體道通鑑》以及《佛祖歷代通載》中隨處可見。

賦稅，都休教著者。」〔註73〕

2. 一二三八年〈鳳翔長春觀公據碑〉云：「和尚根底寺、也玄喬（也里可溫）大師根底胡木刺，先生根底觀院、達失蠻根底密昔吉，那的每引頭兒拜天底人，不得俗人騷擾，不揀甚麼差發，休交出者。……我名字裡，交祝壽念經者。」〔註74〕

3. 一二五二年〈安邑長春觀道教眞人笴碑〉云：「照依欽奉皇帝御寶聖旨內節該：先生每，大小差發、地稅、商稅、鋪馬都休與者。」〔註75〕

4.《通制條格》卷二九「商稅地稅」條云：「中統五年（即至元元年）正月，中書省奏准，節該：已前成吉思皇帝時，不以是何諸色人等，但種田者，俱各出納地稅外，據僧、道、也里可溫、答失蠻，種田出納地稅，買賣出納商稅，其餘差役蠲免有來。在後哈罕（指窩闊台）皇帝聖旨裡，也教這般行來。自貴由皇帝至今，僧、道、也里可溫、達失蠻、地稅、商稅不曾出納，合無依舊徵納事。（下略）……」〔註76〕

5.《元典章》卷二四〈戶部僧道稅〉「和尚休納稅糧」條云：大德七年正月十七日，欽奉聖旨：「『在先諸路裡有的眾和尚每之上，都交管領者』麼道，薛禪皇帝（按：忽必烈）巴吉思八師父根底與了帝師名分，聖旨、玉印委付了來。如今『巴吉思八師父替頭裡管著眾和尚』麼道，輦眞監藏（Rin-Chen rgyal-mtshan）根底與了帝師名分、聖旨、玉印也。憑眾和尚每休別了，輦眞監藏帝師的言語經文並教門的勾當裡，謹愼行者，這般宣諭了。不謹愼行的和尚並咒師般，不思恁每，不怕那，不羞那甚麼，爲那上頭，交恁差發稅糧休著者」麼道，交行了聖旨來，欽此。」〔註77〕

6.《元史》卷九〈世祖本紀〉：「至元十四年三月，詔以僧亢吉祥、恰眞加加瓦並爲江南總攝，掌釋教。除僧租賦，禁擾寺宇者。」〔註78〕

蒙古可汗對於宗教人士的免除賦役，雖然與漢族王朝無異，但究其源始，實有其特殊之歷史文化背景。前文已論及蒙古可汗對於擁有「達爾罕」

〔註73〕蔡美彪《元代白話碑集錄》，頁 1。

〔註74〕仝上註，頁 5。

〔註75〕《元代白話碑集錄》，頁 17。

〔註76〕《大元通制條格》卷二九，頁 9。（總頁第 821）中文出版社，1970 年。

〔註77〕《元典章》卷二四，戶部、僧道稅「和尚休納稅糧」條，故宮景印元刻本，民國 65 年。

〔註78〕《元史》卷九，〈世祖本紀〉。

（Darkhan）稱號的人是免除賦役，九次犯罪不罰的。而「達爾罕」這個稱號，正是用在薩蠻身上。因此達爾罕免除賦役，正表示宗教人士之免除賦役。而且成吉思汗及其以後的可汗，都把各教派人士視爲「告天人」，亦即視同薩蠻一般，故免除他們的賦役是順理成章的。成吉思汗對丘處機如此看待，對海雲也是如此看待，我們在《佛祖歷代通載》可以看出其中端倪：

> （木華黎）傳成吉思皇帝聖旨：「道與摩花理（即木華黎）國王：爾使人來說底老長老（中觀）、小長老（海雲）、實是告天人。好與衣糧養活者。教做頭兒，多收拾那般人，在意告天。不揀阿誰，休欺負！交達里罕行者。」〔註79〕

此外，忽必烈包圍哈喇和林時，每個教會各有人走出來，向他報告阿里不哥的行動。忽必烈撫慰他們，並且按照成吉思汗和蒙古可汗的詔令，讓他們享有答兒罕權力。〔註80〕

「宗教戶計」是蒙古帝國特有的制度。這是把所有宗教人士，編入戶口，成爲與「民戶」「站戶」等類似的戶計。「宗教戶計」最能凸顯蒙古可汗的宗教政策，藉著宗教管理機構（詳下文）與宗教戶計的編定，蒙古可汗頗能掌握宗教人士的動向。

蒙古帝國的「宗教戶計」自何時開始？黃清連《元化戶計制度研究》一書中，列舉了廿六種蒙古秘史中所見的戶計〔註81〕，言下之意，好像在一二四○年以前即有「戶計」。其實，這廿六種不能說是「戶計」，只能說是家臣、或身分或職掌。所謂「戶計」是專就被征服者而編成的，它的起源與家臣、伴當、薩蠻等完全不同。蒙古帝國的戶計也是慢慢形成的。就「宗教戶計」而言，最初只是就某些教派人士給予免除賦役的優待，如一二二三年〈盩厔重陽萬壽宮聖旨碑〉所示者。到了一二三八年（窩闊台在位時代），才開始有諸教派並列的情況，如〈鳳翔長春觀公據碑〉所示者。到了蒙哥汗時代（1251～1259）才在教名之下附上「戶」字，「宗教戶計」才正式確立，而在忽必烈時代（1260～1294），「戶計」的發展已臻成熟。

蒙古可汗對宗教戶計的免稅優待，並非貫徹到底。有時爲了財政上的需要，就課徵地稅、商稅，如世祖至元元年正月就廢除以往的免稅優待，而開

〔註79〕 《佛祖歷代通載》，頁703。
〔註80〕 《史集》，頁303。
〔註81〕 黃清連《元代戶計制度研究》，頁22～33。

始課稅〔註 82〕。但至元五年（1268）卻又免除宗教戶計的賦役〔註 83〕。蒙古可汗對宗教戶計的免賦役優待，是有附帶條件的：要他們爲可汗祝壽祈福，這在蒙古可汗《白話聖旨碑》中屢見不鮮，茲不贅述。

　　根據黃清連的研究，蒙古帝國先後出現十二種宗教戶計，即畏兀兒戶、答失蠻戶、迭里威失戶、也里可溫戶、禮樂戶、陰陽人戶、僧戶、道戶、尼姑戶、女客戶、卜戶、善友戶〔註 84〕。黃氏謂畏吾兒戶有時亦稱「回回戶計」，多指中亞奉回教的突厥人〔註 85〕。此說不完全正確，因爲「答失蠻」（Dashmand）戶也是一種回回戶計，指的是波斯、阿拉伯地區的回教徒。由於畏吾兒族的宗教信仰非常複雜，因此「吾畏吾兒戶」指的是畏吾兒族爲主的宗教戶計，它的意思不完全等於「回回戶計」，因爲後者只考慮宗教因素，未考慮到種族因素。「迭里威失」音與「迭屑」相近〔註 86〕，根據法國學者沙畹（Chavannes）的說法，「迭屑」一語是波斯語 Tersa 的音譯，意思是指「信徒」，尤其是指「基督教」〔註 87〕。王國維把它解作「景教之長老」是不對的。因爲元代的景教徒，蒙古可汗視爲「也里可溫」（Erke'ün）。「禮樂戶」掌禮儀以行郊祀，是一種「係官戶計」〔註 88〕。「陰陽人戶」掌天文觀測與曆法，「卜戶」掌占卜之事。「僧戶」是由漢地和尙組成，「道戶」由道士組成。「尼姑戶」由尼姑組成，「女客戶」由道姑組成，「善友戶」由信奉彌勒佛者組成〔註 89〕。以上十二種宗教戶計中並不包含蒙古薩蠻與西藏喇嘛，這是十分值得注意的事情。

　　蒙元帝國宗教戶計的分類，有三種方式：（1）按種族區分（2）按職掌區分（3）按性別區分。有時戶計同時兼攝二者。「宗教戶計」的編排，反映出蒙古可汗強烈的種族劃分政策與功利主義。

　　「儒戶」在蒙古可汗心目中，並不屬於「宗教戶計」；蒙古可汗白話碑中的所謂「告天人」也不包括儒者（他們稱之爲「秀才」）在內。這一點與西方

〔註 82〕《大元通制條格》。
〔註 83〕蔡美彪《元代白話碑集錄》，頁 23。
〔註 84〕黃清連《元代戶計制度研究》，頁 35、頁 200～210。
〔註 85〕仝上註，頁 200。
〔註 86〕邱處機《長春眞人西遊記》有「迭屑頭目」字眼，至元辨僞錄有「迭屑人」字樣。
〔註 87〕Chavannes, "Inscriptions et pieces de Chancellerie Chinoise de l'époque mongole" P. 382, *T'onng Pao,* Série II, Vol. V, 1904, Leide.
〔註 88〕黃清連前引書，頁 205。
〔註 89〕俞希魯《至順鎮江志》卷三，頁 17。（華文書局，台北，1968 年）。

宗教史家常把儒家視爲「儒教」者，實大異其趣。依本文第二章所建立的宗教體系來看儒家，它不算是一種宗教。由於儒戶不屬於宗教戶計（換句話說，在蒙古可汗心目中是無用的），因此他們雖有「免雜泛差役」〔註90〕的優待，但畢竟不如宗教戶計。相對地，他們也沒有替可汗告天祈福的義務。由於儒戶的地位在其他宗教戶計之下，因此在蒙元帝國初期，常有儒者冒名占籍僧道者〔註91〕，這是其他朝代少有的現象。

宗教戶計除了享受免除賦役的優待之外，他們禮拜之處如宮觀寺廟等，也受到保護，不受來往使臣之干擾〔註92〕。但他們除了替可汗祈福之外，也要遵守戒律清規，至元七年九月，「敕僧、道、也里可溫，有家室不持戒律者，占籍爲民」〔註93〕，至元二十八年十月重申「和尙不許有妻室」，至元廿九年規定「按剃僧尼給據」〔註94〕。蒙古可汗或諸王也禁止僧道「影蔽門戶」（即「夾帶民戶」）〔註95〕《元史‧刑法志》記載：「諸僧、道悖教娶妻者，杖六十七，離之。僧、道還俗爲民，聘財沒官。」〔註96〕「僧官總統以下有妻者，罷之」〔註97〕，這些規定，蒙古可汗並沒有嚴格實施。道教的正一派都是有妻室的，而喇嘛僧人有妻室的也不少。《佛祖歷代通載》記載了一段有趣的故事：

> 帝問淵總統（按：楊璉眞迦）：「還有眷屬無？」回奏云：「終日不曾離。」又問：「還食酒肉無？」淵奏云：「缽盂常染腥膻味。」帝云：「好老實人。」〔註98〕

〔註90〕《元代的白話碑錄集》，頁34。一二八八年〈無錫秀才雜泛差役詔碑〉。

〔註91〕陳得芝、王頲合撰〈忽必烈與蒙哥的一場鬥爭〉（《元史論叢》第一輯，頁51）中華書局。

〔註92〕《元典章》，卷三十三，頁466。禮部、釋教，「寺院裡休安下」條以及白話聖旨碑。

〔註93〕《元史》卷七〈世祖本紀〉。

〔註94〕《元典章》，卷三十三，頁467。

〔註95〕1282年〈阿難答令旨碑〉云：「禁止夾帶不屬於自己的人」。（照那斯圖〈阿難答秦王八思巴蒙古語馬年聖旨〉，頁15）。大德八年（1304年）的詔書亦云：「軍站民匠諸色戶計，近年以來，往往爲僧爲道，影蔽門戶，苟避差役，若不整治，久而靠損貧下人民。」

〔註96〕《元史》卷一〇三。〈刑法志〉（二）「戶婚」。

〔註97〕《元史》卷十七，頁147，〈世祖本紀〉。

〔註98〕《佛祖歷代通載》卷二二，頁723。《元史》卷十七〈世祖本紀〉記載楊璉眞迦有一子，名爲暗普，做了江浙行省左丞。

可見蒙古可汗對於僧人是否遵守法令與清規，不是很在意的。

　　無論從宗教觀念上來說，還是從宗教政策上來說，蒙古統治者重「實用」的色彩十分明顯。而可汗之宗教信仰自由政策和各教教理單一化的主張，都是出於政治上的考慮和統治上的方便。質言之，單純性與實用性是蒙古可汗宗教觀念和政策的兩大主軸〔註99〕。至於法術的偏好，則以忽必烈為最。

第三節　宗教管理機構

　　在一二○六年以前的蒙古社會裡，薩蠻是經由召命（天啟）或世襲而產生，已於第二章論及。此時期，自然無所謂宗教管理機構，亦無可汗任命薩蠻之事。一二○六年以後，蒙古可汗雖仍篤信薩蠻教，但我們從史料中仍看不出有任何機構把薩蠻納入管理體系之中，亦無可汗任命薩蠻的直接記載。蒙哥即位之第二年，命阿忽察掌祭祀、醫巫、卜筮、阿剌不花副之〔註100〕。我們不知阿忽察與阿剌不花兩人是否為薩蠻，或只是管理薩蠻的普通人，當以後者為是。就現有史料以觀，似乎自一二○六年至一三六八年為止，薩蠻既未納入宗教戶計，亦無專司機構以箝制之。薩蠻仍自蒙古社會自然產生，所不同者，在於他們已失去了社會勢力，而成為一為可汗效勞的人。易言之，一二○六年以後，薩蠻的權力不是來自社會，而是來自可汗的寵信，隨時有被剝奪的可能。

　　前文論及蒙古可汗均視各教中人為「告天人」，除了希望他們為可汗祝壽祈福之外，並試圖利用各教派的領袖來管理教徒。成吉思汗在癸未年（1223）九月給丘處機的聖旨，很明顯地表現出此種意圖：

　　　　宣差阿里鮮面奉成吉思皇帝聖旨：丘神仙奏知來底公事，是也，煞
　　　　好。我前時已有聖旨文字與你來，教天下應有底出家人都管得著。
　　　　好的歹的，丘神仙你就便理，合只你識者。奉到如此。〔註101〕

法國學者 Demiéville 指出由於聖旨中「出家人」一語，意思含混，導致漢地釋道的衝突〔註102〕。成吉思汗所以如此，在於他對漢地的宗教情況仍然陌生所致。

〔註99〕胡其德撰〈蒙古碑刻文獻所見統治者的宗教觀念與政策〉，載於《蒙元的歷史與文化研討會論文集》，頁 681～702。
〔註100〕《元史》卷三，頁 16，〈憲宗本紀〉。
〔註101〕《元代白話碑集錄》，頁 2，一二二三年〈盩厔重陽萬壽宮聖旨碑〉。
〔註102〕Demiéville, *La Situation Religieuse en Chine au Temps de Marco Polo*, p.200.

　　前文所引用的一二一九年木華黎國王傳給海雲的成吉思汗聖旨，也是把海雲視爲「告天人」，「教做頭兒，多收拾那般人，在意告天」，口吻如同給丘處機的聖旨一般。一方面反映出對漢地情況的陌生，另一方面也反映出成吉思汗的政治意圖：視宗教爲一種政治手段。

　　一二三五年，窩闊台已滅金，控制了華北地區。他派遣失吉忽都虎，試僧尼道士以經文。因海雲僧之與耶律楚材辯解，再透過耶律楚材之力，因此雖有考試，亦無黜落者〔註103〕。窩闊台此舉是因有不少人規避賦役，躲入僧籍，乃加以整頓〔註104〕，他並沒有設立任何管理機構。

　　一二四七年，即貴由汗即位後的第二年，「詔命師（海雲）統僧，賜白金萬兩。師於昊天寺建大會爲國祈禱，太子合賴察請師入和林，延居太平興國禪寺，尊師之禮非常。」〔註105〕從這一段文字可以看出：貴由汗仍命海雲統僧人，仍未設置管理機構，貴由汗亦不知海雲只是臨濟宗一著名僧人而已。

　　在漠北和林時代的蒙古可汗中，蒙哥汗是對漢地較爲熟悉，而且政治手腕相當高明的可汗。在宗教事務方面，他亦表現出此種才華。除了前文所述，以阿忽察與阿刺不花兩人掌祭祀，醫巫、卜筮之外，他亦於一二五一年，以僧海雲掌釋教事，以道士李眞常（即李志常）掌道教事〔註106〕。憲宗又尊迦葉彌兒（罽賓）僧人那摩（Namo 或 KRama Pakci）爲國師，授玉印，總天下釋教〔註107〕。並授眞大道五祖酈希誠爲太玄眞人，領道教事〔註108〕。蒙哥汗把釋道分開，又把北方新道教的一個支派，命名爲「大道教」，顯然他對漢地的宗教情況較爲了解。其中忽必烈扮演了很重要的角色，下文將論之。

　　根據日本學者圀下大慧的說法，憲宗與海雲的關係不僅僅是命他掌理釋教事務而已，還讓他處理一部分的政務〔註109〕。圀下之說，甚有見地。《佛祖歷代通載》記載海雲在窩闊台時代爲漢人請命，爲孔子之後襲封衍聖公而努

〔註103〕《元史》卷二，〈太宗本記〉。
〔註104〕札奇斯欽《蒙古與西藏歷史關係之研究》，頁210。
〔註105〕《佛祖歷代通載》，頁704。
〔註106〕《佛祖歷代通載》，頁704。《元史》卷三，頁15，〈憲宗本紀〉。王鶚〈玄門掌教大宗師眞常眞人道行碑銘〉（甘水仙源錄卷三，頁15，總頁153）。
〔註107〕《元史》卷一二五，〈鐵哥傳〉，頁1360。
〔註108〕《元史》卷二〇二，頁4529，〈釋老傳〉，鼎文書局。
〔註109〕圀下大慧《元初に於ける帝室と禪僧との關係にっぃて》（下）頁91，《東洋學報》12/1，1922年3月。

力之事〔註110〕，至於海雲在蒙哥汗統治時代處理了哪些政務，《佛祖歷代通載》與《元史》均無記載，不過，以他在三朝（太宗、定宗、憲宗）受寵信的程度看來，他在蒙古統治者與被統治的漢人之間，一定做了一些斡旋疏通之事。

　　憲宗蒙哥可汗一方面以漢地臨濟宗僧人海雲掌理釋教事，另一方面，又以迦葉彌兒（罽賓）僧人那摩總天下釋教，兩者是否有重疊之處？札奇斯欽推測那摩總天下釋教應在一二五七年海雲圓寂之後〔註111〕，我個人不以為然。因為蒙古可汗的詔書，語意經常含混不清，如前引成吉思汗給丘處機的聖旨即是，而且可汗頒給宗教人士的聖旨，常會有政治意圖在內。因此在同一段時間，以海雲掌漢地僧人，以那摩掌吐番僧人或天下僧人，並非不可能。何況當時宗教機構尚未設立，職掌重疊之處，在所難免。Rockhill 考証出那摩在一二五二年以前被授為國師〔註112〕，正好印証了我的看法。

　　蒙哥汗雖然任命了不少人處理宗教事務，但終其任內，並未設立任何宗教機構。宗教機構的設立，一直要到忽必烈汗統治時代（1260～1294），才得以完成。忽必烈於中統元年（1260）尊八思巴為國師〔註113〕，至元初，立「釋教總制院」，而領以國師〔註114〕。未明言是在至元幾年。惟至元二年二月，世組詔諭「總統所」僧人通五大部經者為中選，以有德業者為州郡僧錄判、正副都綱等官〔註115〕。至元三年四月，詔以僧機為總統，居慶壽寺〔註116〕。此所謂「總統所」當是「總制院」屬下的一個機構，「總統」則為「總統所」之僧官。因此，「釋教總制院」設立的時間，至遲在至元二年二月以前已設置。我推測設立的時間是在至元元年，因為該年四月，有「遣西僧祈雨」，七月，有「均賦諸色僧道軍匠等戶」的記載〔註117〕。宗教戶計既已編定，則管理宗教戶計的機構也應當隨之成立。

〔註110〕　《佛祖歷代通載》，卷二十一，頁704。
〔註111〕　札奇斯欽《蒙古與西藏歷史關係之研究》，頁211。
〔註112〕　The Journey of William of Rubruck, P. 232 Note 1. by Rockhill。又見 Chavannes, "Inscriptions et Pièces de Chancellerie Chinoise de l'époque Mongole" P. 374 Toung Pao Serie II Vol V 1904.
〔註113〕　《元史》卷四，〈世祖本紀〉記載忽必烈尊八思巴為「帝師」，卷二○二，〈八思巴傳〉則言尊為「國師」。
〔註114〕　《元史》卷八十七，〈百官志〉三。
〔註115〕　《元史》卷六，頁37，〈世祖本紀〉。
〔註116〕　《元史》卷六，頁39，〈世祖本紀〉。
〔註117〕　《元史》卷六，頁39，〈世祖本紀〉。

「釋教總制院」職掌佛教兼理吐番事，領以國師〔註118〕。該機構是以「國師那摩總天下釋教」為原型而發展出來的。「總制院」長官為「總制院使」，底下有幾個分支機構，從現有史料來看，不甚清楚，只知有「江南諸路釋教總統所」（首長為「江南釋教都總統」，或稱「江南總攝」）〔註119〕、「都功德使司」（至元十七年三月立，長官為「都功德使」）〔註120〕、「大護國仁王寺總管府」（至元十六年八月立）〔註121〕、與「隴西四川釋教總統所」（長官為「隴西四川總攝」）〔註122〕。

至元廿五年十一月，改「釋教總制院」為「宣政院」，二十八年設「行宣政院」於杭州，職掌不變，仍掌釋教僧徒及吐蕃之境〔註123〕，只是編制比以前擴大，院使品秩也比以前高。宣政院之設置根據《佛祖歷代通載》的說法，是因世祖有鑒於「以俗制於僧，殊失崇敬。諭天下設立宣政院、僧錄、僧正、都綱司、錫以印信，行移各路，主宰教門，護持教法」（22/729）。好像是為了崇敬僧人而設。其實不是這樣。桑哥是利用宣政院之設置，行斂財之目的。《元史·桑哥傳》云：「桑哥又以總制院所統西蕃諸宣慰司軍民財穀事體甚重，宜有以崇異之」，桑哥的意圖至為明顯。根據譚英華的整理，宣政院的組織大別有二：

（一）專僧尼之政：在宮禁者，為大都上都規運提點所、大都提舉資善庫，上都利貞庫、大濟倉、興教寺都功德使司。在外者有江南諸路釋教總統所、廣教總管府、江南營田提舉司、崇教所〔註124〕。其中有掌錢帛出納者，有掌修建佛事者，有掌僧政者，有司理財者，有司理問者。〔註125〕

（二）治吐蕃：又有院內與所轄院外官職之別。院內有司頗眾；院外則設置「宣慰司」或「都元帥府」以治理蕃部。〔註126〕

〔註118〕《元史》卷五，頁34～35，〈世祖本紀〉。

〔註119〕《元史》卷一三，頁103，〈世祖本紀〉、《元史》卷九九，頁71〈世祖本紀〉。

〔註120〕《元史》卷一一，頁84，〈世祖本紀〉、《元史》卷一二，頁95〈世祖本紀〉。

〔註121〕《元史》卷一○，頁81，〈世祖本紀〉。

〔註122〕《元史》卷一六，頁133，〈世祖本紀〉。

〔註123〕《元史》卷一五，頁123，〈世祖本紀〉、《元史》卷八七，頁830，〈百官志〉、《元史》卷一六，頁136，〈世祖本紀〉。

〔註124〕譚英華〈喇嘛教與元代政治〉（《佛教與政治》，頁231）。

〔註125〕全上註。又見《元史》卷二○，頁172，「大德六元正月，詔自今僧官、僧人犯罪，御史台與內外宣政院同鞫。宣政院官徇情不公者，聽御史台治之。」

〔註126〕譚英華前引文，頁231～3。

前文言及至元二十五年十一月，改釋教總制院爲宣政院，何以在至元二十八年四月，又言「併總制院入宣政院」？此事頗令人不解。元初西番僧人沙囉巴曾言：「朝廷設官愈多，則天下之事愈煩，況釋教乎？今僧之苦無他，蓋官多事煩耳。所謂十羊九牧，可勝言哉？」〔註127〕我個人認爲在至元廿五年與廿八年之間，總制院與宣政院很可能併行一段期間。廿五年之「改總制院爲宣政院」是把總制院一部分有關錢穀的事務獨立出來，另外成立宣政院。到了廿八年四月，則將總制院裁撤，所有業務併入宣政院。這個問題與帝師、宣政院使兩人之間的權力爭奪，是有關係的。

元朝的宣政院使，不是由蒙古人擔任，就是由色目人擔任，終元之世，沒有例外。而且有些院使是由丞相兼任。其爲使位居第二者，必以僧（指西番僧）爲之，出帝師所辟舉，帥臣以下，亦必僧俗並用，而軍民通攝〔註128〕。日本學者藤島建樹曾把有元一代出任宣政院使的蒙古、色目人勾勒出來。他們包括桑哥、脫因、答失蠻、沙的、肥兒牙兒迷的里、脫虎脫、鐵木迭兒、八思吉思、欽察台、旭邁傑、鎖禿、囊加台、答里麻失里、馬札兒台、脫因（與前面脫因不同一人）、闊里吉思、伯顏、末吉、汪家奴、不蘭奚、脫脫、亦憐眞班、韓家訥、月魯不花、篤憐帖木兒、哈麻、蠻子、搠思監，也先忽都、桑哥失里三十人〔註129〕。總制院使的人選，《元史·世祖本紀》記載至元廿四年以桑哥爲總制院使。

宣政院底下各機構之首長也是由蒙古人或色目人擔任，亦無例外，茲將元世祖時代，擔任過地方宗教機構之首長列成一表（表五）：

種 族	名 字	職 位	任職期間	資料來源
畏兀人	合台薩理都通	諸路釋門總統	至元七年	佛祖歷代通載，頁705
	亢吉祥與怜眞加加瓦	江南總攝（即江南釋教都總統）	至元十四年	元史九／一八八世祖紀（鼎文書局）
畏兀人	楊璉眞加	都功德使	至元十四年～至元二十八年	元史類編 元史世祖本紀

〔註127〕《大明高僧傳》卷一，〈譯經篇〉第一，〈沙囉巴傳〉（《大正藏》第五〇冊，頁901）。

〔註128〕《元史》卷二〇二，頁2132，〈釋老傳〉。

〔註129〕藤島建樹〈元朝にける政治と佛教〉，頁151～174。《大谷大學研究年報》，27期，1975年2月。

	脫烈	都功德使	至元十九年十一月以前	元史一二／二四八世祖本紀（鼎文書局）
吐番人	輦眞尤納思	隴西、四川總攝、諸路釋教都總統	至元二十八年前後	元史一六／三四四世祖本紀（鼎文書局）
西國積寧人（吐番人）	沙囉巴	江浙等處釋教都總統 福建等處釋教都總統	至元二十八年～大德三年	大明高僧傳卷一，頁901 佛祖歷代通載，頁729

綜合以上所論，我們知道元代的釋教機構，不管是中央的總制院，宣政院或地方的分支機構，其首長皆由蒙古人或色目人擔任，尤其以色目人居多。由此可推斷：蒙古可汗利用釋教機構來控制西藏與漢地的僧人與軍民的政治意圖，至爲明顯。而由番僧所把持的江南地區的釋教總統所，更發宋宗室陵寢，搜刮玉帛子女，擾民殊甚。終於大德三年因沙囉巴的建言請命，才廢止江南釋教總統所〔註130〕。藤島建樹說：世祖對漢地的佛教，很難談得上尊崇與保護，因爲在尊崇與保護的背後，含有以國家權力對江南佛教加以嚴格監督的意圖在〔註131〕，實鞭辟入裡之論。

元代中央統領道教的機構是「集賢院」。《元史‧百官志》云：「集賢院，秩從二品（至元二十四年陞正二品，大德十一年陞從一品）。掌提調學校、徵求隱逸、召集賢良。凡國子監、玄門道教、陰陽、祭祀、占卜、祭遁之事，悉隸焉。」〔註132〕元初，集賢院與翰林國史院同一官署。至元二十年，將集賢院併入翰林國史院，稱爲翰林國史集賢院。至元二十二，集賢院才又獨立出來〔註133〕。但是根據袁桷〈玄教大宗師張公家傳〉，集賢院與翰林院分開，專掌道教的時間是在至元十八年〔註134〕，袁桷的說法與《元史》的記載有所出入。《元一統志》有至元十九年春翰林國史集賢院領會同館道教事安藏所撰文，足証至元十九年時集賢院是併入翰林院的。很可能是兩院在至元十八年分開，至元十九年或二十年合併，至元二十二年又分開。至元十八年集賢院的獨立，出自張留孫的倡

〔註130〕 《大明高僧傳》卷一，〈沙囉巴傳〉。（《大正藏》第五〇冊史傳部，頁901）。《元史》卷二〇，頁166，〈成宗本紀〉。
〔註131〕 藤島建樹前引文，頁145、頁149。
〔註132〕 《元史》卷八七，頁830，〈百官志三〉。《中華大典》。
〔註133〕 同上註，又見《元史》卷一三，頁109，〈世祖本紀〉。《中華大典》。
〔註134〕 袁桷《清容居士集》卷三四，〈有元開府儀同三司上卿輔成贊化保運玄教大宗師張公家傳〉（《道家金石略》，頁924）。

儀，藤島建樹認爲這是因爲他擔憂與翰林院儒家官員同一官署，會降低發言權，而有是議〔註135〕。如果我們把至元十八年集賢院獨立之事與至元十七年二月詔諭祁志誠等焚毀《道藏》僞妄經文，與十八年十月廿日，世祖再下令焚毀《道藏》〔註136〕之事合觀，兩者之間似有某種關係存在。藤島之說似能成立。惟張留孫至元十八年的建議雖獲採納，旋即恢復原狀；集賢院又併入翰林院。一直要等到至元二十二年，集賢院才是完全獨立的機構，終元之世，不再併入翰林院。〈張公家傳〉又言：「十八年七月，皇曾孫生，是爲武宗，上命擇嘉名以進。是歲分翰林、集賢院爲兩，道教專掌集賢，始自公議。二十二年，仁宗生，復召命名」〔註137〕。武宗與仁宗出生的時間，正好與集賢院兩次獨立的時間（至元十八年與廿二年）完全吻合，這應當不是一種巧合。我推測：張留孫很可能利用命名的時機，倡議集賢院獨立，以提高道教人士的發言權。

　　集賢院的編制分兩大系統：一系統是由「非道士」來擔任，地位最高的是院使，照例由蒙古人或色目人擔任，例如至元十八年的撒里蠻與至元二十二年的札里蠻，皆領集賢院事〔註138〕，相當於「院使」。下設大學士、學士、侍讀學士、侍講學士、直學士等官〔註139〕。另一系統是由道士擔任，地位最高的是「知集賢院道教事」，玄教的張留孫、吳全節、夏文泳〔註140〕、全眞教的孫德彧〔註141〕，皆擔任過此官。次於「知集賢院道教事」者，爲「商議集賢院道教事」，玄教的張留孫〔註142〕與全眞教的苗道一〔註143〕皆任過斯職。至元中以後，玄教宗師張留孫頗受寵遇，經成宗、武宗以迄仁宗、英宗，寵

〔註135〕藤島建樹〈元の集賢院と正一教〉，頁42，《東方學報》38期，1971年。

〔註136〕《元史》卷一一，頁84，〈世祖本紀〉。卷一一，頁89，〈世祖本紀〉。《中華大典》。又見1281年〈忽必烈皇帝聖旨〉（《元代白話碑集錄》，頁105）。

〔註137〕前引〈張公家傳〉。

〔註138〕《元史》卷一一，頁89，〈世祖本紀〉，《元史》卷一三，頁109，〈世祖本紀〉。《中華大典》。

〔註139〕《元史》卷八七，頁830，〈百官志〉三。《中華大典》。

〔註140〕趙孟頫〈上卿眞人張留孫碑〉（《道家金石略》，頁910）、虞集〈張宗師墓志銘〉（《道園學古錄》卷五〇，頁12～16）、虞集〈河圖仙壇之碑〉（《道園學古錄》卷二五）、黃溍〈知集賢院道教事夏公神道碑〉（《金華黃先生文集》，卷二七，頁278～279）。

〔註141〕虞集〈玄門掌教孫眞人墓誌銘〉（《道園學古錄》卷五十）。

〔註142〕前引趙孟頫〈張留孫碑〉、虞集〈張宗師墓誌銘〉。

〔註143〕〈永樂宮聖旨碑〉（收於《永樂宮碑錄》）。

遇未衰。根據虞集的說法，張留孫「知集賢院事」，地位在大學士之上〔註144〕，則可與非神職人員的「院使」分抗禮節。

藤島建樹曾對宣政院與集賢院的編制加以比較。他說宣政院雖持「僧俗並用」的原則，但實際上並無僧侶擔任宣政院的官員，宣政院被元廷當作派系抗爭的緩衝地帶，又說：佛教對政治較冷漠，不似道教（尤其是正一教）之重視傳統，熱中於地位之保持〔註145〕。關于此論點，吾人覺得有商榷之處：

第一、第一任「宣政院使」桑哥即是僧侶出身，曾拜膽巴爲師〔註146〕，故宣政院並非無佛教徒任官。吾人只能說沒有漢人僧侶出任官職。

第二、「集賢院」官員之所以有兩大系統，是因爲蒙古人、色目人無信奉道教者，對道教事務完全不熟悉，故必須借重漢地道士，處理道教事務。因此道士之出任集賢院官員，主要原因並不在於道士之熱中政治，而是出於事實上的需要。

大體而言，集賢院在元代官僚體系中的地位略遜於宣政院，亦不成爲政爭之場所或緩衝地帶。成宗甚至說：「集賢、翰林，乃養老之地，自今諸老滿秩者陞之，勿令輒去。」〔註147〕至於「知集賢院事」張留孫、吳全節等人在政治上的地位與建樹，當於他們與可汗、皇室的私人關係中求之，而不宜於集賢院這個機構中求之。這將於第五章加以討論。

地方上的道官組織，大體是遵循元代的行政區劃而設置的。在「行省」設「都提點」，在「路」設「道錄」、「道判」，在「州」設「道正」、「道判」，在「縣」設「威儀」。〔註148〕，另外在各宮觀設「住持」「知宮」「提舉」「提點」「提領」等〔註149〕。漢天師世家謂：「（至元十四年），命（張宗演）主江南道教事，得自給牒，度人爲道。路設道錄司，州設道正司，縣設威儀司，皆屬焉」〔註150〕。藤島建樹認爲有元一代並無此機構〔註151〕。元代有無此種

〔註144〕 虞集〈張宗師墓誌銘〉。
〔註145〕 藤島建樹〈元の集賢院と正一教〉，《東方學報》38期。
〔註146〕 《元史・姦臣傳》，桑哥。
〔註147〕 《元史》卷二〇，頁168，〈成宗本紀〉。
〔註148〕 曾召南：《道教基礎知識》，頁90。王惲《秋澗集》卷六一〈提點彰德路道教事寂然子霍君道行碑銘並序〉。
〔註149〕 《道教基礎知識》，頁90，姚遂〈有元重修至清萬壽宮碑銘並序〉（《金石略》，頁722）。
〔註150〕 《漢天師世家》卷三，頁10（總頁數46718）。
〔註151〕 藤島建樹前引文，頁41。

機構，尚待考証，然「道錄」、「道正」、「威儀」等道官，則在元代文集碑刻中屢見，觀下文表中所列即可知。

元代地方道官的分級設置與地方官的分級平行，連道官的名稱皆與地方官的名稱相若，這充分反映出元廷在宗教機構中所賦予的政治使命。

表六：大德以前全真道士教職一覽表

道士	年代	教職	資料來源
李志常	一二二七	都道錄兼領長春宮事	甘水仙源錄卷三
綦志遠	一二二七 一二三八	知大長春宮門事 提點陝西教事	甘水仙源錄卷五
李志柔	一二三七	大名、邢洺兩路教門提點	古樓觀集卷中；道家金石略，頁 599
李志源	一二三六 一二四一	眞定路道門提點 提舉重陽宮	甘水仙源錄卷七
李志明	一二三一 一二四九 一二六一	管領一路道門事，兼本府道錄 河東南北兩路道教副提點 河東南北兩路道教提點	甘水仙源錄卷六
劉志厚	一二三八 一二五六	玉華宮副提點 玉華宮提點	道家金石略，頁 661
張志敬	一二五四	提點教門事	甘水仙源錄卷五
張志素	一二五一～六	中都路道錄	甘水仙源錄卷四
高道寬	一二五二 一二六一 一二七六	京兆路道錄 提點陝西興元等路道教，兼領重陽萬壽宮事 提點陝西四川省處道教	甘水仙源錄卷八
郭德山	一二五九	大長春宮提舉	甘水仙源錄卷五
李志希	一二五九	大長春宮提領	甘水仙源錄卷五
霍志眞	至元間	輝縣威儀、提點彰德路道教事	秋澗大全集卷六一
賀志沖	一二八七	終南上清太平宮提點	甘水仙源錄卷二
鮑道元	一二八○左右	玉清萬壽宮提點	道家金石略，頁 722
何德儀	一二八○左右	玉清萬壽宮提點	道家金石略，頁 722
王志實		知中太一宮	牧庵集卷十，頁 88
李道謙	一二七七 一二七八	提點陝西五路西蜀四川道教兼領重陽萬壽宮事 提點秦蜀九路道教	鼇屋重陽萬壽宮令旨碑，甘水仙源錄卷二
孫德彧	一二七九	安西路道門提點	道家金石略，頁 621
張志端	一三○七	上清太平宮提點	甘水仙源錄卷二
何道源	一三○七	上清太平宮提點	甘水仙源錄卷二

表七：大德以前正一道士教職一覽表（不含張天師）

道　士	年　　代	教　　　　職	資　料　來　源
張留孫	一二七八	江南諸路道教都提點	元史 10／75；龍虎山志，頁 145
	一二七八	總攝江北淮東淮西荊襄等路道教事	元史 10／75；龍虎山志，頁 147
	一二八八	玄教宗師、總攝江淮荊襄道教事 同集賢院商議道教事	龍虎山志，頁 147
	一二九六	總攝江淮荊襄道教都提點，知集賢院道教事	龍虎山志，頁 147
	一二九九	同上	龍虎山志，頁 149
陳義高	一二八八	玉隆宮提點	養蒙集卷四
	一二九一	大都崇眞萬壽宮提點	
杜道堅	至元初	住持升元報德觀	松雪齋集卷九，頁 95
	至元十三年後	杭州宗陽宮住持，仍領升元報德觀	白雲稿卷三
	一三○二	杭州路道錄	
郎如山	一二七九	崇眞觀住持、浙西道道判	養蒙集卷四
	一二八五	浙西道錄、洞霄宮提舉知宮	
	一二九五	提點住持洞霄宮兼管本山諸宮觀	
	一二九六	杭州路道司	
舒尊師	至元末	杭州路道錄、浙西道提舉住持開元宮	道家金石略，頁 874 引大滌記
章居實	一二九○	住持龍德通仙宮	剡源戴先生文集卷一六，頁 138～139
	一二九六	提點佑聖觀事、住持玄洞觀	
	一二九七	提點玄妙觀	
	一二九八	西太乙宮提點知宮、杭州路道錄	
	一三○一	升由提點知宮	
張元漢	至元間	袁州道判、太平州道錄	李仲公集卷二四
吳全節	一二九八	大都崇眞萬壽宮提點	道園學古錄卷二五，河圖仙壇之碑，頁 224～228
	一三○六	江淮荊襄等處道教都提點	
陳可復	一二九四	慶元路悟眞觀住持提點	松鄉集卷三
	二二九七	慶元路道錄、玄妙觀住持提點	
陳世素	約一三○七	慶元路道判	松鄉集卷三
吳震亨	約一三○七	慶元路道判	松鄉集卷三

※附註：全眞、正一皆不設「道正」，惟眞大道派設之，如至元廿八年涿州道
　　　正宋德宣、固安州道正張成祿、雄州道正趙德興、易州道正李德廣。
　　　（〈重修隆陽宮碑〉）

　　綜合以上兩表，吾人可依藤島建樹之例〔註152〕，重建地方道官之統屬關
係，如下圖所示：

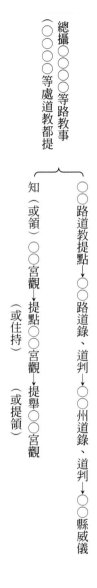

〔註152〕藤島建樹所繪圖表，見〈元の集賢院と正一教〉，頁49。

第四章　薩蠻與可汗的關係

　　宗教領袖與政治領袖之間的關係，在世界各民族的發展史上都是很重要的問題，尤其是在統治權尚未十分鞏固的社會裡，二者之間的合作或衝突，以及權力的消長，更為明顯。本章即是以北亞游牧民族薩蠻與統治者彼此之間的關係，作為探討的對象。先就薩蠻與可汗的起源與發展，觀其權力的消長，從匈奴、突厥論至蒙古帝國之崛起。次論薩蠻在帝國初期所扮演的角色，時間從一二○六年至一二六○年。最後論忽必烈（世祖）入主中原以後，薩蠻與可汗的關係以及薩蠻的地位。

第一節　薩蠻與可汗權力的消長

　　關於薩蠻的起源，在第二章第三節論之甚詳，此處不擬再贅述，關於薩蠻與族長、可汗三者源起的相關性，於第三節中亦略有論述。文中指出三者的特質與主要功能，並且指出北亞游牧民族的歷史上，有不少民族曾出現過薩蠻兼族長的事例。惟對於薩蠻與可汗兩者之間，在諸民族的發展史上，究竟是怎樣的一種關係，著墨不多。本節擬以權力來源為出發點，考察薩蠻與可汗在國政上、在軍事上及在經濟活動中所扮演的角色，以及兩者的交互作用。當然，時間的流變也是考察的一個焦點。

　　薩蠻源于氏族社會，是不爭的事實。他們是「社會的安全瓣」〔註1〕，他們的法術又與狩獵游牧經濟密切相關，（如前文所論），因此他們法術的高低強弱，關係到全氏族的興衰，這就奠定了薩蠻的權力基礎。易言之，薩蠻的

〔註1〕佐佐木宏幹《シャ──マニズム──エクスタシと憑靈の文化》，頁166。

權力不是來自統治者的授予，而是來自氏族社會與狩獵、游牧經濟。而他們之所以如此與社會、經濟深相契合，歸根究柢，在於他們具有治病、預言、占卜、祭祀的能力。

而可汗的權力來源，不管是推舉的或世襲的，終究離不開武力的妥協爭奪或鞏固，質言之，可汗的權力來源不是假借法術或任何神祕力量，而是假借赤裸裸的武力。這是可汗與薩蠻在權力來源方面，最大的不同點。探討薩蠻與可汗的關係，兩者的分合以及權力的消長，從這裡下手，或能得其真諦。

匈奴族本身沒有文字記載流傳下來，而漢族對匈奴族的記載，也是寥若晨星，語焉不詳。因此欲探討冒頓單于建立匈奴帝國時代，薩蠻與統治者的關係，實戛戛乎難哉。前文引《史記‧匈奴列傳》與《後漢書‧南匈奴傳》，提到匈奴族於「五月，大會龍城，祭其先，天地、鬼神。秋（按：九月），馬肥，大會蹛林，課校人畜計。」文中指出：以「龍城」、「蹛林」這些字眼來看，確有薩蠻參與祭典。因為「龍城」、「蹛林」都與樹林或林木、柴薪搭起來的祭壇有關，也都是薩蠻作法術的憑藉〔註2〕。另外，吾人必須指出：與鬼神交通的能力為薩蠻所獨具，而九月大舉軍事行動之前的占卜或釁旗，都非有薩蠻不可。因此，我們似可以斷言：大會由單于召集諸部酋長而開，至於祭典之事，當由薩蠻主持。有關匈奴帝國時代，薩蠻與單于的關係，可待解決之問題仍多，當俟諸來日地下挖掘物的增加，或對匈奴語的解讀擴大，方能為之。

匈奴別族柔然（蠕蠕）和薩蠻擅長「以術祭天而致風雪。前日皎日，後則泥潦橫流，故其戰敗，莫能追及。」〔註3〕，這是柔然軍中有薩蠻的記載。這裡所謂「以術祭天而致風雪」，正是蒙古薩蠻磨石（Jada）禱天之事，《黑韃事略》云：「極寒無雪，則磨石而禱天。」〔註4〕楊瑀《山居新話》云：「蒙古人有能祈雨者，輒以石子數枚浸於水盆中玩弄，口唸咒語，多獲應驗，石子名曰酢答（Jada），乃走獸腹中之石，大者如雞子，小者不一，但得牛馬者為貴。」〔註5〕蒙古軍中亦常有精通此術的康里人（突厥種）隨行〔註6〕。則磨石禱天致風雪之事，為匈奴種的柔然人，突厥種的康里人，與蒙古人所擅長。

《北史‧蠕蠕傳》記載女薩蠻地萬亂政之事：

〔註2〕護雅夫《遊牧騎馬民族國家》，頁189～192，頁196。
〔註3〕《南史》卷七九，頁1987。〈蠕蠕傳〉，鼎文書局。
〔註4〕彭大雅《黑韃事略》，王國維箋註，頁5067。
〔註5〕楊瑀《山居新話》。
〔註6〕《史集》，第二卷，頁36。

初，豆崙之死也，那蓋爲主，伏圖納豆崙之妻候呂陵氏，生醜奴、
阿那壞等六人。醜奴立後，忽亡一子，字祖惠，求募不能得。有屋
引副升牟妻是豆渾地萬，年二十許，爲醫巫，假託神鬼，先常爲醜
奴所信，出入去來。乃言：「此兒今在天上，我能呼得。」醜奴母子
欣悅。後歲仲秋，在大澤中施帳屋，齋潔七日，祈請天神。經一宿，
祖惠忽在帳中，自云恆在天上。醜奴母子抱之悲喜，大會國人，號
地萬爲聖女，納爲可賀敦。授夫副升牟爵位，賜牛、馬、羊三千頭。
地萬既挾左道，亦是有姿色，醜奴甚加重愛，信用其言，亂其國政。
如是積歲，祖惠年長，其母問之。祖惠言：「我恆在地萬家，不嘗上
天。上天者，地萬教也。」其母具以狀告醜奴。醜奴言地萬懸鑒遠
事，不可不信，勿用讒言也。既而地萬恐懼，譖祖惠於醜奴，醜奴
陰殺之。正光初，醜奴母遣莫何去汾李具列等絞殺地萬。〔註7〕

這一段記載，有幾點值得注意：（1）柔然宮中有女薩蠻（2）女薩蠻地萬以其
「祈請天神」、「左道」、「懸鑒遠事」之本領，而受寵信，並得以亂國政。這
與蒙古脫列哥那攝政時代，女薩蠻法提瑪亂政之事（詳後文），同出一轍。此
外，柔然伏古敦可汗（豆崙）統治時代的名臣侯瑿堙石洛候〔註8〕，我推測他
就是男薩蠻。「侯瑿堙」的「瑿」表示他的薩蠻身分。石洛候則爲彼名，此推
測應屬合理。至於「侯瑿堙石洛候」分作兩段解，則與同（蠕蠕）傳之「屋
引副升牟」、「是豆渾地萬」一樣，前半表身分，後半爲名字。同傳有時只言
名字（石洛候、副升牟、地萬），道理即在此。

　　突厥族系的可汗即位典禮與可敦冊封典禮採用薩蠻儀式〔註9〕，充分顯示
出薩蠻在政治上所扮演的角色。《周書·突厥傳》頗能反映薩蠻對可汗的認可
與制衡。茲錄全文於后：

其主初立，近侍重臣等輿之以氈，隨日轉九回，每一回臣下皆拜。
拜訖，乃扶令乘馬，以帛絞其頸，使纔不致絕，然後釋而急問之曰：
「你能作幾年可汗」？其主既神情瞀亂，不能詳定多少。臣下等隨
其所言，以驗修短之數。〔註10〕

〔註7〕《北史》卷九八，頁3258，〈蠕蠕傳〉，鼎文書局。
〔註8〕前引書，頁3256。
〔註9〕《北史·突厥傳》與《舊唐書·回鶻傳》，詳見第二章第一節。
〔註10〕《周書》卷五〇，頁909，〈突厥傳〉。

蒙古可汗的即位典禮，也採用薩蠻儀式（詳第二章）。不過，若將二者加以比較，顯然有兩點大不相同：

（1）突厥可汗即位方式，是「近侍重臣等輿之（可汗）以氈，隨日轉九回，每回臣下皆拜。」蒙古可汗即位方式為：與會人員先對新君九拜，新君再率諸人對日三拜。這兩種方式的不同，似能反映出可汗地位的提高。

（2）突厥可汗即位時，被侍臣「以帛絞其頸」；蒙古可汗即位時，則無此舉。

由於史料有限，我們無法對突厥族系所建立的國家中，薩蠻與可汗的關係作一全盤的檢討。我們目前只能說：薩蠻在政治上、軍事上、祭祀活動上，皆有其重要的地位。有些薩蠻甚至參與國政，也有女薩蠻亂政之事。

有關契丹族薩蠻活動的記載，較突厥族略為詳細。契丹皇室的一些重要儀式，如再生儀、歲除儀、祭山儀等，均有薩蠻參與其事。《遼史》卷五三〈禮志〉六「再生儀」條云：

> 凡十有二歲，皇帝本命前一年季冬之月，擇吉日。前期，禁門北除地置再生室、母后室、先帝神主輿。在再生室東南，倒植三岐木。其日，以童子及產醫嫗置室中。一婦人執酒，一叟持矢箙，立於室外。有司請神主降輿，致奠。奠訖，皇帝出寢殿，詣再生室。群臣奉迎，再拜。皇帝入室，釋服，跣。以童子從，三過岐木之下。每過，產醫嫗致詞，拂拭帝躬。童子過岐木七，皇帝臥木側，叟擊箙曰：「生男矣。」太巫懷皇帝首，興，群臣稱賀，再拜。產醫嫗受酒於執酒婦以進，太巫奉襁褓、綵結等物贊祝之。預選七叟，各立御名繫于綵，皆跪進。皇帝選嘉名定之，賜物。再拜，退。群臣皆進襁褓、綵結等物。皇帝拜先帝諸御容，遂宴群臣。〔註11〕

《遼史》卷四九〈禮志〉一，又記載契丹歲除儀，內云：

> 初夕，敕使及夷離畢率執事郎君至殿前，以鹽及羊膏置爐中燎之。
> 巫及大巫以次贊祝火神訖，閤門使贊皇帝面火再拜。〔註12〕

這兩段記載充分顯示出薩蠻對於皇帝（可汗）的「再生」（每十二年舉行一次）與皇統的延續，具有舉足輕重的地位。此外，這兩段文字亦反映出薩蠻的地位

〔註11〕《遼史》卷五三，頁 879～880，〈禮志〉。
〔註12〕《遼史》卷四九，頁 838，〈禮志〉一，此所謂「夷離畢」，根據《國語》解，即「參知政事」之意。

已有等級之別（巫與大巫）契丹可汗亦嘗命巫者祠天地及兵神，祭旗鼓〔註13〕，又分遣巫覘祭名山大川〔註14〕。由此可知，薩蠻在契丹的祭祀活動中，扮演極爲重要的角色。而在游牧社會裡，祭祀與部族的生存繁衍密切相關。

契丹汗庭中，亦有女巫因得寵而妄殺者。《遼史‧穆宗本紀》云：「（應曆七年）夏四月戊午朔，還上京。初女巫肖古上延年藥方，當用男子膽和之。不數年，殺人甚多。至是，覺其妄。辛巳，射殺之。」〔註15〕可見穆宗需要薩蠻之助，以延年益壽。

契丹宗室中，亦有能行巫術者。於遼史中得二例，其人即爲神速姑（耶律曷魯）與耶律倍（圖欲）。神速姑能知蛇語〔註16〕，「太祖（耶律阿保機）從兄鐸骨札以本帳下蛇鳴，命知蛇語者神速姑解之，知蛇謂穴傍樹中有金，往取之，果得金，以爲帶，名『龍錫金』〔註17〕，耶律曷魯即以「龍錫金佩」爲由，勸阿保機即位。《遼史》本傳云：

> 會遙輦痕德菫可汗歿，群臣奉遺命請立太祖。太祖辭曰：「昔吾祖夷離菫雅里嘗以不當立而辭，今若等復爲是言，何歟？」曷魯進曰：「曩吾祖之辭，遺命弗及，符瑞未見，第爲國人所推戴耳。今先君言猶在耳，天人所與，若合符契。天不可逆，人不可拂，而君命不可違也。」太祖曰：「遺命固然，汝焉知天道？」曷魯曰：「聞于越（指阿保機）之生也，神光屬天，異香盈幄，夢受神誨，龍錫金佩。天道無私，必應有德。我國削弱，齮齕於鄰部日久，以故生聖人以興起之。可汗知天意，故有是命。」〔註18〕

這一段文字顯示出契丹可汗之即位，仍須假託符瑞，而得倡言符瑞者，非薩蠻莫屬。

耶律倍爲阿保機長子，「通陰陽，知音律，精醫藥、砭焫之術」，讓位於太宗耶律德光。耶律倍後爲李彥紳所害，太宗改葬于醫巫閭山〔註19〕。耶律倍精通陰陽醫術，死後又葬在契丹的聖山——醫巫閭山，他與薩蠻術必定有

〔註13〕《遼史》卷九，頁103，〈景宗本紀〉。
〔註14〕《遼史》卷十二，頁134，〈聖宗本紀〉。
〔註15〕《遼史》卷六，頁74，〈穆宗本紀〉。
〔註16〕《遼史》卷一一六，頁1537，國語解「神速姑」。
〔註17〕仝上註，頁1548。
〔註18〕《遼史》卷七三，頁1220～1221，〈耶律曷魯傳〉。
〔註19〕《遼史》卷七二，頁1209～1211，〈宗室耶律倍傳〉。

關。他雖然讓位給太宗，仍見疑於後者〔註20〕。契丹宗室之通薩蠻術者，與可汗之間似有一種「緊張」（Tension）存在。前文論及：北亞游牧民族中之突厥與蒙古都曾有過薩蠻兼族長的事例（詳第二章），地位十分崇高。薩蠻與可汗之間，既有合作關係，又有緊張關係。

有關女眞薩蠻與可汗的關係，在《金史‧完顏希尹傳》中，可窺其端倪。本傳云：

> 完顏希尹本名谷神，歡都之子也。自太祖舉兵，常在行陣，或從太祖，或從撒改，或與諸將征伐，比有功。金人初無文字，國勢日強，與鄰國交好，迺用契丹字。太祖命希尹撰本國字，備制度。希尹乃依倣漢人楷字，因契丹字制度，合本國語，製女眞字。天輔三年八月，字書成，太祖大悅，命頒行之。賜希尹馬一匹、衣一襲。其後熙宗亦製女眞字，與希尹所製字俱行用。希尹所撰謂之女眞大字，熙宗所撰謂之小字。（中略）宗翰（粘罕）襲遼帝於五院司，希尹爲前驅，所將纔八騎，與遼主戰，一日三敗之。（中略）及大舉伐宋，希尹爲元帥右監軍。再伐宋，執二主以歸。師還，賜希尹鐵券，除常赦不原之罪，餘釋不問。（中略）熙宗即位，希尹爲尚書左丞相兼侍中，加開府儀同三司。（中略）天眷三年，賜希尹詔曰：『帥臣密奏，姦狀已萌，心在無君，言宣不道。逮燕居而竊議，謂神器以何歸，稔於聽聞，遂致章敗。』遂賜死。〔註21〕

完顏希尹爲一薩蠻，已爲學者考証屬實。他是金朝宗室，製女眞文字，又於平遼滅宋之舉，著有功勛，官拜左丞相兼侍臣，而且翊戴熙宗即位，最後因受讒而被賜死，罪名就是覬覦神器。這一段記載亦透露出薩蠻與皇帝之間的合作與緊張關係。

《三朝北盟會編》卷三云：「兀室奸猾而有才，自製女眞法律文字，成其一國，國人號爲珊蠻（中略）以其通變如神，粘罕以下皆莫能及。」〔註22〕

《三朝北盟會編》之「兀室」，徐炳昶認爲就是《金史》之「完顏希尹」〔註23〕。從下列理由可以証明徐氏判斷正確：（1）他們都是薩蠻（2）他們都

〔註20〕同上註。
〔註21〕《金史》卷七三，頁 1684，〈完顏希尹傳〉。
〔註22〕徐夢莘《三朝北盟會編》卷三，頁 10，文海出版社。
〔註23〕徐炳昶〈校金完顏希尹神道碑書後〉，頁 5，《史學集刊》第一期，1936 年。

製女眞文字（3）他們都與粘罕（宗翰）是同時代的人物（4）完顏希尹的本名「谷神」，音與「兀室」非常接近。

從遼金二朝宗室均有爲薩蠻者，証明了統治階層中有兩大系統存在：一爲主政的皇帝系統，一爲主祭的薩蠻系統，後者常擁戴前者即位，但兩者之間仍有緊張關係存在。

十一、二世紀的蒙古社會是父系的氏族社會（obog）〔註 24〕，氏族的長老（族長 ebügen）據有特權，且爲氏族的主祭者〔註 25〕。在此時期，薩蠻常兼族長，如兀孫老人（Usun ebügen）和豁兒赤（Khorči）皆是〔註 26〕。而當時可汗的權力非常微弱，完全受選他的氏族操縱。在早期蒙古氏族裡，同時可以看到二人以上同時稱「汗」的事實。「汗」這個稱號，有時甚至連由各氏族若干支系組成的極小部落的指導者，也加以使用，這樣的「汗」將某種力傳給子孫的情形是稀少的〔註 27〕。易言之，在蒙古氏族社會尚未解體前，「汗」的權力不如族長或薩蠻來得穩固。這一種情況在一二〇六年成吉思汗建立帝國之後，有顯著的轉變，下節將論之。

第二節　薩蠻在蒙古汗位爭奪中的角色

薩蠻在蒙古可汗即位典禮上，扮演極重要的角色，已於前文（第二、三章）論及，但是關於薩蠻在蒙古汗位爭奪中所扮演的角色，則尚未及之，本節專就此事論之。

成吉思汗的發跡是從一一八九年作了蒙古本部可汗開始的。當時鐵木眞正與札木合爭奪盟主的地位，而薩蠻豁兒赤卻倡言天意歸屬於鐵木眞。《蒙古秘史》第一二一節記載：

> 豁兒赤來說：「我們是聖賢孛端察兒擒獲的婦人所生的，我們與札木合同是生於一個肚皮、一個胞衣的。我們本不該和札木合分離的。上天的神告臨到我，使我親眼看到了。有一隻黃白色乳牛，圍繞著札木合走，把他的房子車輛都撞了以後，就撞札木合，弄折了一隻

〔註 24〕 Vladimirtzov 著。張興唐、烏占坤譯《蒙古社會制度史》，中國文化出版業委員會，民國 46 年。

〔註 25〕 前引書頁 20～23。

〔註 26〕 札奇斯欽《蒙古的宗教》（收入《蒙古史論叢》，頁 77）。

〔註 27〕 《蒙古社會制度史》，頁 59。

> 觭角。還剩了一隻觭角，就揚起塵土，連聲向札木合吼叫：「把我的
> 觭角拿來！」又有一隻沒有觭角的黃白色犍牛駄著、拉著大帳的椿
> 子，在帖木眞的後邊，順著大車路前來吼叫：「天地商議好，要叫帖
> 木眞做國家之主，我把國家給載來了！」上天的指示教我親眼目睹，
> 指教給我了。〔註28〕

經豁兒赤一宣揚，不少原來支持札木合的部落，轉而支持鐵木眞。由此可見：成吉思汗之得勢，薩蠻豁兒赤出力不少。而諸部之響應豁兒赤，正足以反映出薩蠻在當時蒙古社會裡的勢力相當地大。

　　鐵木眞與札木合同屬一個遠祖——孛兒只斤氏（Börjigin），何以豁兒赤屬意於鐵木眞，而不屬意於札木合呢？關於這個問題，就現有史料，找不出答案。據物拉底迷爾卓夫（Vladimirtzov）的解釋，成吉思汗被貴族擁戴，是因爲他們認爲他最沒有危險性〔註29〕。這個心理學上的解釋，我們無從判斷其是非。唯一可以確定的是：豁兒赤假造天命授給鐵木眞是有條件的，即准他「娶三十個全國的美女作妻子」，而且不論他說什麼，鐵木眞都要聽從〔註30〕。其中多少反映出薩蠻勢力的雄厚。後來，成吉思汗果眞准許豁兒赤挑選三十個美麗的女子爲妻，又封他做萬戶，自由紮營居住，鎮撫林木中的百姓。〔註31〕

　　一二〇六年，鐵木眞統一了蒙古諸部，在斡難河源樹立了九腳白旄纛，建號「成吉思汗」之事，也得力於薩蠻帖卜・騰格里之協助。這件事雖無直接証據，但我們可於《蒙古秘史》中找到一些有力的旁証。《秘史》第二四四節記載成吉思汗的弟弟合撒兒被七個晃豁壇氏的人所打，向成吉思汗哭訴。成吉思汗沒有安慰他，合撒兒不愉快，三天不曾前來。因此帖卜・騰格里對成吉思河汗說：「長生天的聖旨，預示可汗，說：『一次由帖木眞掌國，一次由合撒兒。』若不將合撒兒去掉，事不可知。成吉思汗聽了這話，就在那夜裡前去，捉拿合撒兒。」〔註32〕後來雖經他的母親訶額倫出面阻擋，但他仍在暗中奪去合撒兒的百姓，只分給他一千四百人（原給四千人）〔註33〕。

　　只因帖卜・騰格里的一句話，成吉思汗就把他的弟弟捆綁起來，又減去

〔註28〕札奇斯欽《蒙古秘史新譯並注釋》，第一二一節，頁140～141。
〔註29〕羽藤秀利《成吉思汗建國當時の宗教形相》，頁28，引 Vladimirtzov 之語。
〔註30〕仝註28。
〔註31〕《蒙古秘史》第二〇七節，札奇斯欽新譯，頁311～312。
〔註32〕前引書，頁365。
〔註33〕《蒙古秘史》第二四四節，頁366。

他的百姓，這一方面反映出成吉思汗在當時勢力尚未穩固，另一方面顯示成吉思汗非常相信帖卜・騰格里的預言，焉有不利用之理？

另有一件事更明顯地反映出鐵木眞之建號成吉思汗是受到薩蠻的號召與擁戴。《蒙古秘史》第二四五節記載：

> 其後，有講九種語言的百姓，在帖卜・騰格里那裡聚會，來帖卜・騰格里處聚會的人，比聚在成吉思汗繫馬處的都多了。那樣聚會時，帖木兒幹惕赤斤所屬的一些百姓，也到帖卜・騰格里那裡去了〔註34〕。

當時帖卜・騰格里能在短期間內號召如此眾多的百姓，可見他的勢力相當大。成吉思汗雖然打了很多次的勝仗，但是沒有帖卜・騰格里的號召，恐怕無法得到眾多百姓的擁護。俄國學者 Banzaroff 引用回教史家的話說：「成吉思汗」稱號是帖卜・騰格里授予的，後者並謂依天之命，帖木眞可得此稱呼。Banzaroff 又說：成吉思汗之所以設計殺害帖卜・騰格里，是因爲他未守秘密〔註35〕。回教史家的記載是否屬實，當待考証。不過，我們從以上的論証，可知帖卜・騰格里對於成吉思汗即位是幫了很大的忙。

成吉思汗在一二〇六年即位後不久，子拙赤（Joči）征服八種林木中百姓，又派朵兒伯（Dörbei）征服禿馬惕族（Tümed）〔註36〕。這些林木中百姓的氏族歸附後，薩蠻對可汗權力的伸張似有所不滿〔註37〕，政教衝突終於爆發〔註38〕。這件事經成吉思汗把闊闊出（帖卜・騰格里）剗除才結束，並給成吉思汗很深的警惕，他以後的宗教政策與此事件不無關係。成吉思汗一方面制定《大札撒》，對於施行妖術危害他人者，違反可汗及國家者，處以死刑〔註39〕；另一方面行宗教自由政策，認爲「奉祀之神道與夫崇拜之方法毫無關係。」〔註40〕，以斷絕薩蠻教儀式的壟斷性。最後，將全國人民與士兵納入一個嚴密的行政與軍事體系之下，遏阻了社會再分化的潮流。如此一來，使薩蠻失去了社會基礎〔註41〕。總而言之，成吉思汗是從法律、宗教政

〔註34〕前引書，頁 366。
〔註35〕許明銀譯，Banzaroff 著《黑教》，頁 5。
〔註36〕《蒙古秘史》第二三九、二四〇兩節。
〔註37〕札奇斯欽譯《蒙古與俄羅斯》，頁 23。
〔註38〕《蒙古秘史》第二四五節。
〔註39〕《多桑蒙古史》，頁 161。引馬克利茲《埃及志》。《蒙古與俄羅斯》，頁 86，引馬克利茲《埃及志》。
〔註40〕《多桑蒙古史》，頁 162。
〔註41〕拙著〈成吉思汗即位前的政教關係〉，《國立台灣師範大學歷史學報》第十五

策與社會三方面，遏阻薩蠻的勢力，將薩蠻納入可汗的控制之下。

　　成吉思汗去世前，曾遺命傳位給窩闊台〔註42〕。但成吉思汗也曾有意把可汗尊號和帝位傳給拖雷，後來打消原意，讓拖雷掌管斡耳朵（Ordu 大帳）、軍隊和帑藏〔註43〕。蒙古風俗以幼子掌灶（Ötčigin），又擁有絕大部分的軍隊和財產〔註44〕，是實力派的人物。成吉思汗最初欲把汗位傳給他，後來又改變心意，改命傳給三子窩闊台。這轉變之中，有無薩蠻在撥弄，我們從現有史料看不出來，但其中必有蹊蹺。我們以窩闊台即位前後的一些事情，可以看出蛛絲馬跡。

　　窩闊台即位時，是由其兄察合台及其叔斡赤斤導之就汗位。拖雷奉盞，同時帳內外諸人皆免冠，解帶置肩上，向窩闊台九拜祝賀，奉以可汗之號〔註45〕。由拖雷奉盞，意義非比尋常，一方面表示臣服，另一方面則表示天命之所歸。與會人員並且立下奇誓：「祇須汝（窩闊台）後人尚存一臠肉，投之草中而牛不食，置之脂內而狗不取，我等誓不以他系之王位於寶座之上。」〔註46〕這等於斷拖雷系子孫登極的機會。

　　窩闊台率軍征金途中生病，拖雷代他而死的事情，更是一團謎。此事在《蒙古秘史》第二七二節與拉施特的《史集》中均有記載〔註47〕，《蒙古秘史》云：

> 兔兒年（1231）斡歌歹可汗去征伐金國百姓。在那裡，斡歌歹可汗患病，口舌麻木不靈，就命巫師、卜者們占卜。他們說：「金國地方山川神祇因為他們的百姓人煙被擄，城市被毀，急遽作祟。」以占卜告訴說：「給他們百姓人煙金銀牲畜食物和替身。」仍是不肯放開，反而更加緊作祟。占卜再問：「可否由一個親族代替？」可汗就睜開眼睛，索水喝，問道「怎麼啦？」巫師們奏稟說：「金國地方山川的神祇們，因為他們的地方山川被毀，百姓人煙被擄，急遽作祟。占卜告訴他們：給予替身。他們反而作祟更甚。問：『可否由一親人代替？』他們就放開了，如今聽憑聖旨。」可汗降聖旨說：「在側的子弟們有誰？」（以下記載拖雷喝下念過咒的水，窩闊台復元，雷不久

期，頁154。

〔註42〕《蒙古秘史》，第二六九節，札奇譯本，頁424。拉施特《史集》第二卷，頁29～30，《多桑蒙古史》，頁192。

〔註43〕余大鈞，周建奇譯《史集》，頁197。

〔註44〕前引書，頁197。屠哥《蒙兀兒史記》卷三，頁34上註，鼎文書局影本。

〔註45〕《多桑蒙古史》，頁192。《史集》，頁30。

〔註46〕仝上註。

〔註47〕《蒙古秘史》第二七二節，頁430～431。《史集》，頁201～202。

即去世）〔註48〕。

這一件事情有兩個疑點尚待澄清：（1）窩闊台是否假借薩蠻之手剷除拖雷？（2）拖雷何以甘願喝下薩蠻唸過咒、洗過窩闊台病軀的水？這兩點疑點都與薩蠻有關。蒙古薩蠻信仰裏，是有代親人受罪的觀念。拖雷喝下詛咒過的水，如果不是被迫的話，應是此觀念所致。而窩闊台如欲剷除拖雷，用此方法假借薩蠻之手，不致引起爭議與禍端。

我們把這件事與另一件事合觀，則不能不讓我們聯想到薩蠻在汗位爭奪上暗中扮演極為重要的角色。《史集》記載：當成吉思汗在唐兀惕（Tangut，西夏）地區突然得病時，他舉行了秘密會議，讓他（窩闊台）作了繼承者，把大位和大汗尊號授予了他〔註49〕。窩闊台之所以成為繼承人，是在此時決定的。我推測：薩蠻可能在替成吉思汗治病的過程中，有所建言。〔註50〕

窩闊台去世（1241）之後，由皇后脫列哥那（Töregene）攝政，這是依照蒙古人的慣例〔註51〕。帖木格斡赤斤企圖謀取大位，未果〔註52〕。脫列哥那皇后攝政期間，寵信女巫法提瑪（Fatima），排擠大臣鎮海和合答安、牙老洼赤。〔註53〕

脫列哥那攝政四年（1242～1246），期間最重要的事情是召開庫利爾台大會，選舉新的可汗。大會於一二四六年春天，於闊闊納兀兒召開，諸王宗親除了拔都以外，皆與會。脫列哥那運用她的影響力，違背了窩闊台以皇孫失烈門為繼承人的遺命，改定其子貴由為可汗，並獲得與會全體人員的同意〔註54〕。在這次汗位爭奪中，薩蠻扮演何種角色，是否倡言符瑞或天命，現存史料完全沒有任何記載，我們只知貴由汗即位大典是採用薩蠻教儀式而已。脫列哥那違背窩闊台遺命，埋下日後蒙古汗位爭奪的禍端。因為拔都系和拖雷系諸王都藉口有病，未參加貴由汗的即位大典〔註55〕。

貴由汗即位後，以施行巫術致闊端於死的罪名，殺害女巫法提瑪。重新

〔註48〕拖雷去世的時間，按照《蒙古秘史》的說法是在 1231 年，但按照《史集》的說法，是在 1232 年與 1233 年之間（《史集》，頁 202）。
〔註49〕《史集》，頁 5。
〔註50〕《史集》，頁 204。按：闊端為窩闊台第二子。
〔註51〕《蒙古社會制度史》，頁 26～27。
〔註52〕《多桑蒙古史》，頁 247。
〔註53〕《史集》，頁 209～211。
〔註54〕《史集》，頁 215～217。
〔註55〕《史集》，頁 204～206。

起用鎮海、合答安。貴由汗在位時期甚短，只有兩年。一二四八年，前往他斡耳朵所在地葉密立，企圖對拔都有所行動。拔都得到拖雷妃子唆魯忽黑塔尼（Sorquqtani）通風報信，預作準備。貴由汗到達距離別失八里（Besh Balik）一星期路程的 Qum-Senqir 境內，突然死去〔註56〕。貴由汗的突然駕崩，在《元史》、《史集》、《世界征服者史》諸書中，均未說明原因。盧布魯克遊記引用 Friar Andrew 之說，請拔都派人進藥把貴由害死〔註57〕。貴甲汗是被拔都派遣的刺客所殺，還是爲巫蠱所害，迄今仍不得其解。貴由汗與拔都在西征途中即有過衝突，兩人嫌隙已久，再加上汗位之爭奪，更是形同水火。貴由之死，雖不明其因，然必與拔都有關。

貴由汗死後，由皇后斡兀立·海迷失（Oğul Qaimish）攝政。她大部分時間單獨與薩蠻爲伍，沈溺於他們的胡言亂語之中，而不理朝政。她的兩個兒子忽察（Hoča）和腦忽（Noqu）甚至另立朝廷，以致在同一個地方出現三個朝廷〔註58〕。這種混亂的局面長達三年之久，一直要到蒙哥汗即位（1251）才結束。

蒙哥汗之所以能夠踐阼，除了因爲海迷失不理朝政，使他有機可乘之外，一方面是因爲拔都的支持，再方面是因爲其母唆魯忽里塔尼的手腕高明〔註59〕，這次選汗大會是由拔都召開，與會諸王以朮赤、拖雷兩系爲主，拔都力薦蒙哥。海迷失皇后所派的代表雖然提出異議，但爲拖雷子孫所駁倒。蒙哥汗終於在卜者擇定的吉日登上汗位。〔註60〕

在這次汗位爭奪中，薩蠻在幕後扮演何種角色，史料無徵，我們不得而知。然根據《元史·憲宗本紀》，謂憲宗「酷信巫覡之術，凡行事必謹，叩之殆無虛日，終不自厭也。〔註61〕」可見憲宗身邊也有一批薩蠻替他效勞。這些薩蠻在必要時出點意見，也是很有可能的。

蒙哥可汗即位之後，以厭禳的罪名，將海迷失皇后與失烈門之母處死〔註62〕。可見蒙哥汗雖酷信薩蠻，但卻不願他人藉巫術加害於他。蒙哥汗

〔註56〕《史集》，頁 221。Juvaini, *The History of the World Conqueror*, P. 261.
〔註57〕*Journey of William of Rubruck*, P. 163.
〔註58〕《史集》，頁 222。
〔註59〕參考劉靜貞〈蒙古帝國汗位帝系轉移過程中的三位女性。〉，頁 109～113。《史原》十三期，1984 年。
〔註60〕Juvaini《*History of the World Conqueror*》。《元史·憲宗本紀》，頁 15（中華大典）。《多桑蒙古史》，頁 261～262。《史集》第二卷，頁 237～242。
〔註61〕《元史·憲宗本紀》，頁 19。
〔註62〕《多桑蒙古史》，頁 26，《元史·憲宗本紀》，頁 16。《史集》第二卷，頁 254

即位的第二年，他又命阿忽察掌祭祀、醫巫、卜筮，阿剌不花副之〔註63〕，以加強對薩蠻的控制。

經過蒙哥汗的整頓，自他即位以來，即不再有薩蠻亂政或助人奪位之事，薩蠻變成一種純爲可汗或王公貴族服務的告天人而已。

第三節　蒙古薩蠻的功能及其式微

本章第二節曾就薩蠻在蒙古汗位爭奪中所扮演的角色以及薩蠻亂政的事情，作了詳盡的論述。這些終究是薩蠻附帶的功能，甚至是負面的功能。因爲根據成吉思汗所頒佈的《大札撒》，以巫術害人者處死，成吉思汗又採取了很多防範的措施，按照理論講，薩蠻不應有亂政的機會。只是因爲他們本身所獨具的功能（如預言、占卜、治病、祭祀、與神交通等），再加上可汗的寵信，遂予彼等以可乘之機。本節所論的範圍，除去第二節所論之外，擬針對薩蠻的正面功能以及一二六〇年以後，薩蠻勢力的衰退，薩蠻與其他宗教接觸之後，對它有何影響等問題，加以探究。

本文第二章第四節曾就薩蠻的功能作一全面的、一般性的分析。而蒙古薩蠻在蒙元帝國初期究竟做些什麼事，發揮何種功能，實有加以探究的必要，以凸顯蒙古薩蠻的特色，作爲進一步探討他們受寵信以及日後衰微的原因。

蒙古薩蠻的預言功能，在前一節論述豁兒赤與闊闊（帖卜·騰格里）倡言符瑞時，已闡述得很清楚，茲不再贅述。

根據盧布魯克的記載，蒙古薩蠻居於斡耳朵（汗帳）或那顏（Noyan）之帳前，他們決定紮營的時間與地點〔註64〕。薩蠻在決定之前，預先占卜。他們最常用羊的肩胛骨加以焚燒，視其裂紋，而判定吉凶。即使占卜不準，他們也有一套說詞以自圓其說。薩蠻占卜的時機，當然不僅限於紮營的時間和地點，對於軍國大事（例如庫利爾台的召開，狩獵與軍事行動的展開）舉行的時間，也都需要薩蠻占卜吉日。窩闊台與蒙哥汗即位的日子，都事先占卜過〔註65〕。不過，占卜的工作並非全由薩蠻擔任，成吉思汗就曾命信奉佛教

〔註63〕 《元史·憲宗本紀》，頁 16。《蒙兀兒史記》卷六，〈蒙格（蒙哥）汗本紀〉，頁 7（總頁第 225）。

〔註64〕 *Journey of William of Rubruck*, P. 149 .

〔註65〕 《史集》第二卷，頁 242，《多桑蒙古史》，頁 92。《新元史》卷一二七，〈耶

的耶律楚材隨軍西征以占卜吉凶〔註66〕。忽必烈亦命曾子聰（劉秉忠）卜地于桓州東，灤水北，城開平府〔註67〕。

薩蠻居於汗帳之前，對於可汗而言，實具有一種保護作用，因爲外國使臣、商旅在晉見可汗之前，一定要先到薩蠻那兒，舉行「過火」儀式，以祛除商旅使臣身上及貢物上的邪祟〔註68〕。而薩蠻可以取一部分的貢物作爲酬勞。準此以言，薩蠻與可汗之間，實存著一種互賴互利的關係。

蒙古軍中常有薩蠻隨行，窩闊台征金的軍隊隊裡，就有薩蠻，《蒙古秘史》記之甚詳。拖雷軍中也有薩蠻，從事呼風喚雨的工作〔註69〕。這些隨軍的薩蠻除了發揮占卜的功能之外，也能替征伐的可汗統帥治病，或施行法術，以掩護軍隊的行動。

蒙古薩蠻由於具有與神明交通的能力，因此他們在祭祀方面的表現，最爲明顯，有關這方面的史料也最多。《元史・祭祀志》「國俗舊禮」條記載了七件薩蠻參與的祭典。茲舉之以明蒙古薩蠻在祭祀方面的功能：

一、每歲駕幸上都，以六月廿四日祭祀，謂之灑馬嬭子。用馬一、羯羊八，綵段練絹各九疋，以白羊纏若穗者九，貂鼠皮三，命蒙古巫覡及蒙古漢人秀才、達官四員領其事，再拜告天。又呼太祖成吉思汗御名而祝之曰：「托天皇帝福蔭，年年祭賽者。」〔註70〕

二、每歲九月內及十二月十六日以後，於燒飯院中，用馬一、羊三、馬湩、酒醴、紅織金幣及裏絹各三疋，命蒙古達官一員，偕蒙古巫覡，掘地爲坎以燎肉，仍以酒醴、馬湩雜燒之，巫覡以國語呼累朝御名而祭焉〔註71〕。

三、每歲十二月下旬，擇日，於西鎮國寺內墻下，灑掃平地。太府監供綵幣，中尚監供細氈鍼線，武備寺供弓箭環刀。束稈草爲人形一、爲狗一，剪雜色綵段爲之腸胃。選達官世家之貴重者，交射之。（中略）射至麋爛，以

律楚材傳〉，頁1263。
〔註66〕《新元史》卷一二七，〈耶律楚材傳〉。A. Rémusat, "Yeliu-Thsou-Thsai" P. P. 67～68.
〔註67〕《元史》卷四，〈世祖本紀〉，頁20。
〔註68〕 *Journey of John of Pian de Carpine*, P. 9.
〔註69〕《蒙古秘史》第二七二節。《史集》第二卷記載「拖雷下令施行法術、把牛羊的膽結石取來，放入水中洗濯時，甚至在仲夏天氣也會馬上起風、寒冷、下雪，變得滿天陰靄。」
〔註70〕《元史》卷七七，〈祭祀志〉，頁1924～1926，鼎文書局。
〔註71〕《元史》卷七七，〈祭祀志〉，頁1924～1926，鼎文書局。

羊酒祭之。祭畢，帝后及太子嬪妃併射者，各解所服衣，俾蒙古巫覡祝讚之。祝讚畢，遂以與之，名曰脫災。國俗謂之射草狗。〔註72〕

四、每歲十二月十六日以後，選日，用白黑羊毛爲線。帝后及太子，自頂至手足，皆用羊毛線纏繫之，坐于寢殿。蒙古巫覡念咒語，奉銀槽貯火，置米糠於其中，沃以酥油，以其煙薰帝之身。斷所繫毛線，納諸槽內。又以紅帛長數寸，帝手裂碎之，唾之者三，併投火中。即解所服衣帽付巫覡，謂之脫舊災、迎新福云。〔註73〕

五、每歲太廟四祭，用司禮監官一員，名蒙古巫祝。當省牲時，法服同三獻官，升殿，詣室戶告腯，還至牲所，以國語呼累朝帝后名諱而告之。明旦，（中略）太僕卿以朱漆盂奉馬乳酻奠。巫祝以國語（按：蒙古語）告神訖。〔註74〕

六、凡宮車晏駕，（中略）輿車用白氈青緣納失失爲簾，覆棺亦以納失失（Nashishi）爲之。前行用蒙古巫媼一人，衣新衣騎馬，牽馬一疋，以黃金飾鞍轡，籠以納失失，謂之「金靈馬」。日一次燒飯致祭。〔註75〕

七、凡帝后有疾危殆，移居外氈帳房，（中略）葬後，每日用羊二次燒飯以爲祭。〔註76〕

從以上的記載，我們可以歸納出如下的結論：

1. 薩蠻的祭祀活動以祭祖爲主，第一條、第二條、第五條記載均足以証明。
2. 祭祀之前，常須占卜擇日。第三條、第四條記載均是。
3. 第四條、第六條記載顯示了薩蠻在祈禳方面的功能。
4. 第六、第七條所記之「燒飯」是薩蠻爲驅邪而舉行的。〔註77〕

蒙古可汗或諸王常於日月山舉行祭天儀式。史書雖未明載有薩蠻隨行。但我們從正一道士、玄教宗師張留孫、吳全節從祀日月山的記載來看（詳第五章），可汗於日月山祭天，應有薩蠻參與。因爲可汗雖是「長生天」在人間的代表，但是祭祀前的種種細節（如祭品的供奉、法器的準備，儀式的引導等等），都非假借薩蠻不可，尤其在祭告蒙古可汗祖先時，更非薩蠻莫屬。

〔註72〕《元史》卷七七，〈祭祀志〉，頁 1924～1926，鼎文書局。
〔註73〕《元史》卷七七，〈祭祀志〉，頁 1924～1926，鼎文書局。
〔註74〕《元史》卷七七，〈祭祀志〉，頁 1924～1926，鼎文書局。
〔註75〕《元史》卷七七，〈祭祀志〉，頁 1924～1926，鼎文書局。
〔註76〕《元史》卷七七，〈祭祀志〉，頁 1924～1926，鼎文書局。
〔註77〕A. Sarkoz "A Mongolian Text of Exorcism"一文舉了一段薩蠻主持燒飯儀式所唸的經文。

　　另外，蒙古人用毛氈製成翁昆，置於特定的一兩輛車上，由薩蠻負責保管，任何人都不敢碰觸接近這些車子〔註 78〕。這反映出薩蠻因特具的能力，而擁有某些權力。

　　綜合以上所論述，我們得知：薩蠻具有預言、占卜、治病、祈禳、祭祀的功能。其中又以祭祀功能發揮得最爲淋漓盡致。而薩蠻之所以具有這麼多的功能，追根究底，實源自他們可以與神靈交通。薩蠻因爲具有這些功能，因此他們自然受到蒙古可汗與諸王的寵信。蒙古可汗自成吉思汗起，迄蒙哥汗爲止，無一不寵信薩蠻。而薩蠻在政治上、軍事上、祭禮上的確發揮了不少作用，不論是正面的，還是負面的。

　　一二六○年忽必烈入主中原，一二七一年建國號爲大元。雖設有嶺北行省，但他統治的地區以戈壁沙漠以南的地區爲主，每年往返於大都（汗八里）與上都（開平）之間。由於帝國重心的南移，因此薩蠻與可汗的關係就不如以前密切，有關此時期薩蠻活動的記載也相對地減少。嶺北的情形，由於史料闕如，我們不得而知。即使是蒙元帝國本部（指上都以南地區），薩蠻的地位也有下降的趨勢。

　　世祖以後薩蠻地位下降的原因，可以幾方面加以考察：

　　一、自然環境與社會、經濟型態的改變——薩蠻最初起源於森林地帶，後來擴展到草原地帶。他們與氏族社會與狩獵、游牧生活息息相關。因此，薩蠻與漢地農業的、封建的社會自然鑿枘不合。他們倚爲助手的守護靈，在農業社會也派不上用場，而且薩蠻的法力通常僅限於一個氏族，法力較強的薩蠻也僅能呼喚若干氏族的守護靈。〔註 79〕因此薩蠻在漢地自然無法召喚漢地山川神靈，這也是爲什麼元朝皇帝請道士、僧侶祭祀岳鎮海濱，而不請薩蠻。

　　二、薩蠻一直未發展出教團，其原因可能與每個薩蠻守護靈不同有關，也可能跟沒有文字經典有關。因爲沒有教團，因此它就不能隨著帝國版圖的擴大與行政區劃，而發展出一系列的層級組織（hierarchy），在神統方面，也未能塑造出一個能代表蒙古帝國或元帝國的神。因此薩蠻的勢力，只能局限在氏族社會裡。帝國初期薩蠻的受寵，甚至亂政，都是建立於薩蠻個人與可汗的關係基礎上，而不是建立於教團或教會的勢力。

　　三、薩蠻所擁有的預言、占卜、治病、祈禳、祭祀五大功能，在一二六○

〔註 78〕 *Journey of William of Rubruck*, P. 149.
〔註 79〕 A. Lommel, *Shamanism-The Beginning of Art.*

年以後，逐漸爲喇嘛僧人與道士所取代（有關道士的功能，詳第五章）不能
被取代的，只有前引「國俗舊禮」中的祭祖、燒飯儀式與翁昆的祭拜。在可
汗祭祖儀式中，須以國語（即蒙古語）呼累朝帝后名諱，此非蒙古薩蠻不能
爲之。翁昆的崇拜爲游牧社會所專有，是祖靈崇拜的另一種形式，也必須借
重薩蠻。

　　吾人若將遼金時代的薩蠻與蒙古薩蠻作一比較，會發現一個顯著的不
同：遼金二朝的宗室有爲薩蠻，或能行巫術者，他們與皇帝之間存在著既合
作又緊張的關係。他們既輔佐新君即位，又常受到猜忌而見誅。蒙古的薩蠻
並非宗室（亦即不屬於成吉思汗所屬的氏族——孛兒只斤氏），但他們有社會
勢力，憑借此勢力，得以助鐵木眞即位。他們與可汗之間的緊張關係不在於
他們是不是宗室，而在於他們的社會基礎，他們可助某人即位，亦可助他人
做可汗。這種緊張關係，一直要到一二〇六年，闊闊出（帖卜·騰格里）被剷
除之後才結束。自此之後，薩蠻失去了社會勢力，從社會中游離出來。他們
與可汗之間的關係只是一種私人關係——一種互賴互利的合作關係。這種私
人關係並不能持久，隨著新可汗的踐祚，以前可汗寵信的薩蠻就不再受到重
用，甚至被殺。一二六〇年以後，隨著帝國重心的南移，喇嘛與道士取代了薩
蠻，薩蠻的地位更加低落。

　　綜合以上所論，我們可以將蒙古薩蠻與可汗的關係，分爲三個時期：
　　（1）一二〇六年以前，薩蠻在蒙古社會擁有雄厚的勢力，在氏族社會裡，
有的薩蠻甚至兼族長。十二世紀，蒙古氏族社會瓦解，族長勢衰，薩蠻勢力仍
在，並憑此勢力得以決定可汗的人選。這是一個薩蠻與可汗分庭抗禮的時期。
　　（2）一二〇六年至一二六〇年之間，薩蠻與可汗建立一種私人關係，爲
可汗服務，並因得以左右政局。
　　（3）一二六〇年至一三六八間，薩蠻的大部分爲喇嘛與道士所取代，薩
蠻地位降低，他們與可汗的關係也不若以前密切。這是薩蠻退出政治舞台的
時期。
　　蒙古帝國版圖遼闊，亙古所無。即使是忽必烈統治下的元帝國，其種族
亦相當複雜，宗教信仰亦紛然雜陳，除了蒙古的傳統信仰薩蠻教之外，還有
西藏佛教（喇嘛教）、漢地佛教、道教、景教、祆教、回教、天主教等〔註80〕。

〔註80〕可參考 L. Kwanten, *Imperial Nomads*, P. P. 216～221.

由於蒙古可汗推行宗教信仰自由政策，這予宗教融合提供了一個良好的契機〔註81〕，易言之，蒙古可汗間接促進了各教派之間的融合。

在十二、三世紀，薩蠻教受到印度教、佛教、祆教和東方其他宗教的影響，這從「庫穆斯塔」（Khormusda）的崇拜，須彌山（Sumeru）的神話，亞述神祇與世界樹偶像的使用，可以看出〔註82〕。薩蠻教也受到道教的影響〔註83〕，某些騰格里之名，例如「五風騰格里」、「五門騰格里」、「五閃電騰格里」即受到道教的影響。薩蠻上刀梯式的儀式與道教法師晉升道長時爬刀梯是否同出一源，抑或彼此有傳承關係，尚待進一步的研究。此外，道教與佛教的神統（神明的階層化）對於薩蠻教騰格里的階層化可能有影響。

一二○六年以後，可汗的權力壓過薩蠻，這對於薩蠻教的神統也產生若干的影響。汗・騰格里（Khan tngri）、諾顏・巴拜・騰格里（Noyan Babai tngri）、君主・騰格里（Ejen tngri）諸名稱〔註84〕，皆反映出此種影響。

羅香林《唐元二代之景教》下篇。

張星烺《中西交通史料彙編》第四冊。

格魯塞《蒙古史略》第三卷。

《元史》卷二○二〈釋老傳〉，以及〈諸帝本紀〉。

札奇斯欽《蒙古的宗教》（《蒙古史論叢》上冊，頁73～108）。

〔註81〕 Liu Ts'un-yuan & Judith Berling "The Three Teachings in the Mongol-Yuan Period" P. 487 included in *Yuan Thought*.

〔註82〕 Mikhajlov, "Evolution of Early Forms of Religion" P. 98. included in *Shamanism in Eurasia*.

〔註83〕 Heissig, *La Religion de la Mongolie*, P. 354.

〔註84〕 這些騰格里名稱，見前引書，頁408。有關蒙古族騰格里觀念的演變，可參考胡其德所著《蒙古族騰格里觀念的演變》一書（蒙藏委員會《蒙藏專題研究叢書》之八十一，1997年）。

第五章　道士與蒙古可汗

第一節　金元道派的淵源與特質

　　道教有三大源頭，一是道家的學說，二是古代以來方士神仙之說，其先皆託於老子〔註1〕，三是源自民間信仰。它吸收民間信仰的神，經士大夫之手，把諸神雅化和階層化，形成一套神譜〔註2〕。這三個源頭又可分成兩大系統，第一系統與老子有關，它包含上述第一與第二源頭。此系統是把抽象的概念變成具體的神，其發展方向由上而下，也就是由士大夫階層往民間發展。第二系統初與老子無關，即上述第三源頭。此系統是把源自民間的地方神、自然神加以推化、階層化，其發展方向是由下而上，也就是從民間往士大夫階層發展。整部中國道教史可以說是兩大系統不斷交流、不斷影響的結果。而諸道派也是在兩端之間游走，或偏於上層，或偏於下層，這在道教史上是十分重要的事。道家與道教有時不易區分，原因也在此。

　　道教派之大興有兩個高峰期：一是在東晉南北朝時期，一是在宋末金初〔註3〕。道派之分合似與政局之治亂相呼應。政局安定，則萬流歸宗；政局混

〔註1〕　傅勤家著《中國道教史》，頁14，商務印書館，民國59年，台三版。
〔註2〕　Granet, *The Religion of Chinese People*, P. 129。
〔註3〕　有關道教派別，可參考：
　　　　陳垣編纂《道家金石略》（北京文物出版社，1988年），曾召南、石衍丰合著《道教基礎知識》，頁33～38。
　　　　李豐楙教授撰〈宋元道教神霄派的形成與發展〉（《東方宗教研究》第二期，1988年）。
　　　　卿希泰著《道教文化新探》（成都四川大學出版社，1988年）。

亂，則宗分派衍矣！宗派的合流，多爲了肆應當政者的需要。當宗派合流時，小派並非銷聲匿跡，只是沉淪於民間而已，當政局混亂時，又會蠭出並作。

　　金初興起的道派有全眞、大道、太一、五行、混元等〔註4〕，本節所探討的對象以全眞、大道、太一爲主，並加上舊道派——天師正一派。至於玄教與茅山宗則歸入正一派加以討論。

一、全　眞

　　金初北方新興諸道派中，以全眞的史料最多、最完整。《金蓮正宗記》、《甘水仙源錄》、《祖庭內傳》、《歷世眞仙體道通鑑》以及金元文集與碑刻中均可見全眞記載。今人研究也以全眞爲主：如陳教友《長春道教源流》、陳援庵《南宋初河北新道教考》、陳國符《道藏源流考》、鄭素春《全眞教與大蒙古國帝室》、郭旃〈金元之際的全眞道〉等，均可供參考。本文不擬拾人牙慧，對全眞歷史作詳細的論述。本文只想從全眞的思想淵源裡找出它的特質，作爲它與統治者關係之張本。

　　全眞最初的源頭是《老子》。《老子》中未出現「全眞」二字相連，但對於「眞」與「道」的關係卻有解說。《老子》第二十一章云：

　　　孔德之容，惟道是從。道之爲物，惟恍惟惚。惚兮恍兮，其中有象；

　　　恍兮惚兮，其中有物。窈兮冥兮，其中有精。其精甚眞，其中有信。

句中的「眞」爲「眞實」、「純眞」之意。「精」爲「氣之極也」。〔註5〕《老子》第五十四章云：

　　　善建者不拔，善抱者不脫，子孫以祭祀不輟。修之於身，其德乃眞。

此「眞」字亦「純眞」、「眞實」之意。此皆全眞教旨之所本。《莊子・盜跖篇》記載盜跖批評孔子之言云：

　　　子之道，狂狂汲汲，詐巧虛僞事也，非可以全眞也。〔註6〕

　　　陳垣（援庵）著《南宋初河北新道教攷》（台北，新文豐出版公司，民國 66
　　　年）。

　　　窪德忠著《道教史》（京都，山川出版社，1983 年）。

〔註4〕耶律楚材《湛然居士文集》卷八，頁 118（商務印書館《國學基本叢書》，民
　　　國 57 年）。《金史・章宗本紀》卷九，頁 216～219，鼎文書局。

〔註5〕《管子》卷十六〈內業篇〉云：「精也者，氣之精者也。」（中華書局）。

　　　朱謙之《老子校釋》，頁 59，里仁書局。

〔註6〕余培林前引書，頁 89。

　　　任繼愈《老子今譯》，頁 40，里仁書局。

〈全真教祖碑〉云：

> 夫三教各有至言妙理，釋教得佛之心者，達磨也，其教名之曰禪；儒
> 教傳孔子之家學者，子思也，其書名之曰《中庸》；道教通五千言之
> 至理，不言而傳，不行而到，居太上老子無爲眞常之道者，重陽王先
> 生也。其教名之曰全眞。屛去妄幻，獨全其眞者，神仙也。〔註7〕

這兩段文字明言王嚞（重陽）所創的全眞教，承襲自老子「無爲眞常」和《莊
子・盜跖篇》的「全眞」觀念。〈終南山棲雲觀碑〉云：

> 全眞之旨，醞釀有年，薪焰相傳，古今不絕。（中略）其教以重玄向
> 上爲宗，以無爲清淨爲常，以法相應感爲末，摭實去華，還淳返樸，
> 得老氏之心印者歟！〔註8〕

此明言全眞教旨在「摭實去華，還淳返樸」。〈南昌觀碑〉云：

> 或煉形行氣，或吐故納新，辟惡袪邪，行符治鬼，此應世養形之急，
> 皆輔道之事，非爲道之道也。其于歸根復命之理，有所忽諸。近代
> 重陽，天挺神授，絕累捐塵，建立夫根幹泉源，掃蕩乎波瀾枝葉，
> 輔之以清淨眞實，應之以柔順謙沖，具天地之大全，完古今之大體
> 也。〔註9〕

這一段文字有兩點值得注意：（1）全眞教認爲符籙治鬼爲輔道之事，非爲道
之道也。全眞教在此與正一教區隔開來。（2）全眞教旨在「歸根復命」，而以
「清淨眞實」輔之。此與前引〈全眞教祖碑〉、〈棲雲觀碑〉意旨相同。「歸根
復命」出於《老子》第十六章：

> 致虛極，守靜篤。萬物並作，吾以觀復。萬物芸芸，各復歸其根。
> 歸根曰靜，是謂復命。復命曰常。知常曰明，不知常，妄作凶。知
> 常容，容乃公，公乃全，全乃天，天乃道，道乃久。〔註10〕

「歸根復命」即「清靜無爲」，而返樸歸眞即歸根復命，而與最原始的「道」
接上，這正是全眞教追求的目標。因此全眞之源頭可直溯至老子。

老子與王重陽生年相距將近一千七百年。中間亦有闡發老子歸眞之旨者。

黃錦鋐《莊子讀本》，台北，三民書局，頁340。

〔註7〕《道家金石略》，頁450，《甘水仙源錄》卷一第二（《正統道藏》第三十三冊，
　　　　頁119）。

〔註8〕姬志眞《雲山集》卷七（《正統道藏》第四十二冊，頁807）。

〔註9〕前引書卷八，頁817。

〔註10〕余培林前引書，頁40～41。

莊子因仍老子之說，創出「眞人」一詞〔註11〕。所謂眞人，即返樸歸眞之人，《莊子‧盜跖篇》首揭「全眞」一詞，葛洪《抱朴子‧暢玄篇》加以發揚。葛洪說：「含醇守樸，無欲無憂，全眞虛器，居平味澹。恢恢蕩蕩，與渾成等其自然；浩浩茫茫，與造化鈞其符契。」〔註12〕呂洞賓《金玉經歸眞章》云：

> 眞之歸性，乃曰還元；眞之歸命，乃曰還丹；眞之歸化，乃曰還還；
>
> 眞之歸假，乃曰還見；眞之歸道，而眞乃全。〔註13〕

呂洞賓在世祖至元六年被封爲「純陽演正警化眞君」〔註14〕，他又被全眞人士列爲「五祖」之一，可見呂洞賓與全眞教有關係。從前引文可知，欲達「全眞」之境，非「歸道」不可，也就是老子所說的「歸根復命」。從老子、莊子，經葛洪、呂洞賓，到王重陽，可以見到全眞的血脈源流。施舟人教授（Prof. Schipper）說：「道教最大的特徵在乎道體中求眞」〔註15〕，實爲一針見血之論。

全眞的教旨（中心思想）承自老子而來，已論斷如上。但是十二世紀中葉王重陽創全眞教時，他的思想已受儒釋影響。易言之，他的思想中含有濃厚的「三教同源」成分。王重陽自己說：「儒門釋戶道相通，三教從來一祖風。」〔註16〕發揚全眞有功的丘處機也說：「儒釋道源三教祖，由來千聖古今同。」〔註17〕又說：「前賢後聖無差別，異派同源化執迷」全眞門人李道純亦言：「禪宗理學與全眞，教立三門接後人。（中略）會得萬殊歸一致，熙台內外只登春。」〔註18〕元好問〈紫微觀記〉云：「全眞家之教，咸陽人王中孚（按：王重陽）倡之，譚馬丘劉諸人和之。本于淵靜之說，而無黃冠襀襘之妄；參以禪定之習，而無頭陀縛律之苦。耕田鑿井，從身以自養，推有餘以及之人。」〔註19〕辛愿〈大金陝州修靈虛觀記〉云「所謂全眞氏，雖爲近出，大能備該黃帝老聃之蘊。然則涉世制行，殊有可喜者。其遜讓似儒，其勤苦似墨，其慈愛似

〔註11〕《莊子‧刻意篇》「能體純素，謂之眞人」（黃錦鋐《莊子讀本》，頁193，民國67年三版，三民書局）。

〔註12〕葛洪《抱朴子‧暢玄篇》，《道藏》第四十七冊，頁641。嵇康〈幽憤〉詩，也提到「志在守樸，養素全眞」（見《昭明文選》卷二三）。

〔註13〕呂洞賓《金玉經歸眞》（傅勤家：《中國道教史》，頁42轉引）。

〔註14〕〈崇道詔書碑〉，見《道家金石略》，頁592～593。

〔註15〕Prof. Schipper, *Le Corps Taoiste*, P. 170.

〔註16〕《重陽全眞集》卷一第八「孫公問三教」（《正統道藏》第四十三冊，頁417）。

〔註17〕丘處機《磻溪集》卷一第十六（《正統道藏》第四十三冊，頁608）。

〔註18〕李道純《中和集》卷三第五。

〔註19〕元好問《遺山集》卷三五，〈紫微觀記〉。

佛」〔註20〕。

　　從以上的記載可知全眞教以老子爲中心思想，羼雜了佛教禪宗與儒家的思想。蜂屋邦夫認爲，王重陽的教說注重「精神的解脫」更甚於身體的鍛鍊；又說全眞道受到禪宗的影響甚濃〔註21〕，這些都是高論。所謂「其勤苦似墨」，就是元好問所謂「耕田鑿井，從身以自養」，這是針對全眞的行爲而說的，非關思想。

　　全眞教門中人對於「全眞」二字的解讀，有解爲「無極之眞」者〔註22〕，有解爲「全其本眞」者。全眞教之成立，實爲南北朝以來「由仙而眞」思想的深化與宗派化。

　　全眞的「三教同源」，實際上就是以「心學」作爲共同的淵源。金源璹〈長眞子譚眞人（處端）仙跡碑銘〉之：

　　　　馬、譚、丘、劉，重陽門下之四仙也，道用沖虛，處心清寂，故能
　　　　明祖師之道。教何以弘？道何以明？其實皆一心也。〔註23〕

劉祖謙〈終南山重陽祖師仙跡記〉云：

　　　　孔老之教，並行乎中國，根源乎至道。際六合，無內外，極萬物，
　　　　無洪纖。眞理常全，無有欠餘，固不可以淺識窺測。或者剖強名之
　　　　原，指成器之跡，互相排斥，是此而非彼，而二家之言，遂爭長於
　　　　天下，是不知天下無二道，聖人不兩心，（中略）其於佐理帝王，一
　　　　也。〔註24〕

《北派七眞修道史傳》對於全眞的心學闡述得更清楚，並且把心學與陰陽鍊氣之說結合在一起。《史傳》云：

　　　　修道者入向鍊心始。然鍊於未發，獨貴鍊於已發。如游心、放心，
　　　　諸雜念心，皆既發之心也。（中略）蓋心者，即先天一氣之眞陽結成，
　　　　故心屬火，非純陽無陰也。陽中自有其陰，故心形上有三數覆下，

〔註20〕《甘水仙源錄》卷九第二十八（《正統道藏》，頁 243）。
〔註21〕蜂屋邦夫《金代道教の研究──王重陽と馬丹陽──》，頁 13。蜂屋氏的觀點與筆者在〈王重陽的解脫法門〉一文中所說的擺脫妄念、名韁利鎖和情慾，擺脫煩惱，意思相若。
〔註22〕俞應卯〈鄠縣秦渡鎮重修志道觀碑〉云：「祖師重陽以全眞名教者，即无極之眞，二五之精，妙合而凝，所以爲萬善之原也。」（收於《道家金石略》一書，頁 478）。
〔註23〕《甘水仙源錄》卷一第二十八。（《正統道藏》，頁 132）。
〔註24〕前引書，卷一第十（《正統道藏》，頁 123）。

> 下有偃月載上，可見陽非陰不長，陰非陽不生，眞陰從眞陽，故以
> 心名。所以動一毫妄念，心內就短少一分眞氣。（中略）先天者，一
> 氣也；私欲起，則火動，火動則氣散，氣一散，何有先天？（中略）
> 總要將心養得寂然不動，然後念頭可滅。念滅則私盡，私盡則欲淨，
> 欲淨則陽純，陽純而陰消也。眞仙大佛無不從中得來。〔註25〕

這一段文字可用下圖表示如下：

滅念→淨欲→存先天之氣→存心→成道（仙佛）歸眞

這是將「鍊氣」、「鍊心」、與「歸眞」三者結合在一起了。

全眞教不但在心學方面受到禪宗影響，而且在組織、戒律方面，也受到佛教影響很大。《白雲觀志》載有〈全眞元範清規〉，列舉了三十六條清規。第一條就是「開靜（起床）不起者跪香。第二條「止靜（就寢）不瞑者跪香。」第三條「雲集不到者跪香。」〔註26〕《秋澗大全集》云：「全眞家禁睡眠，謂之消陰魔」〔註27〕。可見全眞家之勤勞少眠與注重紀律，全眞教嚴禁多睡，其原因是「修行之害，食睡色三欲爲重。多食即多睡，睡多情欲所由生，人莫不知，少能行之者。必欲制之，先減睡欲，日就月將，則清明在躬，昏濁之氣自將不生」〔註28〕。《白雲觀志》又記載了白雲觀的執事六十五人，其中有負責講經者，有負責書記者，有負責飲食者，有負責管理本觀所有地畝錢糧者，也有負責守衛、餵養牲畜者，編制十分龐大。白雲觀爲金代的天長觀，元代的長春宮，由丘處機住持。丘處機仙蛻後，弟子尹志年易其宮之東甲第爲白雲觀〔註29〕。長春宮爲元代全眞教在大都的大本營，號稱「第一叢林」，當時宮內的編制是否如《白雲觀志》所記載的那麼龐大，已不可考。惟其執事名稱則仿自佛教，則爲不爭的事實。根據日本學者的研究，全眞教的這部「清規」基本上採用了北宋的《禪苑清規》，也就是《百丈清規》的修訂本。〔註30〕

〔註25〕《北派七眞修道史傳》，頁64～66，自由出版社，台北，1965年。
〔註26〕小柳司氣太編《白雲觀志》，頁74，所謂「跪香」是用香一炷燃在神前，令受罰者向神長跪，俟香燃盡。
〔註27〕《秋澗大全集》卷五六，頁573。〈尹公道行碑銘〉（商務《四部叢刊初編》），清庵先生《中和集》卷中，頁561收有〈敵魔〉一詩，內云：「性寂情空心不動，坐無昏散睡無魔。」
〔註28〕《秋澗大全集》卷五六，頁573。
〔註29〕《白雲觀志》，頁77～79，頁12～13。
〔註30〕宇井伯壽《禪宗史研究》第二，頁395（轉引自余英時《中國近世宗教倫理與

　　全眞教的思想是老學的復興，其嚴守戒律，耕田力食，則頗能適合亂世之需要。陳援庵謂初期的全眞，頗有古逸民之遺風〔註31〕，可謂一針見血之論。陳教友將王重陽所傳者，稱爲「全眞教」，馬丹陽、丘處機所傳者，稱爲「全眞學」〔註32〕。其實皆應亂世而起之思想，只不過一對教外人士而言，一對教內人士而論。姚從吾先生說全眞等新道教不祖述老莊〔註33〕，實有待商榷。全眞門人的言論是以老子思想作爲基礎的。前文所引諸碑刻，不但常引述老子的學說，而且更有意把老學提昇到儒學之上。〈欒城縣太極觀碑〉云：「全眞之教，所來遠矣。蓋太上玄元（老子）其始祖也，以清淨自然爲宗，虛明應物爲用。」〔註34〕明言以老子爲全眞之始祖。全眞教提點李道謙撰〈樓觀大宗聖宮重修說經台記〉〔註35〕，其中內容有幾點值得注意：1. 老子在不同時代有不同的化身，代爲帝師。2. 老學與儒學一樣，可以用來修身齊家治國平天下。3. 老學欲追三聖之學而上之，與周孔所傳者無異。這兩個碑刻與前文所引碑刻，在在都證明全眞是祖述老子的。《甘水仙源錄》卷二云：「全眞一派，道爲之源，鼻祖其誰？聖哉玄元」，玄元就是老子。全眞只是以禪宗爲下手工夫，以佛學和儒學來解說老子而已。王重陽說：「平等者，爲道德之祖，清淨之源」〔註36〕，這是以佛學解說老子；前引李道謙碑文，謂老學可用來治國平天下，「道者，蓋羲皇周孔之所貫」，這是以儒學解說老子。余英時先生說：「（全眞的）無爲，不是消極的靜，而是積極的動。是以出世的精神做入世的事業」〔註37〕。固能言之成理，因爲全眞所含的儒學本來就是入世的。但余氏又說：這正符合喀爾文教派的教義「以實際的意識和冷靜的功利觀念與出世目的相結合」〔註38〕則有待商榷。喀爾文教派的勤儉，是以得到救贖（成爲上帝的選民）爲目的；而全眞的「耕田鑿井」、「打塵勞」，是爲

商人精神》一書，頁29）。

〔註31〕《南宋初河北新道教攷》，頁12。

〔註32〕陳教友《長春道教源流》，台北，廣文書局，民國64年。

〔註33〕姚從吾〈成吉思汗信任丘處機這件事對於保全中原傳統文化的貢獻〉（載於《姚從吾先生全集》第六冊：〈遼金元史論文〉中）。

〔註34〕轉引自《道家金石略》，頁599。

〔註35〕轉引自《道家金石略》，頁642～643。

〔註36〕《金蓮正宗記》卷二第五，總頁135（《正統道藏》第五冊），《歷世眞仙體道通鑑續編》，「清淨之源」作「清靜之元」。

〔註37〕余英時《中國近世宗教倫理與商人精神》，頁31～32。

〔註38〕前引書，頁32。

了適應亂世而起，與尋求救贖無關。

全眞的三教同源論與耕田力食、嚴守戒律是爲了打動下層社會。而其干帝王之術，實遠紹《太平經》。以陰陽五行的變化來解釋人事的變遷、身體的好壞與帝國的興衰。我們如將《太平經》與丘處機的《玄風慶會錄》作一比對，會發現它們之間血脈相通。丘處機雪山講道時，亦提起《太平經》〔註39〕，足證兩者之間是有關係的。

唐代《太平經》即章懷太子之《太平清領書》，亦即爲現行《道藏》中之《太平經》〔註40〕。「其言以陰陽五行爲家，而多巫覡雜語。」〔註41〕《太平經》者，太平之意味，天運循環，近天下太平時，故帝王乘此氣運，奉體天意行善政，爲本經之人所示喻。以神人眞人問答之體，記其根本思想〔註42〕。丘處機也是以「神仙」的身分向成吉思汗講述的。

茲將《太平經》與《玄風慶會錄》意思相若者比附於后。

《太平經》云：「陰陽相得，乃和在中也。古者聖人治致太平，皆求天地中和之心。一氣不通，百家乖錯。」〔註43〕

《玄風慶會錄》云：「修身之道，貴乎中和。太怒，則傷乎身；太喜，則傷乎神。太思慮則傷乎氣。此三者於道甚損，宜戒之也。」〔註44〕

《太平經》云：「陽，君道也；陰，臣道也。事臣不得過於君事，陰過陽，即致陰陽氣逆而生災。是以古之有道帝王，興陽爲至，降陰爲事」。「男者，天也；女者，地也。」〔註45〕

《玄風慶會錄》云：「男，陽也，屬火。女，陰也，屬水。唯陰能消陽，水能剋火。故學道之人首戒乎色。」「陛下修行之法無他，當外修陰德、內固精神。（中略）人以飲食爲本，其清者爲之精氣，濁者爲之便溺，貪慾好色，則喪精耗氣，乃成衰憊，陛下宜加珍嗇。」〔註46〕

丘處機對成吉思汗所講的「衛生之道」（即養生之道），可以歸納成「節

〔註39〕《玄風慶會錄》，頁4，總頁196（《正統道藏》第五冊，洞眞部）。
〔註40〕傅勤家《中國道教史》，頁67，引小柳司氣太之說。
〔註41〕《後漢書》卷三〇〈襄楷傳〉，頁1081，鼎文書局。
〔註42〕《中國道教史》，頁67。
〔註43〕《太平經鈔》乙部卷二第七，總頁8。
〔註44〕《玄風慶會錄》第七，總頁197。
〔註45〕《太平經鈔》丙部卷三第二十——二十，總頁24。
〔註46〕《玄風慶會錄》第五，總頁196。

色欲」、「減思慮」這兩方面〔註 47〕。能節欲，則幾於道。〔註 48〕減思慮，則氣不散，陰消而陽全，昇天爲仙，指日可待矣。〔註 49〕

太平經與丘處機的講道充分反映出道教一個很重要的觀念：即身體（小宇宙）與大自然（大宇宙）同構，兩者和國家（政治）是息息相關的。鍊身之法，就是與大自然同呼吸，與大自然合而爲一。而君臣的關係，就如同天與地、乾與坤、陽與陰、男與女的關係一樣。君臣的和協、政治的安定正如同大自然陰陽的調和。道教的這一套理論，顯然受到陰陽家的影響。

茲將身體、大自然與國家三者的關係，圖解如下：

大自然	——	身體	——	國家
（大宇宙）	——	（小宇宙）	——	（政治秩序）
（道體）	——	（身體）	——	（社會體）

此處所謂「道體」（le corps du Tao）、「身體」（le corps physique）、「社會體」（le corps social）是借用法國學者施博爾教授的術語〔註 50〕。「身體」即「內景」（內在的國度 le pays intérieur）、國家即「外景」（外在的國度 le pays extérieur）。內景優於並駕御外景，治國之法如同治身之法〔註 51〕。道教人士，尤其是全眞系統的道士，就是用這一套理論來說服國君的。

二、正一教

正一教本以符錄齋醮見長，而不以思想見長。惟元代中葉併入正一的茅山宗，卻有不少理論家。茅山宗的創始人陶宏景即是一個著名的理論家，他撰寫《眞誥》（仙眞授經故事），編製《眞靈位業圖》（神仙譜系），並對道教修煉理論，作了很多補充〔註 52〕。茅山宗的大本營在江蘇句容，與南朝首都建康距離不遠，陶宏景頗受梁武帝器重，經常諮以國事，陶遂有「山中宰相」之稱〔註 53〕。

〔註 47〕《玄風慶會錄》第七，總頁 197。
　　　　《歷世眞仙體道通鑑續編》卷二第十七，總頁 809。
〔註 48〕《玄風慶會錄》第五，總頁 196。
〔註 49〕《歷世眞仙體道通鑑續編》卷二第十六，總頁 808。
〔註 50〕K. Schipper, *Le Corps Taoiste*, P. 181.
〔註 51〕前引書，頁 138、140、162。
〔註 52〕《道教基礎知識》，頁 103。
〔註 53〕《南史》卷七六〈陶宏景傳〉，頁 1889，鼎文書局。

　　元初的茅山道士杜道堅亦爲一著名的理論家，提出「皇道帝德」的主張。他所說的「皇道帝德」是要「人君無爲於上，人臣有爲於下」〔註54〕，視「道德」爲至高無上，天下只有一道，四海只有一德。尊君最好的辦法就是尊聖人（老子）之道。他說：

　　太古天下一道，羲黃四海一德，無爲之爲，其大有爲於天下者乎！

　　尊聖人所以尊時君世主，壽斯道所以壽斯世也。〔註55〕

他又將老子的道德本旨，與儒家的「內聖外王」比附在一起。他的所謂「內聖」即「壽斯道」（《道德經》）；所謂「外王」就是「壽斯世」，像漢初曹參所開的隆平之治那樣〔註56〕。由此可見杜道堅的「皇道帝德」，就是提倡「無爲而治」。他把《道德經》的地位提昇到與皇帝一樣高，老子的《道德經》是爲皇帝而立言的。《道德經》主張無爲，因此皇帝也應無爲。任士林說：「作者（杜道堅）談皇道帝德之盛以揚至治，揭性命禍福之蘊以開群蒙，存君臣政禮之舊以飾人心，力棟宇封樹之勤以恢人事，則無爲而無不爲，老子之道始日著矣。」〔註57〕質言之，杜道堅的「皇道帝德」之說，是要以老子的「無爲」來約束人君，這與梁武帝的「皇帝菩薩」集皇帝與菩薩於一身的說法〔註58〕，在出發點上是不相同的。

　　杜道堅除了著《道德玄經原旨》之外，又著《關令闡玄》三卷、《文子纘義》十二卷〔註59〕。他的主張與樓觀派、全眞派頗爲類似。樓觀與茅山素有淵源，樓觀道士王延在西魏時師事陳寶熾，又到華山拜茅山道士焦曠爲師〔註60〕。樓觀派與茅山宗在隋唐時頗爲流行，兩派之間的交流持續不斷。全眞之奉老子爲始祖以滅念減欲「節色欲、減思慮」來規諫人君，不就是杜道堅所謂「人君無爲於上」嗎？《黃庭內景經》既爲茅山派重要典籍，又爲全眞教

〔註54〕朱右《白雲稿》卷三，頁15上。

〔註55〕《白雲稿》，頁15上。

〔註56〕《白雲稿》，頁15上。

〔註57〕任士林〈大護持杭州路宗陽宮碑〉（《道家金石略》，頁883轉引《松鄉集》卷一）。

〔註58〕有關梁武帝皇帝菩薩的思想，請參考顏尚文撰《梁武帝「皇帝菩薩」理念的形成及政策的推展》（國立台灣師範大學歷史研究所博士論文）。

〔註59〕《白雲稿》卷三，頁14下，頁16上。
　　　趙孟頫〈隆道沖眞崇正眞人杜公碑〉（《松雪齋集》卷九）。
　　　卿希泰著《中國道教史》第三卷，頁326。

〔註60〕《道教基礎知識》，頁55。

功課之一，足證兩派主張有共同之處。樓觀派與全眞派都非常注重經典的編纂與宮觀的興建。而全眞所奉的老子與樓觀所奉的始祖關令尹喜又有師徒關係。樓觀道士的作爲，又爲全眞道士所記載。如李道謙〈宗聖宮主李尊師道行碑〉記樓觀道士李志柔、張致堅之事〔註61〕。足證樓觀、茅山、全眞三者之間是血脈相通的。

　　歷代天師均以符籙齋醮禱祠見長，此於《漢天師世家》有詳細的記載，茲不贅述。惟自第二十五代天師張乾曜開始，除了以法術求得皇帝寵信之外，也以老子清靜無爲返樸歸眞之說，作爲人君施政與養身的參考。宋仁宗天聖八年，召（張乾曜）赴闕，問沖舉之事。對曰：「此非可以輔政教也，陛下苟能返之朴，行以簡易，則天下和平矣！奚事沖舉？」〔註62〕第三十代天師張繼先更是著名的理論家。他對宋徽宗說：「神仙可學，不死可致」，乃作《大道歌》以進。〔註63〕他的《大道歌》主要意旨在乎存神於身中，如此則「神馭氣，氣留形，不須雜術自長生。」〔註64〕這是歷代天師首度言長生不須假借方術者。而且張繼先首倡「體用一源論」，他說「道本無爲而無不爲，體即道也；用即法也，體用一源，本無同異，若一者不立，二者強名，何同異之有？」〔註65〕這是將道教的法術與道家（老子）的無爲之說銜接在一起了。「體用一源」論與《大道歌》所謂「道不遠，在身中」意旨是相通的。張繼先的〈心說〉並引用了很多老子的話。他說：「夫心者，萬法之宗，九竅之主，生死之本，善惡之源，與天地而並生，爲神明之主宰。（中略）然則果何物哉？杳兮冥，恍兮惚，不可以智知，不可以識識，強名曰道，強名曰神，強名曰心，如此而已，由是觀之，豈不大乎！（底下又引《老子》第十六章的話）。」〔註66〕這一段文字不但引用了老子第廿一章和第十六章，也且把老子的「道」與道教的「神」，佛家的「心」結合在一起了。張繼先一方面說：「吾家法籙，上可以動天地，下可以撼山川，明可以役龍虎，幽可以攝鬼神，功可以起朽骸，修可以脫生死，大可以鎭邦家，小可以卻災

〔註61〕李道謙〈宗聖宮主李尊師道行碑〉（《道家金石略》，頁598轉引）。

〔註62〕《漢天師世家》卷二第十八（《正統道藏》第五八冊，頁421）。

〔註63〕前引書，卷三第四，總頁424。

〔註64〕張繼先（虛靖眞君）〈大道歌〉見清代婁近垣編《龍虎山志》卷十一，頁469〜470）丹青圖書公司。

〔註65〕《漢天師世家》卷三第二，（《正統道藏》第五十八冊頁423）。

〔註66〕清，《龍虎山志》卷十一，頁472。

禍。」，一方面又說：「人之恩情魔阻，名利障雜，罪釁日增，未嘗少息。生形無過父母，身外誰親？度日不過衣糧，積之何用？榮華富貴，秉燭當風；恩愛妻兒，同枝宿鳥。高車大馬，難將長夜之遊；美妾艷妻，寧救九幽之苦？雕牆峻宇，白玉黃金，偶爾屬君，不可長守。茫茫三界，碌碌四生，一逐逝波，永沉苦海。（中略）惟是解紛挫銳，濟物救人，養性安恬，存神靜慮。攀緣既斷，火必息於心猿；妄想不生，內自停於意馬。知身是幻，見命爲眞。」〔註67〕其中有道教的看家本領，也有道家與佛家的思想。我們可以說：自三十代天師張繼先開始，連以法術見長的龍虎宗（正一教），也走上了理論化的路子，而且也有三教融合的色彩在內。

到了第四十三代天師張宇初（元末明初人），除了也緊抱老子不放之外，更把求仙之道視爲學老子之方。他在〈元問〉一文中說：「或問子之言元也，若本諸實而經籍之謂。皆先天地而卑宇宙，陋霸夷而尊王道，其所貴者，返求諸身，修己以厚生，超形以遣幻，然後神化莫測，後天而終，與夫老莊之言何若異哉？曰道一而已，豈有無虛實之殊也哉？子稽諸載籍，信不誣也，特老子之傳以道德上下篇爲本，後之人不失之雜，則失之誕。其謂內聖外王之說也，非無君人南面之術焉，特用之不同耳。其於修鍊，則曰谷神元牝，致虛守靜，守中抱一，守一處和而已。後之倡其說者，則有眞僞邪正之辨焉。若《陰符》之言，兼修身治世，則與道德合矣；若《龍虎上經》之文，則與石壁參同合矣。然學老子者，舍仙道尙何從焉？（中略）金液與天地造化同途。」〔註68〕

綜合以上所述，我們可以得到如下之結論：

全眞教思想是以老子的返樸歸眞爲最後之歸依，而其下手工夫則學自禪宗，其干帝王之術，則受陰陽家的影響，全眞自創始人王重陽以下，有不少人是「從儒入道」的〔註69〕，並且將老學與儒學比附，並提倡孝道，以吸引

〔註67〕前引書，頁473～475，「開壇法語」。
〔註68〕前引書，頁481～482。
〔註69〕全眞教創始人王重陽就是棄儒入道的。〈終南山神仙重陽眞人全眞教祖碑〉云：「（王重陽）弱冠修進士舉業，文武之進兩無成焉，於是慨然入道」（《甘水仙源錄》卷一第二～三）全眞掌教大宗師李志常也是從儒入道，見王鶚〈玄門掌教大宗師眞常眞人道行碑銘〉（《甘水仙源錄》卷三第十七）、范圓曦「幼業儒，（中略）年十九，從郝太古學爲全眞」（宋子貞：〈普照眞人玄通子范公墓誌銘〉）《甘水仙源錄》卷四。秦志安「自蚤歲趣尙高雅，三舉進士（中略）已四十，（中略）去從道士游。」見元好問：〈通眞子墓碣銘〉，（《遺山集》卷

百姓。全真打的是「三教同源」的旗幟，然其言行，終究是為了適應亂世而作。這是全真教能於金末元初大行其道的一個主要原因。另外一個主因是受到蒙元帝國初期幾位可汗的青睞，這一點將於下一節論之。

　　正一教自天師道發展而來，起於民間，自始即以方術見長，自第廿五代天師開始，才以老子清靜無為、返樸歸真之說，動帝王之聽聞。第三十代天師張繼先的體用一源論，則將道教的法術與道家的無為之說接筍了。如此一來，自然迎合士大夫的口味，提高了道教正一派的地位。到了第四十三代天師，更把求仙之道視為學老子之方。以「求仙」為手段，以通老學為目的。如此一來，更強調了仙道法術的重要性了。

　　全真與正一的發展方向恰好相反：全真起源於士大夫，以思想和苦行見長，往下層（民間）發展；正一起於民間，以法術見長，而往士大夫（上層）靠攏。而干帝王以博得帝王之寵信與照顧，同為兩派努力的目標，丘處機與張留孫可以說是兩派的代表人物。但是由於兩派的本質有很大的差異，因此他們的遭遇也就不同。

三、真大道

　　真大道初名「大道」，創始人是滄州劉德仁。《元史・釋老傳》說他是金季道士〔註70〕。陳援庵已駁其為非〔註71〕。據宋濂〈書劉真人（德仁）事〉，劉德仁為滄州樂陵人，在靖康之亂時，徙居鹽山太平鄉〔註72〕，田璞〈重修隆陽宮碑〉明言劉生於宋徽宗宣和四年〔註73〕，則劉德仁為北宋末、金初時人，其理至明。大道教在元憲宗時，也就是五祖酈希成時代，「教門得真假之分」〔註74〕。當時大道教似發生分裂，目前只有真大道資料留下。

　　「大道」教名，出自《老子》。第廿五章云：

> 有物混成，先天地生。寂兮寥兮，獨立而不改，周行而不殆，可以

　　三一，頁 314）、崔道演「長讀三教書，洞曉大義，識者以為載道之器。事父母以純孝聞，廬墓三年，去家為道士，師東海劉長生（處玄），甚得其傳。」見杜仁傑：〈真靜崔先生傳〉（《甘水仙源錄》卷五第七）。
〔註70〕《元史》卷二○二〈釋老傳〉。
〔註71〕陳援庵《南宋初河北新道教攷》，頁 66。
〔註72〕《宋學士文集》所含《芝園後集》卷五，頁 421，《四部叢刊初編》，明正德刊本。
〔註73〕田璞〈重修隆陽宮碑〉，（《道家金石略》，頁 822 轉引）。
〔註74〕杜成寬〈洛京緱山改建先天宮記〉（《道家金石略》，頁 818 轉引）。

為天下母。吾不知其名，字之曰道，強為之名曰大。

此章又見於田璞〈重修隆陽宮碑〉。〔註75〕《老子》第六十七章云：

天下皆謂我道大，似不肖。夫唯大，故似不肖。若肖，久矣其細也夫。我有三寶，持而保之。一曰慈，二曰儉，三曰不敢為天下先。慈故能勇；儉故能廣；不敢為天下先，故能成器長。今舍慈且勇，捨儉且廣，舍後且先，死矣！夫慈，以戰則勝，以守則固。天將救之，以慈衛之。

這一章亦為程鉅夫〈鄭真人碑〉所引用。碑云：「猶龍氏（老子）之寶三，曰慈、儉、不爭。夫果慈儉不爭也，則在宥天下者，庸詎不樂于此哉！今之所謂大道者，其守慈儉不爭之寶者歟！」〔註76〕

程鉅夫為真大道十一祖鄭進元寫的碑文，將「大道」之由來追溯至老子，輔以前引〈重修隆陽宮碑〉，足證「大道」之得名與老子有關。真大道之主張耕田力食，亦在實踐老子之說。吳澄〈天寶宮碑〉記載真大道九祖張清志之言曰：「吾教以慈儉無為為寶」〔註77〕，很明顯地指出了大道教與老子的血脈傳承。

「大道」之得名，直接源自《老子》。除此之外，大道教是否還有其他的淵源呢？也就是說：劉德仁之創大道教，除了從《老子》取名之外，有無受到別人的影響呢？這點當從大道教的教義與特質兩方面加以考察。

大道教的教義，〈延祥觀碑〉云：「大率以無為清靜為宗，以真常慈儉為寶。其戒則不色不欲，不殺（下缺），不飲酒，不茹葷。以仁為心，恤其困苦，去其紛爭，無私邪，守本分。而不務化緣，日用衣食，自力耕桑，為贍道之（下缺）。有疾者，符藥針艾之事，悉無所用。惟默禱于虛空，以至獲愈。復能為世人除邪治病，其亦猶是平日恬淡，自（下缺）無他技。彼言飛升化煉之術，長生久視之事，則曰吾不得而知，惟以一瓣香朝夕懇禮天地，上為吾皇之祝，下為臣庶之禱。」〔註78〕

〈洛京緱山改建先天宮記〉云：「其教也，本之以見素抱朴，少思寡欲，持之以虛心實腹，守氣養神，及乎德盛而功成，乃可濟生而度死，以無為而

〔註75〕老子這一章亦見田璞替真大道所撰之〈重修隆陽宮碑〉（《金石略》，頁822），足證元人亦認為「大道」教名與老子有關。

〔註76〕程鉅夫《雪樓集》卷十七。

〔註77〕吳澄《吳文正公集》卷二六。

〔註78〕趙清琳〈大道延祥觀碑〉。（《道家金石略》，頁821轉引）。

保正性命，以無相而驅役鬼神。」〔註79〕

　　眞大道祖師無憂子（劉德仁）之闡教門也，衣取以蔽形，不尙華美，目不貪於色也。祈禱不假鐘鼓之音，耳不貪於聲也。飲食絕棄五葷，口不貪于味也。治生以耕耘蠶織爲業，四體不貪于安逸也。纖毫不乞于人，情不貪于嗜欲也。夫如是清靜其心，燕處超然，默契太上眾妙之理〔註80〕。劉德仁自己敷繹的教義有九條：一曰視物猶己，勿萌戕害凶嗔之心。二曰忠于君，孝于親，誠于人，辭無綺語，口無惡聲。三曰除邪淫，守清靜。四曰遠勢利，安貧賤，力耕而食，量入爲用。五曰毋事博奕，毋習盜竊。六曰毋飲酒茹葷，衣食取足，毋爲驕盈。七曰虛心而弱志，和光而同塵。八曰毋恃強梁，謙尊而光。九曰知足不辱，知止不殆。〔註81〕

　　綜合以上四條記載加上張清志之言，我們可以把眞大道的教義歸納成三大部分：

　　1. 直接承自《老子》者——「慈儉不爭」源自《老子》第廿二、第六十六、第六十七章。「清靜無爲」源自《老子》第二、第四十五、第十六、第廿六、第三十七章「見素抱朴、少思寡欲」源自第十九章。「虛心而弱志，和光而同塵」源自第三、第四章，「毋恃強梁，謙尊而光」源自第四十二章。「知足不辱，知止不殆」源自第四十四章。「目不貪於色，耳不貪於聲，口不貪於味」則脫胎於第十二章。眞大道的中心思想可說來自老學，毫無疑問。

　　2. 與儒家學說有關者——前引劉德仁教義第一條、第二條、第四條。

　　3. 受佛學影響者——不色、不欲、不殺、不飲酒茹葷。

　　就眞大道的教義而言，其源自《老子》者多於全眞教；其受禪宗或佛教影響的部分則少於全眞教。眞大道的門徒也不以佛學來解說《老子》，也未像全眞一樣，將養身之道與治國平的大道連接在一起。質言之，眞大道緊抱著《老子》不放，而全眞教則三教合一的色彩甚濃，並且發出三教同源的理論，自能吸收三教人士。這是全眞能夠風靡一時，而眞大道終不免於沉淪的主要原因。至於眞大道與全眞均主張耕田力食，則均爲適應亂世而起的主張，與各教派的教義無涉。

　　就教義本身而論，眞大道實無新的發明。然在法術方面，眞大道卻有其

〔註79〕《道家金石略》，頁818轉引。
〔註80〕〈重修隆陽宮碑〉（《金石略》，頁823轉引）。
〔註81〕同註70。

特長。宋濂〈書劉眞人事〉言劉德仁善於劾召之術〔註82〕，五祖酈希成，九祖張清志與十一祖鄭進元均擅長以默禱方式治病〔註83〕。「劾召」與「治病」正是眞大道的看家本領，這與全眞之擅長齋醮與煉內丹〔註84〕，大異其趣。眞大道創始人劉德仁擅長劾之術，可能受到寇謙之的影響。寇謙之亦擅長劾召鬼神之術〔註85〕，眞大道的地盤在河北北平、平谷、昌平、房山、緱山一帶，又與寇謙之的籍貫上谷昌平接近。惟此尚待進一步的研究。

大道教在五祖酈希成掌教時，曾發生過分裂。根據〈改建先天宮記〉的說法，「五祖當教之日，值大元立國之初（按：四祖毛希琮於金元光二年西元1223年暑月病逝，則酈希成當於此時掌教），法令未行，道魔亂起，始終一十五載，遭逢十七大魔。以五祖道德崇高，威靈顯赫，魔不勝道，尋乃自平。自戊戌（1238）以來，化因以洽，南通河岳，北極燕齊，立觀度人，莫知其數，眞人尊太玄之號，教門得眞假之分。」〔註86〕從這一段記載可知大道教分裂的時間是從一二二三年毛希琮病逝開始，到元太宗十年（1238）爲止，剛好十五年。至於分裂的原因究竟是爲了掌教的繼承人選問題，還是因爲教義起了紛岐，或是因爲對教外人士的態度有不同的主張而引起，則不甚清楚。〈重修隆陽宮碑〉記載酈希成掌教的情景如下：「聖朝（按：元朝）創業之初，（酈希成）爲教門舉正而闡教山東。四祖師毛君（希琮），暑月病劇，速召而來燕。既承其法，拂袖有深山之隱。慕道之徒，翕然而從，不召而自來，不言而自應，于是出整頹綱，道風大振，巨觀小庵，四方有之。」〔註87〕可見酈希成最初並不大願意接任掌教。是什麼原因使酈希成有「深山之隱」？所謂「遭逢十七大魔」指的是何人？史料均無明文記載，我們只能彙集相關的史料，找出一些蛛絲馬跡。

〔註82〕 《宋學士文集》卷五五。

〔註83〕 〈重修隆陽宮碑〉云：「（酈希成）自泰安而還，到處扶病抱疾者祈治而即癒」（《金石略》，頁823）〈天寶宮碑記〉「陝西行省官有疾，（張清志）治之而癒。」「游山東諸州，爲人除疾，應驗之速，若或相之云。」（《吳文正公集》卷二六）。〈鄭眞人碑〉云：「（鄭進元）受明眞大師神籙秘訣，及親書道訓四章，自是術業益著，治病立驗。」（《雪樓集》卷十七）。

〔註84〕 〈重陽立教十五論〉所述全眞內丹修煉理論，包含降心、煉性、匹配五氣和混性命等。

〔註85〕 《道教基礎知識》，頁101。

〔註86〕 杜成寬〈洛京緱山改建先天宮記〉（《道家金石略》，頁818轉引）。

〔註87〕 《道家金石略》，頁823轉引。

一二二三年，大道教開始分裂時，正是全真教丘處機從西域講道回來，得意於河北、山東的時期。這一年，丘處機得到成吉思汗的聖旨，「教天下應有底出家人都管著者。」〔註88〕成吉思汗這一道語義曖昧的聖旨，使得全真教有擴張勢力的機會。如《辯偽錄》所說的，「便欲通管僧尼」，「獨免丘公門人科役，不及僧人及餘道眾」〔註89〕，更嚴重的是：全真信徒在丘處機得到此聖旨之後，人數大增（詳下文），使其他道派受到威脅。全真之得勢，不僅佛教中人不滿，連其他道派人士也眼紅。

一二二七年七月，丘處機去世。《辯偽錄》記載當時之人作了一首諷刺詩，曰：「一把形骸瘦骨頭，長春一旦變為秋。和灘帶屎亡圊廁，一道流來兩道流。」〔註90〕，這首詩極盡刻薄之能事。這首詩的作者，據《辯偽錄》的注家說是大道教的四祖〔註91〕，這是不正確的。因為四祖毛希琮已於四年春去世，不可能作此詩。我推測：這首詩如果不是佛教徒所作，便是大道教的門徒所為。《辯偽錄》又說丘處機毒痢發作，臥於廁中九日，「據廁而卒」，恐怕也是謠傳。因為即使丘處機感染痢疾，身體虛弱，也不需臥於廁中九日。〈長春真人成道碑〉與〈全真第五代宗師長春真人內傳〉皆言丘處機見山摧池枯，預知自己的死期，登寶玄堂，留頌而逝〔註92〕。以丘處機在全真教的地位以及受蒙古可汗寵信的程度，應不致落魄到在廁中臥了九天。無論真相如何，全真之得寵使其他道派與佛教徒感覺不是滋味，是不爭的事實。

一二二九年（窩闊台即位之年），耶律楚材作《西遊錄》，序云：「全真、大道、混元、太乙、三張左道之術，老氏之邪也。」〔註93〕理由是他們非如「老氏之道養性」〔註94〕。大道教除了受到全真的壓力之外，也受到佛教徒耶律楚材（萬松和尚之門徒）的抨擊。酈希成感受到的壓力可想而知。

吳澄〈天寶宮碑〉記載五祖酈希成掌教時，「始居天寶宮（按：大都之天寶宮）。際遇國朝，名吾教曰真大道，自為一支，不屬在前道教所掌。」〔註

〔註88〕一二二三年〈盩厔重陽萬壽宮聖旨碑〉，見蔡美彪《元代白話碑集錄》，頁2。
〔註89〕釋祥邁《辯偽錄》卷三，頁766，
〔註90〕前引書，頁766～767。
〔註91〕同上註。
〔註92〕〈長春真人成道碑〉見《雲山集》卷七，頁810～812。〈全真第五代宗師長春真人內傳〉，見《道家金石略》，頁636。
〔註93〕耶律楚材《湛然居士文集》卷八〈西遊錄序〉，頁118（國學基本叢書）。
〔註94〕前引書〈寄趙元帥書〉，頁120。
〔註95〕《吳文正公集》卷二六。

95〕這是大道教明顯的分裂。

〈洛京緱山改建先天宮記〉記載了「眞大道」重興「大道教」之後的情況：「所憚者，此道重興，不從高位，傍門小法，相與混淆，加以齋戒精嚴，家風清肅，異途殊俗，絕物不群，以致常流多生淒誹，其于正教故自無傷。痛嗟末世天民，不得聞斯妙義，轉歸迷妄，難免沉淪。幸茲行教之高人，深得太元之奧旨，二流淨眾，能守規繩，不將物欲役心，專以農桑爲務。以茲存念，道必能弘。」「不以斷酒戒色而便爲達道，不以除邪治病而便望成眞。更期理事圓明，方見性天豁落。」〔註96〕。由此可見「眞大道」之所振興者，正是「大道」教祖劉德仁之所主張者。甚至欲追而上之，直見「性天豁落」。如把這一段文字和酈希成掌教之初大道教所處的逆境合併而觀，似能透露出「大道教」分裂的端倪：一派奔走於權貴之門，重視「傍門小法」，不重耕田力食；另一派（眞大道派）則謹守教祖劉德仁之教義，直返本性。眞大道派之不依附權貴，從兩件事可以看出來：1. 眞大道派的宮觀從未有蒙古可汗賜額，只有隆陽宮經勢都兒（Sudur）大王賜額〔註97〕。這與全眞、太一、正一比較起來，顯然寒酸許多。2. 酈希成自一二二三年掌教，至元憲宗時（1251～1259）才受封爲「太玄眞人」〔註98〕這比起丘處機之被稱爲「神仙」，全眞五祖以下諸人各各受封的情況（見〈至元崇道詔書碑〉），簡直不可同日而語。比起正一教的張留孫所受的禮遇，也是霄壤之別。陳援庵謂「大道教諸人，百年之間，兩遭亡國之痛，均能守西山之節，危行言遜，從容於亂離凶暴之中。蓋自初祖以來，即深信夷狄無百年之運，故相率攜持而去。」〔註99〕是有幾分道理的。

四、太一教

太一教創始人爲衛州（今河南汲縣）的道士蕭抱珍。蕭於金天眷中（1138～1140）創教〔註100〕，他之所以用「太一」爲教名，有兩種說法：一說是因爲他所傳的是「太一三元法籙」之術〔註101〕，另一說是「蓋取諸元氣渾淪，

〔註96〕《道家金石略》，頁819～820。
〔註97〕〈重修隆陽宮碑〉，收入《道家金石略》，頁822～825。
〔註98〕《元史》卷二○二〈釋老傳〉。
〔註99〕《南宋初河北新道教攷》，頁77。
〔註100〕《元史》卷二○二〈釋老傳〉。
〔註101〕同上註。

太極剖判，至理純一之義也。」〔註102〕這兩種說法，一是從方術立論，一是從教理著眼，但兩者實有相通之處。

「太一」初見於漢文文獻，而被崇拜，是在《楚辭》。《楚辭・九歌》，首以東皇太一居楚東，以配東帝，故曰東皇〔註103〕。《楚辭・遠逝》亦云：「指列宿以白情兮，訴五帝以置辭，北斗爲我折中兮，太一爲余聽之。」〔註104〕東皇太一爲方位神，是否被視爲天神，則不得而知。〈遠逝篇〉之「太一」與北斗並列，似爲天神之一。它與五帝同時出現，但兩者關係仍未明朗。

「太一」神到了西漢時，已明顯地被視爲天神，而且是天神之貴者，「五帝」變成它的輔佐。〔註105〕我推測：五帝本與太一爲同等地位，甚至居上，至西漢初，則已變成太一之佐。太一則完全脫離「方位神」的性格，變成了天神之貴者，邀君王之寵幸了。這反映出天神地位的提高，超出地神之上。《古今圖書集成・博物編・神異典》卷十六「太一之神」部彙考云：

> 漢武帝元鼎五年始立太一祠。（中略）冬十一月辛巳朔冬至，立泰畤於甘泉，天子親郊。（中略）按郊祀志，亳人謬忌奏祠泰一方，曰天神貴者泰一，泰一佐曰五帝。〔註106〕

漢初泰一（太一），既與五帝連用，而且與「天一」、「地一」合稱「三一」。《淮南子》又曰：「太微者，太一之庭；紫宮者，太一之居。」〔註107〕太一既爲天神，淮南子遂予其在天庭之居所。到了唐代，「太一」變成「九宮貴神」之一，位居正北方〔註108〕。孫克寬說：這是把靜止的天神之祭，漸變爲「術數的依托」〔註109〕，說亦可通。我認爲「太一」變成九宮貴神之一，是在道教的方位觀念從五演變爲九，也就是在《度人經》成書以後所自然形成的。《度人經》的成書年代，根據卿希泰的研究，約在東晉末年〔註110〕。陳國符認爲是葛洪

〔註102〕 王鶚〈國朝重修太一廣福萬壽宮之碑〉（《道家金石略》，頁845）。

〔註103〕 傅錫壬註釋《楚辭讀本》，頁58。（台北，三民書局，民國67年），又見姚燧《牧庵集》卷十。

〔註104〕 《楚辭讀本》，頁236。

〔註105〕 張正明在《楚文化史》一書（頁289）中，認爲西漢對太乙的信仰，是從戰國時代的楚人那兒繼承下來的。

〔註106〕 《古今圖書集成》第四十九冊，頁157～158，鼎文書局。

〔註107〕 《淮南鴻烈解》卷五第六，《正統道藏》第四十七冊，頁405～406。

〔註108〕 《古今圖書集成》，第四十九冊，頁158。

〔註109〕 孫克寬〈元代太一教考〉，頁136（收入《蒙古漢軍與漢文化研究》一書，。東海大學出版，1970年）。

〔註110〕 卿希泰《道教文化新探》，頁176（四川人民出版社，1988年）。

從孫葛巢甫所造，至劉宋文明二帝時，陸修靜加以增修〔註111〕，可見九宮貴神的觀念至遲在劉宋以前已完成。而「太一」居正北方，正是《太上老君開天經》所謂「戴九履一」的「九」〔註112〕，也是地位最高者，此時「太一」的地位已與「天一」並駕齊驅了。《古今圖書集成‧博物編‧神異典》又云：

> 北辰第二星盛而常明者，元星露寢，太帝常居，始由道奧而為變通之跡。又天皇大帝，其精曜魄寶，蓋萬神之秘圖、河海之命紀皆稟焉。據元說即昊天上帝也。天一掌八氣九精之政令，以佐天極，微明而有常，則陰陽序，大運興；太一掌十有六神之法度，以輔人極，微明而得中，則神人和而王道昇。又北斗有權衡二星，天一太一參居期間，所以財成天地，輔相神道也。〔註113〕

這一段將「太一」與「天一」相提並論，一輔人極，一佐天極，孫克寬認為此時的「太一」不但是天上的星宿，也主人間的吉凶休咎〔註114〕，確為的論。其實在《靈寶无量度人上品妙經》裡，就已經把「太一」與人君的禍福結合在一起了。該經云：「太一者，三元之貴神，以福人君者也。」〔註115〕太一不僅可以造福人君，而且可以「上游三清，下鎮人身」。同經云：

> 太一之尊，上登泰階，啟謁大君，羽林導前，叩鼓鳴鐸。過斬鬼種，保命生根。上遊上清，出入三元八冥之內，細微之中；下鎮人身，泥丸絳宮：中理五氣，運行萬神。十轉迴靈，萬氣齊仙。仙道度生，太一度人。〔註116〕

太一有無數的化身，在人身中者，號「中黃太一」〔註117〕，太一既為天神，又有化身在人身，又可度人，太一教主均稱為「度師」〔註118〕，可見太一教與靈寶派《度人經》有密切的關係。太一教所傳的《太一三元法籙》亦與「度人」、「福人君」、「王道昇」有密切的關係。

〔註111〕 陳國符《道藏源流考》，頁66（古亭書屋，民國65年）。
〔註112〕 《正統道藏》第五十八冊，頁96。
〔註113〕 孫克寬前引書，頁159。
〔註114〕 孫克寬前引書。
〔註115〕 《靈寶无量度人上品妙經》卷六第七（《正統道藏》第一冊，頁56）。
〔註116〕 前引書，頁61。
〔註117〕 前引書，頁54。
〔註118〕 根據《洞玄靈寶自然九天生神章經解義》，卷十一，「三師者，度師、籍師、經師也。謂為世三師，宣揚道妙，立功不已，至於充足，則天官為書名矣。」（正統道藏，第十一冊，頁24）

　　太一既可護國福君保命，又爲天神。太一教奉「天皇太一紫微北極」，
也就是「太一天尊」〔註119〕，元朝大都城大內東南設有「太乙神壇」，崇拜
的就是太一神。忽必烈最初以劉秉忠（子聰）主持祭太乙神的儀式，劉爲身
兼儒釋道三家的人物，「於書無所不讀，尤邃於易及邵氏經世書。至於天文、
地理、律曆、三式、六壬、遁甲之屬，無不精通。」〔註120〕至元十一年，
劉秉忠去世之後，於兩京建太一宮，改以太一教五祖李居壽（掌教後改名蕭
居壽）繼劉主持其事〔註121〕。足見忽必烈對於太一神崇拜之重視。至元十
六年，忽必烈命李居壽作醮，奏赤章於天〔註122〕。同年十二月，又命李告
祭新藏〔註123〕，此亦爲一告天儀式。蒙古可汗之重視太一教，以太一教祖
主持告天儀式，這與蒙古固有的天神崇拜不謀而合。

　　關於「三元」的來源，根據《雲笈七籤》卷三「三洞宗元」條的說法，
是指「混洞太無元」、「赤混太無元」、與「冥寂神通元」。原文云：

　　　原夫道家由肇，起自無先；垂跡應感，生乎妙一；從乎妙一，分爲
　　　三元；又從三元，變成三氣；又從三氣，變生三才。三才既滋，萬
　　　物斯備。三元者：第一「混洞太無元」，第二「赤混太無元」，第三
　　　「冥寂神通元」。〔註124〕

此段文字顯然是老子「道生一，一生二，二生三，三生萬物」之翻版。又據
同經卷七的說法，「三元」爲「三寶丈人之氣」（三氣），而不是「三才」。而
「三氣爲天地之尊，九氣爲萬物之根，故知此三元在天地未開、三才未生之
前也。（中略）三元者，一曰混洞太無元高上玉皇之氣，二曰赤混太無元無上
玉虛之氣，三曰冥寂玄通元無上玉虛之氣。」〔註125〕這裡是把「三元」與「三
氣」結合在一起，又明言三元不是三才。據此兩段記載，則「三元」的意義
十分明顯。孫克寬認爲太一教的「三元」，當指赤混等三元，太一教所有的符
籙，當係自三洞道經中襲取〔註126〕。孫氏推測相當合理，惟待吾人能看到太
一教所傳的符籙，將之與《三洞道經》中的符籙作一比對，才能論定。

〔註119〕　《道家金石略》，頁844～845。
〔註120〕　《元史》卷一五七〈劉秉忠傳〉，頁1673～1675。
〔註121〕　《元史》卷二○二，〈釋老傳〉，頁2137。
〔註122〕　《元史》卷十〈世祖本紀〉，頁82。
〔註123〕　同上註。
〔註124〕　《雲笈七籤》卷三（《正統道藏》第三十七冊，頁113～114）。
〔註125〕　前引書卷七（《正統道藏》第三十七冊，頁156）。
〔註126〕　孫克寬〈元代太一教考〉，頁140。

太一教所傳的太一三元法籙，既然將「太一」與「三元」連稱，兩者之間必有密切的關係。前引《度人經》云：「太一者，三元之貴神」，此處的「三元」，其意義當同於《雲笈七籤》所說的「三元」。太一又出入三元八冥之內，如此，則「太一」爲宇宙萬物所從出的「三元」中的貴神，也就是宇宙濛昧時代的貴神了，而且經常出入「三元」之中。「太一」與「三元」連稱，是天神信仰與宇宙創始神話結合而成的。「太一」一詞出現的時間，早於「三元」，但卻爲三元所包容了。

太一教「本之以湛寂，而符籙爲之輔。」〔註127〕，又「以沖靜玄虛爲體，祈禳禱祀爲之用。」〔註128〕可見太一教是以符籙祈禳禱祀見長的。在太一教諸教祖的傳記中，時常有他們用符、修醮、祈禳的記載〔註129〕，這一點與正一教非常類似。這大概是太一教後來併入正一教的原因吧！元成宗大德元年（1297）與大德三年（1299）的兩道聖旨，也是「正一」與「太一」並列〔註130〕，可見蒙古可汗也看出兩者類似的地方。

太一教規定：掌教者必須改姓蕭，二祖、三祖、五祖、六祖、七祖皆因此而棄本姓，改姓蕭〔註131〕，四祖則本姓爲蕭。關於改姓之事，元代的王惲認爲太一在這方面保留儒風。他說：「太一教法，專以篤人倫，翊世教爲本。至于聚廬托處，似疏而親，師弟子之兩間，傳度授受，實有父子之義焉。」〔註132〕今人余英時先生敷衍其說，認爲「是借用儒家的宗法制度以加強宗教組織的嚴密性。」〔註133〕，陳援庵先生則認爲這是「效釋氏」〔註134〕。我個人認爲這與

〔註127〕 徒單公履〈太一二代度師贈嗣教重明眞人蕭公墓碑銘〉（《金石略》，頁844）。
〔註128〕 徒單公履〈太一二代度師贈嗣教重明眞人蕭公墓碑銘〉（《金石略》，頁844）。
〔註129〕 前引〈蕭公墓碑銘記〉蕭道熙書「飛雷救旱符」（《金石略》，頁843）、王惲〈太一五祖演化貞常眞人行狀〉記蕭居壽書太一靈符致雨之事（王惲：《秋潤大全集》卷四七，頁493）。王若盧〈太一三代度師蕭公墓表〉記用「灑壇符」驅蝗，以及以符水治病之事（《滹南遺老集》卷四，頁217～219）。五祖蕭居壽於1238年受戒爲道士，命典符籙科式等事（〈貞常眞人行狀〉），足見符籙在太一教甚受重視。
〔註130〕 1297年的聖旨賜給太上清正一宮（屬於正一教）住持文德圭以及太一嗣師劉道眞。1299年的聖旨曰：「正一五雷之法，自南土既克闡于芳猷；太一五福之位，莅中央尚丕承于靈貺。」
〔註131〕 王若盧〈太一三代度師蕭公墓表〉：云：「凡法嗣皆從蕭氏，蓋祖師之訓也。」（《滹南遺老集卷四二，頁217》）《四部叢刊初編》。
〔註132〕 王惲《秋潤大全集》卷六一，頁612。
〔註133〕 余英時《中國近世宗教倫理與商人精神》，〈新道教〉，頁38。
〔註134〕 陳垣（援庵）《南宋初河北新道教考》，頁110。

太一重符籙有關。因為太一初祖蕭抱珍留下經籙三百餘階，內有秘章〔註135〕，道不外傳，因此繼承人非改姓蕭不可。正一教也重符籙，也是父子相傳，所不同者，正一掌教者之間有血緣關係。太一教祖之改姓蕭，大概也是出於此種考慮吧！孫克寬先生說這是規倣龍虎山張天師的世代相傳〔註136〕，推論至為合理。

　　吾人如將以上所論歸納起來，會發現全真教與真大道教較為接近。兩者均與老學密切相關，均主張耕田力食，不同之處在於前者三教合一色彩甚濃，尤其受禪宗影響甚大，後者則緊抱老子不放，受佛教影響甚少。在方術方面，前者以齋醮見長，後者以劾召、祈禱治病見長。太一教則與正一教頗為接近：兩者均起於民間，重符籙祈禳，與老學關係較疏。不同者在於：前者特重天神崇拜，度厄癒疾，後者與五雷信仰密切結合，而且兩者所用的齋醮科儀雖然類似，但不盡相同〔註137〕。全真既與真大道接近，太一與正一接近，因此元末這四派合成兩大派，應不是偶然的。

第二節　道士與蒙古可汗的關係

　　關於帝國初期道士與可汗的關係，可從兩方面加以考察：一是從可汗的角度來看道士的肆應，亦即探討「可汗的需求」與「道士之反應」兩者之間的關係；一是從道士的立場來看可汗，亦即探討「道士之所需」與「可汗之回應」兩者之間的關係。

一、蒙古可汗之所求於道士者

　　本文第三章已就蒙古可汗的宗教信仰作一論述。文中曾提及蒙古可汗均未拋棄固有的薩蠻信仰，尤其是從成吉思汗到蒙哥汗時代，信奉薩蠻尤篤。文中又論及薩蠻具有占卜、預言、治病、祈禳、祭祀等功能。薩蠻在發揮這些功能時，常須借重各種法術。薩蠻此種法術為蒙古可汗深信不疑。能夠提供神奇法術的，除了薩蠻之外，西藏與喀什米爾的僧人以及漢地的道士皆能之，此為探討薩蠻、喇嘛、道士與可汗關係時，非常重要的一點。蒙古可汗之崇尚法術，文獻上屢見不鮮。

〔註135〕　〈太一三代度師蕭公墓表〉（《湛然遺老集》卷四二，頁218）。
〔註136〕　孫克寬《蒙古漢軍與漢文化研究》，頁146。
〔註137〕　孫克寬《元代道教之發展》，頁149。

有關薩蠻的法術，已於第四章論述。至於喇嘛僧人的法術，於《馬可波羅行記》、《勝教寶燈》、《佛祖歷代通載》中均有記載。《馬可波羅行記》云：

> 大汗（忽必烈）每年居留此地（上都開平）之三月中，有時天時不正，則有隨從之巫師星者，諳練巫術，足以驅逐宮上之一切風雲暴雨。此類巫師名稱 Tibet 及 Quesimour（按：西藏及喀什米爾兩地來的僧人），是爲兩種不同之人，並是偶像教徒。（中略）大汗在其都城（按：大都汗八里）大宮之內，坐於席前，席高八肘，位於廷中。其飲盞相距至少有十步之遙，內盛酒或其他良好飲料。此輩巫師巫術之精，大汗飲酒時，致能作術，使飲盞自就汗前，不用人力。〔註138〕

《勝教寶燈》記八思巴於一二五三年在忽必烈（時尚爲諸王）面前，以銳刀切斷自身五肢，化成五佛，以加強諸王后妃的信仰〔註139〕。《佛祖歷代通載》卷二十二記載膽巴以摩訶葛剌神（Mahakala，大黑神）助忽必烈兵不血刃地平定襄陽城之事〔註140〕。以上所記三事在外人看來，誠然不可思議，然不同的史源皆有記載，又讓人覺得似有其事。當時的情況如何，惟在現場如忽必烈等人知道。因此，重要的不是這些神奇法術是否可靠，而在於忽必烈是否相信。《元史・劉秉忠傳》記載忽必烈對劉秉忠的評價是：「秉忠事朕三十餘年，小心慎密，不避艱險，言無隱情。其陰陽術數之精，占事知來，若合符契，惟朕知之，他人莫得聞也。」〔註141〕忽必烈似乎是相信法術的。

從成吉思汗到元成宗一百年間，蒙古可汗所求於道士者，約有如下數端：

1. 爲可汗祝壽，爲國祈福──這是蒙古可汗最大的需求，也是蒙古可汗求諸各教派人士者。有關這方面的資料，散見於《元代白話碑集錄》與《道家金石略》二書以及元人文集中。茲不贅述。

2. 於宮廷或宮觀中舉行醮典，其中有爲可汗祝壽者，有爲天下蒼生者。下文將列表論之。

3. 代祀漢地岳鎮海瀆，或從祀日月山或掌祠事。下文詳論之。

4. 管領諸路道教事（詳第三章）。

〔註138〕 《馬可波羅行紀》，頁278～279。
〔註139〕 《勝教寶燈》（日譯本《蒙古喇嘛教史》），頁165～166。
　　　　　橋本光寶《フビライ汗とラマ教》一文，頁30。
〔註140〕 《佛祖歷代通載》卷二十二，頁726。
〔註141〕 《元史》卷一五七〈劉秉忠傳〉，頁1675。

5. 給可汗諸王后妃大臣治病——許道杞為世祖治臂疾〔註142〕，張留孫曾為太子真金治病〔註143〕，岳德文替丞相安童治病，視之立差。〔註144〕

6. 備顧問——道士之為集賢院官者，得建言國事。

7. 占卜、預言與祈禳。

8. 給皇子命名——例如張留孫受世祖命，為武宗、仁宗剛出生時命名。〔註145〕

以上所列舉的八項中，以前四項較為重要，因為它們與可汗、國祚有直接的關係。在十三世紀中，蒙古可汗屢次命道士主持祭祀齋醮祈禳之事。茲列表於后：

表八：蒙古帝國初期可汗命道士做法事一覽表

時　間	道　士	道　派	法　　　事	
一二四四	李志常	全真	于長春宮作普天大醮三千六百分位	甘水仙源錄卷三
一二四六	李志常	全真	于燕京作普天大醮	甘水仙源錄卷六
一二五一	李志常	全真	設金籙醮三晝夜	甘水仙源錄卷三
一二五三	李志常	全真	奉上命，作金籙大醮	甘水仙源錄卷三
一二五四	李志常	全真	作普天黃籙大醮三千六百分位，凡七晝夜	宮觀碑志、甘水仙源錄
一二五四	張善淵	太一	奉旨致禮岳瀆	秋澗大全集
一二五九	蕭居壽	太一	修金籙大醮。	道家金石略
一二六〇	蕭居壽	太一	正月設黃籙靜醮於衛州太一宮，九月修祈祓金籙醮筵	秋澗大全集
一二六二		全真	于長春宮設金籙周天醮	元史世祖本紀
一二六三	蕭居壽	太一	上遣近侍護師頒香岳瀆等祠奉命投龍牒玉簡	秋澗大全集
一二六四		全真	于長春宮設周天醮	元史世祖本紀
一二六五	張志敬	全真	于長春宮設金籙大醮三千六百分位	甘水仙源錄卷五
一二六八		全真	敕長春宮修設金籙周天大醮七晝夜	元史世祖本紀
一二六九	蕭居壽	太一	太子真金請禱祀上真	秋澗大全集
一二七二	祁志誠	全真	奉命持香祠岳瀆，為國祭醮祝釐	道家金石略

〔註142〕《茅山志》卷十二，頁12。
〔註143〕趙孟頫〈上卿真人張留孫碑〉（《道家金石略》，頁910）。
〔註144〕虞集〈真大道教第八代崇玄廣化真人岳公之碑〉（《道園學古錄》卷五〇，頁825）。
〔註145〕虞集〈張宗師墓誌銘〉（《道園學古錄》卷五〇，頁836）。

一二七三	蕭居壽	太一	於上都大安閣演金籙科儀	秋澗大全集
一二七四		全真	長春宮殿周天金籙醮七晝夜	元史世祖本紀
一二七四	蕭居壽	太一	建太一宮于兩京，命領祠事，禮祀六丁	元史釋老傳
一二七五	李德和	真大道	命真人李德和代祀嶽瀆后土	元史世祖本紀
一二七六	張宗演	正一	命醮於內廷	漢天師世家
一二七七	張宗演	正一	命修周天醮于長春宮	元史、漢天師世家
一二七七	李德和	真大道	命代祀濟瀆	元史世祖本紀
一二七七	張留孫	正一	建崇真宮于兩京，命張專掌祠事	元史釋老傳
一二七八	張留孫	正一	建正一祠於大都，詔張留孫居之	元史世祖本紀
一二七八			敕長春宮修金籙大醮七晝夜	元史世祖本紀
一二七八	祁志誠	全真	奉命持香幣往祀南岳	道家金石略
一二七八	蕭居壽	太一	奉旨祭七元星君于西府鐘室	秋澗大全集
一二七九	張留孫	正一	命張即行宮作醮事，奏赤章于天	元史世祖本紀
一二七九	蕭居壽	太一	命作醮事，奏赤章于天	元史世祖本紀
一二七九			敕自明年正月朔日建醮長春宮，歲以為例	元史世祖本紀
一二七九	蕭居壽	太一	告祭新歲	元史世祖本紀
一二八〇		正一	詣龍虎山、閣皂山、三茅山皆設醮	元史世祖本紀
一二八〇	許道杞	茅山	茅山四十三代宗師許道杞祈禱有驗	元史世祖本紀、茅山志
一二八一	蕭全祐	太一	命六祖蕭全祐祭斗	元史世祖本紀
一二八一	張宗演	正一	命張即宮中奏赤章于天，七晝夜	元史世祖本紀
一二八一	張宗演	正一	命張即壽寧宮奏赤章于天，五晝夜	元史世祖本紀
一二八一			設醮于上都壽寧宮	元史世祖本紀
一二八一	劉道真	太一	召法師劉道真問祠太乙法	元史世祖本紀
一二八三		太一	祀太一	元史世祖本紀
一二八五			命有司祭斗三日	元史世祖本紀
一二八七		正一	遣使持香幣詣龍虎、閣皂、三茅設醮	元史世祖本紀
一二八八	張宗演	正一	命天師設醮三日	元史世祖本紀
一二九〇	張清志	真大道	命張為永昌王祈福于五岳四瀆	吳文正集
一二九一	張留孫	正一	命玄教宗師張留孫置醮	元史世祖本紀
一二九一	張志仙	全真	命持香詣東北海嶽瀆致禱	元史世祖本紀
一二九四	張與棣	正一	始開醮於壽寧宮，命醮于圓殿，又醮於長春宮	元史成宗本紀、漢天師世家
一二九五			詔道家復行金籙科範	元史成宗本紀
一三〇四	鄭進元	真大道	命設金籙大齋于天寶宮	雪樓集卷一七／六七九

　　除本表所列舉者之外，蒙古可汗每年遣使代祀岳瀆后土四海，其中必有道士參與其事。另外，忽必烈召天師張宗演、張與棣赴闕，必與醮事有關。

　　吾人從上表可以看出一些意義：

　　1. 可汗命道士所作的法事，在宮觀舉行者，以金籙醮（或金籙周天醮）為最多。根據《金籙齋啓壇儀》，金籙齋醮可以「保鎭國祚」〔註146〕，這是為什麼蒙古可汗喜歡命道士作金籙醮的緣故。法事在宮廷中舉行者，以告天儀式（奏赤章于天、祭斗、祠太乙）為最多，這是與蒙古可汗固有的天神崇拜吻合的。法事在各地舉行者，則以祭祀岳瀆四海后土為主。

　　2. 在至元十三年（1276），也就是蒙古軍隊攻下南宋首都臨安以前，奉命設醮者以全眞派為主；一二七六年以後，則以正一教為主。其中反映出道派勢力的消長。

　　3. 主持告天儀式的道士只有「太一」與「正一」兩派，其他道派不與焉。這是因為在太一與正一兩派的科儀中，天神崇拜占有非常重要的地位。

　　4. 在諸道派中，「眞大道」派奉命而作的法事最少，這點也反映出該派與可汗的關係較淺。

　　5. 至元十八年（1281）以後，可汗請道士作法事的次數頓形銳減，這與該年世祖下令焚毀道藏，在時間上是吻合的。就道教整體而論，至元十八年十月，是道教在朝由盛轉衰的轉捩點，代之而起的是喇嘛教的勢力。在至元十八年十月以後，蒙古可汗請喇嘛僧人作佛事的次數，出現得非常頻繁〔註147〕，反映出此種趨勢。從那時以後，諸道派中唯一得寵的只剩正一派（含玄教）了。

二、道士與蒙古可汗宗室關係的建立

　　諸道派中，最早與蒙古可汗宗室建立關係的是全眞教的丘處機。西元一二一九年，當丘處機居山東萊州昊天觀時，在西域用兵的成吉思汗特遣近侍劉仲祿懸虎頭金牌，傳旨敦請丘處機前往西域〔註148〕。成吉思汗何以知道丘處機的大名，根據先師李符桐先生的說法，是出自全眞教徒劉仲祿的推薦〔註149〕。劉

〔註146〕《金籙齋啓壇儀》，《正統道藏》第十五冊，頁107。
　　　　　卿希泰《道教文化新探》，頁69。
〔註147〕詳見《元史・世祖本紀》，〈成宗本紀〉。
〔註148〕李志常《長春眞人西遊記》卷上，頁1，中華書局。
　　　　　陳時可〈長春眞人本行碑〉（《甘水仙源錄》卷二，頁136）。
〔註149〕李符桐先生《成吉思汗傳》，頁123，新動力出版社，民國54年。

是否為全真教徒，史料雖未明言，但馮志亨傳達丘處機遺旨，命尹志平嗣教時，劉也在場〔註150〕，可見劉即使不是全真教徒，也與全真教關係密切。丘處機大名鼎鼎，為不爭的事實。在成吉思汗邀請之前，南宋與金均曾遣使邀請，為丘所拒。丘為何拒絕南宋與金的邀請，卻答應成吉思汗的請求，以七十三歲的高齡，千里跋涉，衝霜冒露，遠赴西域晉見成吉思汗？關於這個問題，全真教徒的解釋是丘有先見之明，丘曾說：「我之行止，天也，非若輩所及，當有留不住時去也。」〔註151〕丘處機在三國使臣來邀，大家勸他南行（即往南宋）時，他說：「好生惡殺，教門所尚。化溫厚之俗易，革殺戮之心難。雖有智慧，不如乘勢。」〔註152〕綜合這兩段話，我們可以窺測丘處機的心理：一方面他見到南宋與金難有作為，另一方面他企圖以宗教感化蒙古人，使天下蒼生免於塗炭。也許他也有將全真發揚光大的企圖吧！

　　一二二二年三月，丘處機與成吉思汗於西域行在會面時，成吉思汗先問：「真人遠來，有何長生之藥，以資朕乎？」丘答曰：「有衛生之道，無長生之藥」上嘉其誠〔註153〕，以後幾次講道，也不外乎「節色欲」「減思慮」等修身養命之道以及很簡單的一些治國保民之術而已〔註154〕，實在看不出有何傾動人主之處。而他竟然能夠讓成吉思汗頒給他一道聖旨，命他「教下應有底出家人都管著者」，其中必另有緣故？《至元辯偽錄》記載丘處機擅長行鸞之術，又記載劉仲祿曾替丘吹噓一番，說他行年三百餘歲，有保養長生之術〔註155〕，《辯偽錄》的作者祥邁是全真之敵，所言不盡可靠，然丘處機擅長某種方術，則為不爭之事實。全真擅長煉內丹，馬鈺所謂「燒得白、煉得黃，便是長生不死方」〔註156〕，主張性命雙修。《歷世真仙體道通鑑續編》也記載了王重陽、譚處端、丘處機、王處一的一些神蹟，隱語與預言〔註157〕。〈尹宗師碑銘〉則記劉處玄「飄然而來，斷其首，剖其心，復置之」之事（《甘水仙源錄》卷三）可見全真不僅僅是以煉內丹延生見長而已，它還有一些耶律楚材所謂「老氏之邪」的部分。成吉思汗以「神仙」稱呼丘處機，可見他對丘處機方術之讚賞了。

〔註150〕　趙著撰〈佐玄寂照大師馮公道行碑銘〉（《甘水仙源錄》卷六，頁190）。
〔註151〕　《長春真人西遊記》卷上，頁1。
〔註152〕　郭起南〈長春真人成道碑〉（《道家金石略》，頁502）。
〔註153〕　《長春真人西遊記》卷上，頁15。
〔註154〕　《玄風慶會錄》第五－第八（總頁第199～198）。
〔註155〕　《至元辯偽錄》卷二，總頁765～766。
〔註156〕　《歷世真仙體道通鑑續編》，卷一第十五（總頁796）。
〔註157〕　前引書，王嚞、馬鈺、丘處機、王處一傳。

全真教在十三世紀上半葉風行一時。據全真門人的記載，馮志亨謂尹志平（全真掌教）曰：「道教之興，自開闢以來，未有今日之盛也。」〔註158〕「丘長春被征聘，仍付之道教，天下翕然宗之。由一以化百，由百以化千，由千以化萬，雖十族之鄉，百家之閭，莫不有玄學以相師授，而況大都大邑者哉？」〔註159〕另外，金末元初文人元好問（遺山）也說：「丘公往年召對龍庭，億兆之命懸於治國保民之一言，雖馮瀛之悟遼主不是過。天下之所以服其教者，特以此耳。」〔註160〕全真門人所言或許有誇大之處，然遺山所言，必為實錄。而他所分析的道理，正是全真在十三世紀上半葉風行一時的主因之一。姚燧的看法與遺山相同，他說：「一傳而為長春，函夏陽九，適遭其時，哀斯民將膏砧鑕，大闢玄門，為趨生之塗，實拯億兆于滄海橫流之下。」〔註161〕全真的三教合一色彩與救世思想，的確給亂世中人帶來一帖鎮靜劑。

除此之外，全真之風行尚得力於一二二三年成吉思汗頒給丘處機的一道聖旨（前文已引用），這道聖旨雖然給後來的佛道衝突埋下禍因，但在當初是全真的一道護身符。全真門人並藉此將一些荒廢的佛寺和夫子廟據為己有〔註162〕。全真教宮觀的增加也在一二二一年至一二四〇年達到高峰〔註163〕。全真之鼎盛，從當時士大夫的作為也可看出端倪。王鶚〈玄門掌教大宗師真常真人道行碑銘〉云：「時河南新附，士大夫之流於燕者，往往竄名道籍。公（李志常）委曲招延，飯於齋堂，日數十人。」〔註164〕而且當時（一二三五年）燕京（後來的大都）長春宮多有亡金朝士〔註165〕，可見當時全真勢力之鼎盛。

全真掌教者中，第二個與蒙古可汗關係非常密切的是李志常。李志常於一二三八年嗣教，他的前任是尹志平，與可汗關係並不甚密切。〈玄門掌教清和妙道廣化真人尹宗平師碑銘〉只記載一二三二年，窩闊台「南征還，師迎見于順天，慰問甚厚，仍令皇后賜香于長春宮，貺賚優渥。」一二三四年，

〔註158〕趙著撰〈佐玄寂照大師馮公道行碑銘〉（《甘水仙源錄》卷六，頁190）。

〔註159〕宋子貞〈順德府通真觀碑〉（《甘水仙源錄》卷十，頁245～246）。

〔註160〕元好問〈懷州清真觀記〉（《遺山集》卷三五，頁367～368）。

〔註161〕姚燧〈有元重修玉清萬壽宮碑銘并序〉（《金石略》，頁722）。

〔註162〕《至元辯偽錄》卷三，以及1258年〈忽必烈令旨〉，1261年〈忽必烈皇帝聖旨〉，1280年〈盧仙飛泉觀碑〉，（俱收入《元代白話碑集錄》）。

〔註163〕鄭素春《全真教與大蒙古國帝室》，頁155～138。學生書局，1987年。

〔註164〕《甘水仙源錄》卷三，頁155。

〔註165〕《黑韃事略箋證》，（《王觀堂先生全集》第十二冊，頁5055）。

皇后遣使慰問，賜道經一藏。一二三五年，詣沁州，主黃籙醮事。一二三六年披命于雲中，令師（尹志平）選天下戒行精嚴之士，爲國祈福。」〔註166〕未像李志常那樣，被可汗任命掌道教事（按：尹志平掌教，爲道眾所推舉，非可汗任命），也未曾受邀在宮中主持金籙大醮。更有甚者，尹志平於一二三〇年曾被人誣告，因而被執〔註167〕。尹志平於一二五一年去世，未去世前，即於一二三八年把教門事傳給李志常。尹志平與蒙古可汗關係，不如以前的丘處機，也不如以後李志常那麼密切，原因不在於全眞教，而在於尹志平個性使然。

李志常除了於一二二〇年隨丘處機至西域之外，又於一二二八年作《長春眞人西遊記》，備載丘處機一行人的旅程以及與成吉思汗講道之語。一二二九年七月見窩闊台於乾樓輦，時方詔通經之士教太子，公（李志常）進易、詩、書、道德、孝經，且具陳大義，上嘉之。冬十一月，得旨方還燕京長春宮。一二三三年，承詔即燕京，教蒙古貴官之子十有一人，公薦馮志亨佐其事。一二三五年七月，奉詔築道院于和林，委公選高道乘傳以來。當時清和（尹志平）掌教，而朝觀往來必以公，故公爲朝廷所知。而數數得旨，璽書所稱曰「仙孔八合識」（按：「仙孔」爲漢語「仙」與蒙古語「孔」之合成語，意思是仙人。「八合識」源自維吾爾語 bagši，意爲「教師」，「先生」）。一二三八年嗣教，同年三月，大行台斷事官忽土虎奉朝命復加「玄門正派嗣法演教眞常眞人」號。夏四月，赴闕（按：和林）以教門事條奏，首及終南山靈虛觀，得旨，賜「重陽宮」號，命大爲營建〔註168〕。一二四四年以後，屢次受命作金籙大醮或祀岳瀆（前文已述）。一二五一年受憲宗命掌道教事。這些事蹟都證明李志常與蒙古可汗（自窩闊台至蒙哥）關係之密切。

一二五五年至一二五七年佛道兩次大辯論，全眞道士雖然受挫，歸還佛寺二百三十七所，十七名道士被迫削髮爲僧（詳第六章），但全眞的勢力並不因此而中衰。相反地，世祖至元六年（1269）還下了一道〈崇道詔書碑〉，對於全眞五祖贈予「帝君」或「眞君」的封號，對於「北七眞」，則贈予「眞人」的封號。詔書又言：「自東華（按：王玄甫）垂教之餘，至重陽（王嘉）開化之始，眞眞不昧，代代相承，有感遂通，無遠弗屆。雖前代累承于褒贈，在

〔註166〕《甘水仙源錄》卷三，頁149。
〔註167〕王鶚〈玄門掌教大宗師眞常眞人道行碑銘〉（《甘水仙源錄》卷三，頁153）。
〔註168〕同上註。

朕心猶慊于追崇。乃命儒臣，進加徽號。」〔註169〕可見此時全眞勢力仍在。
全眞勢衰自至元十三年（1276）起，才有明顯的跡象。一二八一年以後，不
再有優勢地位，亦不再有當年的盛況了。全眞掌教在宮廷活動的銳減以及蒙
古可汗聖旨碑的減少，都反映出此種事實。

　　太一教重符籙祈禳與天神崇拜，已如前述。它在金朝期間，除了於章宗
明昌元年（1190）與全眞、五行、毗盧一同被禁止一段時間之外〔註170〕，金
朝皇帝一般是支持太一教的〔註171〕。

　　太一教祖（即所謂「度師」）中第一個與蒙古可汗宗室接觸的是四祖蕭輔
道。王鶚〈國朝重修太一廣福萬壽宮之碑〉云：「歲丙午（1246），今上皇帝
（按：忽必烈）居潛邸，欽挹眞風，以安車見徵，既至，雍容問答，精神會
合，雖葛稚川（葛洪）之於晉，陶通明（宏景）之于齊，司馬子微（承禎）
之于唐，未能遠過也。」〔註172〕一二四六年，忽必烈人在何處，他又如何聞
知蕭輔道的大名，史料雖未明言，但忽必烈的母親唆魯忽帖尼的湯沐邑（封
地），在河北眞定，忽必烈的封地在刑、洛一帶，而太一教活動的地區亦在汲
郡（衛輝）、眞州、趙州一帶，因此忽必烈對於太一教度師必有耳聞。再加上
忽必烈對於各教派人士均有徵召之舉（詳下文），因此他以安車徵召蕭輔道，
就不足爲奇了。

　　一二四六年蕭輔道與忽必烈會面談些什麼事情，雖然史料無徵，不過我
們從一二五二年忽必烈給太一廣福萬壽宮的令旨，可以看出忽必烈對太一教
所持的看法。

> 衛州太一萬壽觀羽升微妙大師蕭抱珍，道成一悟，籙闡三元，創興
> 太一之門，武定都壇之□，密毗治化，清□□□，潛衛邦家，雖漢
> 張道陵、魏寇謙之，無以過也，宜追贈太一一悟傳教眞人，及改太
> 一萬壽觀爲太一廣福萬壽宮。〔註173〕

這一段令旨很明顯地點出太一教以符籙見長，而且忽必烈也認爲太一教旨，
「密毗治化」、「潛衛邦家」，承認太一教有助於治國。一二五二年可以說是太
一教在元化發跡的開始。這一年，忽必烈居潛邸，駐蹕嶺上，又以安車召見

〔註169〕《道家金石略》，頁593。
〔註170〕《金史》卷九〈章宗本紀〉，頁216。
〔註171〕曾召南《道教基礎知識》，頁60。
〔註172〕《道家金石略》，頁845。
〔註173〕《道家金石略》，頁841。

中和眞人蕭輔道于衛州。〔註174〕改衛州的「太一萬壽觀」爲「太一廣福萬壽宮」，很可能就是這次慶會後的結果。

一二五二年，四祖蕭輔道把教門事傳給五祖蕭居壽。居壽於一二三八年受戒爲道士，命典符籙科式等事。一二五二年，蕭輔道見忽必烈於衛州時，居壽隨行。這是居壽第一次與忽必烈見面，因四祖之推薦與忽必烈之允許，居壽嗣教門事。一二五九年春天，忽必烈南巡，駐蹕淇右，因居壽之請，幸萬壽宮。一二六〇年，忽必烈即位，即命居壽於本宮（衛州太一宮）設黃籙靜醮，冥薦江淮戰役一切非命者〔註175〕，一二六三年以後，屢次奉命代祀岳瀆，或修設醮事，或奏赤章于天。（詳上文）太一教之得寵，除了因爲擅長以符籙驅邪除害之外，更重要的是他們有告天與祭斗（七元星君）的本領。前者與蒙古可汗固有的宗教信仰吻合，後者則有延命的功能。蕭居壽即因「積年致禱精誠，多獲靈應，前後賜與（中略），不可殫紀」〔註176〕，並且獲得忽必烈可汗與眞金太子的寵信。

太一教的極盛時期是在至元十一年（1274）前後。該年，忽必烈下旨于大都、上都興建太一廣福萬壽宮（與衛州的太一廣福萬壽宮同名），由蕭居壽居之掌祠事，其香火衣糧之給，悉出內府〔註177〕，且禋祀六丁，以繼太保劉秉忠之術〔註178〕，六丁爲道教神名，可使致遠方物及知吉凶。至元十三年（1276），忽必烈賜蕭居壽太一掌教宗師印。十六年（1279）奉敕奏赤章于天。事畢，居壽奏請太子眞金參預國政，且又因典瑞監董文忠（眞定世侯子弟）以爲言。忽必烈納之，第二天就下詔：皇太子參決朝政，凡中書省、樞密院、御史台及百司之事，皆先啓後聞〔註179〕。這是道教人士第一次直接介入政局，意義十分重大，下文將再深論之。

蕭居壽於至元十七年七月去世，繼任的是六祖蕭全祐。有關他與可汗的關係，只有至元十八年奉命祭斗的記載。以後祀太一神之事，似乎都由劉道眞主其事，一直到大成宗大德三年（1299）仍有記載。大德三年聖旨云：

〔註174〕王惲〈太一五祖演化貞常眞人行狀〉（《道家金石略》，頁849）。

〔註175〕同上註。

〔註176〕同上註。

〔註177〕《元史·釋老傳》以及王惲〈大都宛平縣京西鄉創建太一集仙觀記〉（《秋澗大全集》卷四〇，頁407）。

〔註178〕《元史》卷二〇二〈釋老傳〉，頁2137。

〔註179〕《元史》卷十〈世祖本紀〉，頁82，以及《元史》卷二〇二〈釋老傳〉。

上天眷命皇帝聖旨：鑄金象物，古聞不若之軀；蘊藻薦芬，上有克
誠之享。咨爾光□演道通妙法師、本宗三代宗師、太一嗣師劉道眞，
□標霞室，召應飆車，行孚世祖之淵衷，祀復漢家之恣典。（中略）
特頒異數，庸進仙階，賜號演道妙應玄一眞人，本宗三代宗師，主
太一祀事如故。主者施行。〔註180〕

拿這一道聖旨與元史劉道眞被詢以祀太一之記載，可以證明從至元十八年到
大德三年（1281～1299），十九年之間，太一之祀是由劉道眞負責的。而他所
用的科儀，是模仿漢代之恣典。

　　總而言之，太一教派由於其專長與特質，因此與皇室的關係特別密切，
金代元代皆如此。相反地，它與民間百姓的關係較淡（雖然太一教祖、嗣師
皆來自民間），它也不像全眞那樣努力興建道觀、編纂道藏。因此太一的興衰
與帝王的寵信與否，關係甚大。

　　前文論及眞大道的淵源與特質時，曾約略提到眞大道與可汗的關係最
淺。大道教一直要到元憲宗時，五祖酈希誠居燕城（後來的大都）天寶宮，
才見知於憲宗，授以「太玄眞人」，領教事。時間是西元一二五一年〔註181〕。
雖然如此，通觀史料，未聞酈希誠奉旨修醮或代祀岳瀆之事。酈對眞大道的
貢獻是在宮觀的興建方面，也就是重修隆陽宮碑所說的「出整頹綱，道風大
振，巨觀小庵，四方有之。」〔註182〕眞大道八祖岳德文掌教時，「常使人行江
南錄奉其教者，已三千餘人，庵觀四百。」〔註183〕光是在江南就有庵觀四百，
可見眞大道在這方面的成就了。

　　眞大道六祖孫德福掌政時，未有任何記載留下，只是依慣例受封眞人，
掌教事而已。七祖李德和掌教時，曾兩次奉命代祀岳瀆（見前文）。在他掌教
期間（1273～1284），最重要的一件事情是在至元十五年（1278），完成先天
宮的改建。此宮本名賓天觀，自一二四六年開始改建（時酈希誠掌教），歷時
三十三載，於一二七八年才完工，改名先天宮。依眞大道門人杜成寬的說法，
「賓天者，言太子之功德隆重，可以作上帝之賓；先天者，言太子之神聖無
方，必能廣先天之道。」〔註184〕吾人若將先天宮改建完工的時間與「先天」

〔註180〕　〈太上清正一宮聖旨碑〉，見《道家金石略》，頁855～856。
〔註181〕　《元史》卷二○二〈釋老傳〉，頁2136。
〔註182〕　《道家金石略》，頁823。
〔註183〕　虞集《道園學古錄》卷五○〈崇玄廣化眞人岳公之碑〉，頁825。
〔註184〕　〈洛京緱山改建先天宮記〉，《道家金石略》，頁819。

的象徵意義，拿來與至元十六年蕭居壽奏請太子參政的事情合觀，會發現此時期道士有欲利用真金太子加強政治力量。〈改建先天宮記〉云：「大道光亨於此日」〔註185〕似乎別有用意存焉。

真大道似乎也受到至元十八年（1281），忽必烈下令焚毀道藏的波及。一二八一年忽必烈皇帝聖旨裡的「李真人」當指真大道七祖李德和而言，不可能指太一教五祖李居壽（即蕭居壽），因為李居壽已於至元十七年七月去世，而且太一與老學關係甚淺（詳上文），不可能被委派檢閱道藏。

真大道八祖岳德文於至元廿一年（1284）掌教，統轄諸路真大道教事。虞集〈崇玄廣化真人岳公之碑〉記載他替丞相安童治病的神蹟，又說「眷遇隆渥，中宮至召見，親賜袍焉。」〔註186〕然檢視《元史》及元代碑刻，未見任何他設醮或代祀岳瀆的記載。因此所謂「眷遇隆渥」當不致於隆渥到哪裡去。真大道九祖張清志「嘗掌教矣，厭謁請逢迎之煩。」〔註187〕頗能點出真大道與可汗關係之淺。張清志掌教時，曾為永昌王祈福於五岳四瀆，十一祖鄭進元奉命役金籙大醮于天寶宮，除此之外，自李德和之後，不見有何光采得意之處。基本而言，真大道的緊守老子，慈儉不爭，多少妨礙了它與蒙古可汗之間發展密切的關係。

正一天師道最早與蒙古可汗宗室發生關係的是第三十五代天師張可大。根據《漢天師世家》與《元史·釋老傳》的記載，一二五九年，忽必烈奉命征南宋，軍次鄂渚時，曾令王一清往訪張可大。可大報以後二十年，天下當混一，天命歸忽必烈〔註188〕。因為預言中的，因此在至元十三年（1276）世祖平定江南之後，就遣使召之。至元十八年（1281）與至元廿五年（1288），世祖又徵召張宗演兩次〔註189〕。在張宗演掌教期間，一共被徵召三次，每次徵召停留大都時間，都受命修醮或奏赤章于天。（詳表八）沒有例外。至元十四年正月世祖賜給他「真人」的封號，又「命主江南道教事，得自給牒，度人為道士」〔註190〕，

〔註185〕同上註。
〔註186〕虞集《道園學古錄》卷五〇，頁824～825。
〔註187〕同上註。
〔註188〕《漢天師世家》卷三第九一十，《元史·釋老傳》，頁2135。
〔註189〕同上註。
〔註190〕同上註。曾召南説：「官方正式承認張陵及其子孫的稱號，實始於元代。」（見〈元代道教龍虎宗支派玄教紀略〉一文，頁78，《《世界宗教研究》》，1988年第一期），這個說法是不正確的。莊宏誼説：「宋元以後，惟正一派領袖才稱天師」（見〈明代道教正一派〉，頁10），也有待商榷。因為旭烈兀於1251

作爲報酬。世祖此舉，除了對天師的尊重之外，實另有政治上的意圖。因爲元世祖統一汴南之後，需要利用道教來加強對江南地區的控制〔註191〕。不過，這與蒙古可汗的西藏政策並非完全一樣，蒙古可汗賦予薩迦派（Saskya）僧人管理西藏政教之權，而張天師對於江南，並無統治權，世祖只是利用他在江南的民間勢力，達到穩定江南民心的目的。

張宗演於至元廿八年（1291）去世，其子與棣嗣教。他曾侍父入覲世祖，敏於應對，世祖歎異之。掌教期間應召一次（1292），受「眞人」封號，領江南諸路道教事如故。成宗登極（1294年2月）不久，復召命醮於圓殿，又醮於長春宮，命天下行其醮典，同年八月，改天下諸路天慶觀爲玄妙觀，毀所奉宋太祖神主〔註192〕。孫克寬認爲「命天下行其醮典」象徵著正一教的聲譽，掩蓋北方道教之上〔註193〕。此說有幾分道理，但「天下行其醮典」不完全正確。因爲「太一」神之祭祀一直到一二九九年爲止，仍由太一教的劉道眞主持。或許除此外的醮典都由正一派人士主持吧！無論如何，成宗以後，正一的勢力已是如日中天，尤其是從正一分出來的「玄教」更是倍受寵遇。孫克寬又說：「改天下天慶觀爲玄妙觀，是把宋代的崇道餘迹都掃蕩了，也剷除了民間對宋室精神上的依戀」〔註194〕，甚有見地。成宗此舉與忽必烈所爲一樣，實含有政治上的意圖。

張與棣於一二九四年示化於大都崇眞萬壽宮，這是在成宗下令改天下諸路天慶觀爲玄妙觀後不久〔註195〕。改觀名之事在該年八月，則張與棣示化當於九月或十月。其弟與材嗣教，是爲第三十八代天師。成宗遣使賜冠服玉佩，命掌教事，一二九五年召見，一二九六年，授「眞人」之號，兼管江南道教事，得自給牒度道士。大德五年（1301）復召至京，丞相答剌罕請禱雨，成宗又命禱雪，皆應驗。六年（1302）辭歸。大德八年（1304），除了原有的頭銜與職位之外，成宗又賜給他「正一教主兼領三山符籙」，這是採納了玄教宗師張留孫的建議〔註196〕。這顯示張天師所代表的龍虎宗已合併了茅山宗與閣

　　　　年賜予全眞的宋德方「披雲天師」之號（見《永樂宮碑錄》）。
〔註191〕曾召南〈元代道教龍虎宗支派玄教紀略〉，頁78。
〔註192〕《漢天師世家》卷三第十二。《元史》卷十八〈世祖本紀〉，頁154。
〔註193〕孫克寬《元代道教之發展》，頁54～55。
〔註194〕孫克寬《元代道教之發展》，頁54～55。
〔註195〕《漢天師世家》卷三第12～13。
〔註196〕前引書，卷三第15～16。

皀宗。不但在江南道教事務上居於領導地位，而且在符籙齋醮科儀方面，也歸於一統。這也是「正一」道派正式形成的時候。

由於張天師居龍虎山的時間較久，居大都、上都的時間較短，因此自世祖至元十五年起，出現「玄教宗師」，作爲天師在京代表。張留孫於至元十三年四月，隨三十六代天師張宗演赴闕。次年，張宗演還江南，以其弟子張留孫留京師。世祖特於兩京建崇眞宮，俾留孫居之，專掌祠事〔註197〕。從此以後，張留孫倍受寵遇，封號不斷增加，職位越來越高。至元十五年五月，授江南諸路道教都提點，九月，管領江北淮東淮西荊襄等路道教事，閏十一月，賜號「玄教宗師」，二十五年，同集賢院商議道教事。成宗元貞元年，同知集賢院道教事。大德三年，加「大宗師」，知集賢院道教事故。武宗即位，加「大眞人」，知集賢院事。至大二年，領集賢院，位大學士上。是歲，再加「特進」。仁宗延祐二年，制授「開府儀同三司」，餘如故。從世祖，經成宗、武宗、仁宗到英宗至治元年端坐而逝，特被寵遇王朝，達四十六年之久（1276～1321）〔註198〕。他的後繼人吳全節、夏文泳、張德隆，也都擁有「玄教大宗師」的頭銜，並且都知集賢院道教事〔註199〕。張留孫隱然爲「玄教」的祖師。

張留孫之所以倍受寵遇，主要的原因在於祈禳治病，卓有神效。〈玄教大宗師張公家傳〉記載張留孫於至元十四年嘗隨世祖與昭睿順聖皇后駐日月山，「后疾甚，召至命愈其疾，若有神人獻夢於后，遂癒。上大喜，命爲上卿，鑄寶劍，鏤其文曰：大元賜張上卿。敕兩都各建崇眞宮，朝夕從駕。」〔註200〕張留孫的發跡，實自此始。他在世祖朝除了掌祠事之外，也有兩次作醮的記載，留孫在成宗朝更受寵信，實與隆福太后有關。〔註201〕

張留孫所開創的「玄教」，嚴格說來，並不能算是一教派，因爲它所用的齋

〔註197〕《元史》卷九〈世祖本紀〉，頁68～70，《元史・釋老傳》，頁2136。
〔註198〕袁桷〈玄教大宗師張公家傳〉（《清容居士集》卷三四，頁508～512）。
　　　　趙孟頫〈上卿眞人張留孫碑〉（《道家金石略》，頁910～912）。
　　　　虞集〈張宗師墓誌銘〉（《道園學古錄》卷五○，頁834～837）。
　　　　《元史》卷十〈世祖本紀〉。元明善，《龍虎山志》，頁146。
〔註199〕曾召南《元代道教龍虎宗支派玄教紀略》，頁81～82。
〔註200〕袁桷《清容居士集》卷三四，第508～511。
〔註201〕虞集《道園學古錄》卷五○，頁835〈張宗師墓誌銘〉云：「世祖末，命以公舊德屬隆福宮，而隆福太后又以上意諭公善事嗣君也」，袁桷〈玄教大宗師張公家傳〉云：「（至元）三十一年，上不豫，遣內侍諭隆福太后曰：張上卿朕舊臣，必能善事太子。」（《清容居士集》卷三十四，頁510）。

醮科儀與龍虎山的本家完全一樣。兩京的崇眞萬壽宮也經常從龍虎山調派道士前往支援。因此就「宗教」本身而論，它不能構成一派別。但就「政治」而言，它是一個御用的道派。因爲玄教大宗師的任命都經由皇帝頒詔書，即使是「玄教嗣師」（下屆掌教的繼任者），也常由皇帝下詔。每任掌教的接替，要以皇帝降授的璽書和印、劍作爲憑證〔註202〕。易言之，玄教大宗師之於道教有權力，是來自皇帝任命，而不是來自民間。這與其他宗派掌教人選由上一任指派（有時由上一任推薦，經皇帝認可）完全不同。也因爲玄教的權力來源來自皇帝，因此它隨著元帝國的滅亡而消失，就不足爲奇了。雖然如此，玄教壯大了龍虎宗的力量，奠定正一教在江南的首領地位〔註203〕，則爲不爭的事實。

　　元朝皇帝何以捨張天師，而另設「玄教宗師」，作爲正一派在京的代表？除了前文所說的天師常川駐在龍虎山，與京師距離遙遠之外，是否還有其他原因呢？這個問題可以就張天師與世祖兩方面來看。就張天師的立場而言，龍虎山是他們的大本營，自宋以來，在江南即享有很高的聲望，天師的傳承以父子相傳爲主，這些使得他們不願輕離本家。另外，道教的不喜中央集權〔註204〕，也是天師不願待在京師的原因之一，《漢天師世家》記載第三十七代天師張與棣一二九四年在京師講的一段話，頗足玩味，他說：「吾世味素薄，今留京師且久，非吾願也。」〔註205〕就世祖這一方面而言，以張天師領江南諸路道教事，可利用他在民間的聲望，穩定江南民心。而以「玄教宗師」主持齋醮科儀，已綽綽有餘，並不是非借重張天師不可。

　　此外，還有一個問題值得研究。世祖一方面以張天師領江南道教事，另一方面又以玄教宗師張留孫領江北淮東淮西荊襄等處道教事，又命知集賢院道教事。兩者在職權上是否有重疊的現象？依現有史料以觀，張天師負責的是（1）給牒度人爲道士（2）領三山符籙（3）命道行高明者爲道官。玄教宗師則主要負責集賢院的事，如宮觀的建置與升級，道官的升遷與調派。易言之，張天師注重的是「宗教」面，玄教宗師重視的是「政治」面，兩者並沒有衝突。事實上，玄教大宗師張留孫對於張天師還發揮了「反哺」的功能呢！

〔註202〕　曾南召前引文，頁83。

〔註203〕　卿希泰在《中國道教史》一書（第三冊，頁323）提到玄教組織的發展，壯大了龍虎宗的力量，爲正一道的形成提供了必要的組織基礎。

〔註204〕　此處引用 R. Hamayon 之説，見"Chamanisme et Taoisme"一文，頁162。Prof. Schipper 亦有同樣看法。

〔註205〕　《漢天師世家》卷三第十二（《正統道藏》第五八冊，頁428）。

世祖也曾召見茅山宗第三十八代宗師蔣宗瑛與四十三代宗師許道杞赴闕〔註206〕，但是有關他們事蹟的記載實在太少，無法深論。

綜合以上所論，我們對於道士與可汗的關係，可作如下之結論：

1. 道士與後宮的關係十分密切〔註207〕。

2. 道派的興衰與否，取決於該派在民間的勢力以及法術的高低。全真在一二二三年至一二七六年的得勢，正一在一二七六年至一三○四年之得寵，皆取決於它們在民間的聲望，可汗實有借重此種聲望達到政治安定的目的。太一與玄教之受寵，實得力於他們的特長。真大道勢力一直未能強大，因為它缺乏了二者。

3. 對於道士的效勞，可汗用下列幾種方式作為報酬：（1）賜與「真人」、「天師」、「宗師」、「大宗師」之封號（2）於兩京建宮觀，作為道派禮拜場所，如太一廣福萬壽宮（太一教）、長春宮（全真教）等皆是（3）做功德主，供給香火衣糧（4）賜予度牒，許其自行度人（5）採納道士的若干建議（6）給予物質上的賞賚（7）賜額給宮觀（8）捐資助印道經。

第三節　道士與帝國初期的政治

就理論上而言，道士是以齋醮符籙祈禳見長，本與政治無涉，尤其是道教更是崇尚自然，有迴避政治的傾向〔註208〕。但是因為他們在地方上的勢力很大，統治者思加以利用以箝制之，加上道士無法完全擺脫政治，這使得他們的專長為統治者所需。就道士這方面而言，他們雖有迴避政治的傾向，但也必須假借政治力量，以達到救世的目的，此種意圖在亂世尤其明顯。本節即以此為出發點，探究道士在蒙古帝國初期政治上所扮演的角色及其所發揮的政治功能。

一、全真之救世

前文論及丘處機以七十三歲之高齡，前往雪山講道，其中一個原因是企圖以宗教的力量感化蒙古人（所謂「以斯道覺斯民」），使生靈免於塗炭。而丘處機一二二三年自雪山歸來之後，憑著成吉思汗給的聖旨，也的確發揮了

〔註206〕《茅山志》卷四，頁15，卷十二，頁12。
〔註207〕Max Weber 在 *The Religion of China* 一書中曾言及道士經常透過宦官和後宮而打入宮廷，頁200。
〔註208〕R. Hamayon, Chamanisme et Taoisme, P. 162. M. Weber, *The Religion of China*, P. 185.

若干救世的作用。不僅一般老百姓獲得心靈上的慰藉，連落魄的儒生也竄名
道籍，解決了生活問題，生命安全也獲得保障〔註209〕，所謂「拯億兆于滄海
橫流之下」，即此之謂也。《元史‧釋老傳》云：

> 時國兵踐蹂中原，河南北尤甚，民罹俘戮，無所逃命，處機還燕，
> 使其徒持牒，招求於戰伐之餘，由是為人奴者，得復為良，與瀕死
> 而得更生者，毋慮二三萬人。〔註210〕

亂世之民，喜歡入道以保性命，而不大願出家當和尚，是為將來還俗較便所
致。《長春真人西遊記》記載宣差阿里鮮勸丘處機派人與他一道招諭山東之
事。《西遊記》云：

> 七月九日至雲中（山西大同）。十月三日，宣差阿里鮮欲先往山東招
> 諭人民，懇求與門弟子尹志平行。師曰：「天意未許，雖往何益？」
> 阿里鮮再拜曰：「若國主臨以大軍，生靈必遭殺戮，願父師一言垂
> 慈！」師良久曰：「雖救之不得，猶愈於坐視其死也。」及令清和（尹
> 志平）同往，即付招諭書二副。〔註211〕

在蒙古帝國建立的過程中，全真教徒也發揮了若干作用，減少了不阻力。例如
一二三六年，「時陝右甫定，遺民猶有保柵未下者，聞師至，相先歸附。師（尹
志平）為撫慰，皆安堵如故。繼而披命于雲中，令師選天下戒行精嚴之士，為
國祈福，化人作善。」〔註212〕這是借宗教力量，使百姓免作無謂的犧牲。

全真教徒的活動地區以今陝西、河南、河北、山東、山西五省為主，他
們的救世之舉，得力於當地的武將或世侯的不少協助。例如陝西五路總管田
雄，「與儒公大師（儒志久）有昆弟之舊，聞聲欸而敬信之。篤而能服膺履踐，
悛惡而善者從之，釋俘虜之族千餘輩。」〔註213〕這是憑借與武將的親戚關係
而救世的。山東東平的世侯嚴實，以漢法治東平，特敬天倪子、提點道教張
志偉（張為全真道士）〔註214〕，這是軍人世侯假借宗教力量來治民。

全真教也常以武將為功德主，一方面對百姓更有號召力，以吸引信徒，

〔註209〕《甘水仙源錄》卷三，頁155。
〔註210〕《元史》卷二〇二〈釋老傳〉，頁2134。
〔註211〕《長春真人西遊記》卷下頁7。
〔註212〕弋毅〈玄門掌教清和妙道廣化真人尹宗師碑銘並序〉，《道家金石略》，頁568。
〔註213〕姬志真〈咸寧清華觀碑〉（《雲山集》卷七，收入《正統道藏》第四十二冊，
　　　　頁813）。
〔註214〕郭旃〈金元之際的全真道〉（《元史論叢》第三輯，頁211）。

另一方面對道觀的興建與修復，也出力不少。宋子貞〈順德府通眞觀碑〉記載全眞「得郡守安國軍節度使趙侯伯元爲功德主，於是遠近響應，緣力日振。」〔註215〕〈晉州五岳觀碑〉則記載一二二七年，秦志樸同會首李元輩詣元帥府出給觀地四至公據。當年夏五月，奉國上將軍、右副元帥王公爲功德主，修蓋正殿，塑太上七眞聖像〔註216〕，亳州太清宮的修復也得力於張柔的幫助。〔註217〕，景州開陽觀的功德主是燕京行省參謀國家奴〔註218〕。

總而言之，全眞的救世乃透過三種力量而實現：（1）皇帝的聖旨（2）武將世侯的協助（3）本身所具有的感化力量。由於道教的勢力在民間，因此很容易在亂世發揮出力量。又因入道不必剃髮受戒，這也是釋教不如道教那麼吸引人的緣故。此外，全眞所具有的濃厚的三教合一色彩，也是全眞能救世的原因之一。

二、年號的訂定與都城的設計

元世祖的第一個年號「中統」與成宗的第二個年號「大德」俱出自《太平經》。《太平經鈔・丙部》卷三云：

> 中統，天地之統也，傳之當象天地，一陰一陽，一男一女，然後能生生也。夫陰極則生陽，陽極則生陰，陰陽相傳，比若寒暑自然之理，故能相生，世世不絕，天地之統夫。絕天地之統，何有夫婦、父子、君臣、師弟子乎？主通天教，助帝王而化成天下。故食飲與男女相須，二者大急。（中略）古者聖帝明王，不效玄黃之色，但禦寒暑而已。飲食陰陽不可絕，絕之天下無復君臣父子之道。守此三者，以竟天年，傳其天統。（中略）男者天也，女者地也，衣食者中和。過此三者，其餘皆偏之物。〔註219〕

這一段話明言「中統」是統天地，統陰陽、統男女者也。就「氣」而言，亦即太平經所謂「中和」之氣，「天」即「太陽」之氣，「地」即「太陰」之氣。三氣合併爲「太和」，太和即出「太平」之氣〔註220〕。世祖以「中統」爲年號，

〔註215〕《甘水仙源錄》卷十，頁246。
〔註216〕《道家金石略》，頁558。
〔註217〕王鶚〈重修亳州太清宮太極殿碑〉。
〔註218〕《甘水仙源錄》卷十，頁244。
〔註219〕《太平經鈔》丙部卷三第十九（《正統道藏》第四一冊，頁23）。
〔註220〕《太平經鈔》乙部卷二第八（《正統道藏》第四一冊，頁9）。

蓋有致國家於太平境地之意圖在。

「中統」首見於《太平經》，不見於《易經》，亦不見於佛教經典。但「中和」的觀早已見於先秦典籍，將「中統」與「中和」比附在一起，是西漢才有的事情。這是把宇宙之間氣的運轉與人世的治亂結合在一起所造成的，其中含有濃厚的陰陽家思想，後為道教所吸收，輯成《太平清領書》（《太平經》）。《後漢書‧襄楷傳》云：「其言陰陽五行為家，而多巫覡雜語。」〔註221〕正表明《太平經》受陰陽家影響很深。中和（中統）為《太平經》的中心思想，而《太平經》又為全真教所器重的經典，丘處機的雪山講道，即在發揮《太平經》的義理，而且全真教的開山祖師「王重陽以全真名教者，即無極之真，二五之精，妙合而凝，所以為萬善之原也。」〔註222〕此所謂「二五之精」即指陰陽五行，與襄楷傳「陰陽五行」完全吻合。全真教既然非常重視《太平經》，因此以《太平經》的中心思想「中和」（中統）作為年號，當是受到全真道士的啟發，或是於《太平經》體會甚深的道士所為。

「大德」一詞首見於《易經》。《易‧繫辭下》卷八云：「天地之大德曰生。」張守節正義曰：「言天地之盛德在乎常生，故言曰生。若不常生，則德之不大，以其常生萬物，故云大德也。」〔註223〕《太平經‧鈔丙部》卷三云：「使帝王有大德好行，正文之人也。」〔註224〕又言：「十一月，大德在初九」〔註225〕。可見「大德」亦指帝王而言，欲帝王效法天地之大德也。「大德」一詞雖始自《易經》，但是把它與帝王連在一起，還是從《太平經》開始。太一教二代度師蕭道熙亦云：「明月清風大德，頗訝愚人不識，切切詢吾為誰，只是從來太一」〔註226〕。因此我們有理由相信成宗使用「大德」作年號，仍來自道士的建議。只是到底是哪一派道士的建議，已無從查考。

因為在大德年間（1297～1307），全真勢力已衰，最受寵信的是玄教大宗師張留孫。張精通《易經》，擅長以《易經》占卜〔註227〕，因此「大德」很可能出自張的建議，也可能出自太一道士的建言。

〔註221〕陳國符《道藏源流攷》，頁82，古亭書屋。
〔註222〕俞應卯〈鄠縣秦渡鎮重修志道觀碑〉（《甘水仙源錄》卷九），「無極之真」十二字出自朱子《近思錄》第一卷論道體。
〔註223〕阮元《十三經注疏》第一冊，頁178（大化書局）。
〔註224〕《太平經鈔》丙部卷三第二十五，（《正統道藏》第四一冊，頁26）。
〔註225〕前引書，頁17。
〔註226〕徒單公履〈太一二代度師蕭公墓碑銘〉（《道家金石略》，頁843）。
〔註227〕袁桷〈玄教大宗師張公家傳〉（《清容居士集》卷三四，頁510）。

元代的大都城是忽必烈於至元四年命劉秉忠設計的。劉秉忠雖然做過和尚，但他是一個身兼儒釋道的人。他「尤邃於易及邵氏經世書。至於天文、地理、律曆、三式六壬、遁甲之屬，無不精通。」「其陰陽術數之精，占事知來，若合符契。」王磐說他「通曉音律、精算數，善推步，仰觀占候，六壬、遁甲、易經、象數、邵氏皇極之書，靡不周知。」〔註228〕劉秉忠所擅長的，正是道教人士之所長。劉秉忠從何人受陰陽術數、六壬、遁甲之術，吾人不得而知，然秉忠故鄉邢德與太一教發源地衛輝相去不遠，秉忠又在大內東南方設「太乙神壇」，祠太一神，可見他與太一教人士必然有密切的關係。因此大都城的設計，雖然出自劉秉忠之手，但必然受到太一教門人的影響，大都城門只有十一座，這在中國歷代京城的建築史上是絕無僅有的，陳學霖認為劉秉忠制定十一座城門，去象徵附會哪吒神的「三頭六臂兩足。」以解決大都水患〔註229〕。我懷疑它受到道教「十一曜星君」的影響，或許它是天五地六的組合體吧〔註230〕！此尚未成定論，有待進一步的研究。

三、促使眞金太子參政

至元十六年十月，世祖命太一教五祖眞人李居壽作醮事，奏赤章于天，凡五晝夜。畢事，居壽請間，言皇太子（眞金）春秋鼎盛，宜預國政。帝喜曰：「尋將及之。」明日下詔：皇太子燕王參決朝政，凡中書省、樞密院、御史台及百司之事，皆先啟後聞〔註231〕。李居壽除了向世祖作此建議之外，也曾透過典瑞監董文忠以為言〔註232〕。蘇天爵《國朝名臣事略》記此事云：

> 十六年十月，（文忠）還自萬壽宮祝釐所。奏曰：「陛下始以燕王為中書令、樞密使。緣一至中書，後冊儲皇，累使明習軍國事者，十有餘年，終守謙抑，非不奉明詔也，亦朝廷處之未極其道。夫事已奏裁而始啟白，為人臣子，惟有唯默避任，不敢以令可否制敕而已。以臣所知，曷令有司啟而後聞。其有未安，斷以制敕，則理順而分不踰，必不敢辭責元良矣。（中略）上面諭曰：「自今庶務聽皇太子

〔註228〕《元史》卷一五七，〈劉秉忠傳〉，頁 1673～1675。
〔註229〕陳學霖〈元大都城建造傳說探原〉（《漢學研究》五／一，民國 76 年 6 月）。
〔註230〕M. Granet, *La Pensée Chinoise*, P. 139. I'Evolution de I'Humanité. 25bis. , 1950 Paris.
〔註231〕《元史》卷十〈世祖本紀〉，頁 82。
〔註232〕《元史》卷二○二〈釋老傳〉，頁 2137。

　　臨決而後入聞。」〔註233〕

　　眞金太子的參政是李居壽與董文忠聯手促成的。居壽自至元十一年起，即代替劉秉忠原有職務——禋祀六丁神將，又專祀太一，備受世祖寵信。文忠則爲眞定世侯董家的一員〔註234〕。他們兩人此舉目的爲何？根據黃時鑒的說法，李居壽與董文忠都與漢法派有密切關係，他們促使眞金太子參政，是要假借他的力量來牽制阿合馬〔註235〕。黃氏之見，前半部有待商榷。李居壽與董文忠兩人和漢法派有何關係，從現存史料中，實在看不出來。董文忠甚至還於至元八年反對漢法派大臣徒單公履所提議恢復貢舉之事呢！〔註236〕李居壽與董文忠聯手合作，奏請太子參政，是因爲他們兩人都來自眞定地區，有地緣關係，而且他們與眞金太子必有宿緣。至元六年，眞金曾請李居壽「禱祀上眞，用介繁祉，受釐之餘，遂賚師金冠錦服，玉佩副焉」，〔註237〕，董文忠則「居益近密」、「隨事獻納，中禁事祕，外多不聞」，眞金亦嘗語宮臣曰：「方天威之震，董文忠從容諫正，實人臣難能者」〔註238〕，讚美董文忠的直言極諫。職是以觀，李董兩人聯手合作，主要是出於他們與眞金的私人關係。至於他們假借眞金，牽制阿合馬，是可預見的。因爲阿合馬非常怕眞金。眞金有一次用弓打他的頭，把他的臉打破了。還有一次甚至當著可汗的面狠狠地用拳頭打了他。〔註239〕

四、道士與丞相之施政

　　自世祖在位期間後半葉開始，經成宗、武宗、仁宗，以迄英宗爲止，這五朝四十六年間（1276～1321），張留孫是最受寵遇的道士。他除了於至元十八年挽救了一部分的道藏免遭焚毀之外（詳下一章），還把江南正一教的地位提昇到其他道派之上。虞集讚美他說：「東南道教之事，大體已定于開府（張留孫）之世。」〔註240〕，確爲事實。

　　此外，張留孫憑著他的法術及其與皇帝、後宮之間的密切關係，使他在

〔註233〕　《國朝名臣事略》，頁453～454。
〔註234〕　《元》卷一四八〈董文忠傳〉，頁1579。
〔註235〕　黃時鑒《眞金與元初政治》，頁198～199。
〔註236〕　《元史》卷一四八，〈董文忠傳〉。
〔註237〕　王惲〈太一五祖演化貞常眞人行狀〉（《秋澗大全集》卷四七，頁493）。
〔註238〕　《元史》卷一四八，〈董文忠傳〉，頁1579～1579。
〔註239〕　拉施特著，余大鈞、周建奇譯《史集》第二卷，頁341。
〔註240〕　虞集〈河圖仙壇之碑〉（《道園學古錄》卷二五，頁422）。

政壇上也發揮了某些作用。至元十八年，集賢院從翰林院中獨立出來，即是出自他的建議。至元二十八年，桑哥敗，世祖將命相，召留孫以周易筮用完澤，得〈同人〉之〈豫〉。留孫曰：「〈同人〉柔得位而應乎乾，君臣之合也。〈豫〉利建侯，命相之事也，願陛下勿疑。」〔註241〕完澤為元朝名相，曾受遺詔輔佐成宗，身系天下之托者十有餘年。這雖是世祖慧眼獨具，張留孫之密贊，亦有功焉。

　　道士祁志誠對於丞相安童的施政與出處，亦發生若干影響，虞集〈白雲觀記〉云：

> 至元三年，故丞相忠實王安童過雲州（今大同），問州之父老曰：「此有高道之士乎？」眾以真人對，丞相屏騎從見之，問以修身治世之事，丞相感焉。故其相世祖皇帝，以清靜忠厚為主。既而罷相，退然若無與于世者，人以云多真人之說云爾。后復召拜丞相，亟相固辭，命益篤，將不敢弗上意，往決于真人。真人曰：「昔與子同為相者何人？今同列何人？」丞相悟，見上辭曰：「昔為相，年尚少，幸不失陛下事者，丞佐皆臣師友。今事臣者循進與臣俱，臣為政，能加於前乎？」上曰：「誰為卿為是言？」丞相曰：「祁真人。」上歎異之。故丞相亦不久在相位，而真人由丞相得封號矣。〔註242〕

安童為木華黎四世孫。據《元史·宰相年表》與《元史·安童傳》，他初次拜相時期從至元二年至至元十二年，第二次拜相從二十一年十一月至至元二十八年初罷相〔註243〕。在第一次拜相期間，牽制阿合馬（自至元七年領尚書省開始掌權）；第二次拜相期間，則與尚書省丞相尋哥積不相能，屢求退，不許〔註244〕，因此吾人可推斷：祁志誠有意利用與安童的關係，牽制色目人阿合馬、桑哥之徒。

〔註241〕袁桷〈玄教大宗師張公家傳〉（《清容居士集》卷三四，頁510）。
　　　　趙孟頫〈上卿真人張留孫碑〉（《道家金石略》卷四六，頁910～912）。
〔註242〕虞集〈白雲觀記〉（《道園學古錄》卷四六，頁779～780）。
〔註243〕《元史》卷一一二，〈宰相年表〉，頁1065～1067。
　　　　《元史》卷一二六〈安童傳〉，頁1364。
〔註244〕《元史》卷一二六〈安童傳〉，頁1364～1365。

第六章　蒙古統治下的佛道關係

　　蒙古可汗與道士之間縱的關係，已論述如上。本章欲就佛道之間橫的關係與前文縱的關係之間的互動，作一鳥瞰式的探究。先論耶律楚材丘處機的分合，作爲基礎；次論佛道關係（以佛道衝突爲主），以及蒙古可汗、番僧、儒者在其中所扮演的角色。最後針對道教勢力的興衰作一全盤的探討。

第一節　耶律楚材與丘處機的分合

　　耶律楚材字晉卿，是遼朝東丹王突欲八世孫。父履，以學行事金世宗，特見親任，終尙書右丞。楚材博極群書，旁通天文、地理、律曆、術數及釋老、醫卜之說。金宣宗貞祐二年（1214），宣宗遷汴，完顏福興行中書省事，留守燕京，辟楚材爲左右司員外郎。〔註1〕

　　耶律楚材雖兼通儒釋道三家，但在心態上只認同儒釋兩家。《貧樂庵記》云：「夫君子之學道也，非爲己也，吾君堯舜之君，吾民堯舜之民，此其志也。」〔註2〕表明致加於堯舜境地之心。〈釋奠〉一詩云：「儒流釋子無相諷，禮樂因緣盡假名。」〔註3〕〈寄用之侍郎〉一詩云：「窮理盡性，莫尙佛法；濟世安民，無如孔教」（卷六）將儒釋等量齊觀。〈過燕京和陳秀玉韻〉云：「君子云亡眞我恨，斯文將喪是吾憂，尙期晚節回天意，隱忍龍庭且強留。」〔註4〕〈和武川嚴亞之見寄〉一詩云：「衣冠異域眞余志，禮樂中原乃可榮。」〔註5〕〈和

〔註1〕《元史》卷一四六，〈耶律楚材傳〉，頁3455，鼎文書局。
〔註2〕《湛然居士文集》卷八，頁125。
〔註3〕前引書，卷三，頁30。
〔註4〕前引書，卷三，頁40。
〔註5〕前引書，卷四，頁54。

人韻〉云：「安得夔龍立廊廟，扶持堯舜濟斯民。」〔註6〕這些篇什明顯地表露出致君于於堯舜、拯斯民於水火的心跡，這也是他之所以服侍蒙古汗庭之主因。

在《湛然居士文集》中，有很多與禪師寄贈唱和之詩，例如〈和百拙禪詩韻〉（卷二）、〈寄雲中臥佛寺照老〉（卷二）、〈贈萬松老人琴譜詩〉（卷三）、〈過清源贈法雲禪師〉（卷四）、〈西域寄中州禪老〉（卷五）、〈蒲華城夢萬松老人〉（卷五）、〈請嵩公禪師詣天德作水陸大會〉〈夢中贈聖安澄老〉（卷七），〈從萬松老師乞玉博山〉（卷十一），不勝枚舉，足見耶律楚材與禪師關係之密切。據《文集・萬松老人評唱天童覺和尚頌古從容菴錄序》的說法，耶律楚材在燕京時，與禪師過從甚密，其中特重聖安寺澄公和尚。貞祐喪亂之後，楚材求祖道愈亟，澄和尚建議他去見萬松禪師，因爲「萬松老人者，儒釋兼備，宗說精通，辨才無礙。」楚材遂謁見之，從遊幾三年，萬松禪師給他一個「湛然居士從源」的法號〔註7〕。從此以後，楚材對萬松老人敬佩有加，幾乎無時或忘。《文集》中除了錄有楚材寄贈萬松禪師的詩篇之外，尚有呈給萬松老師的幾篇文章，他對萬松老師的讚語是「機鋒罔測，變化無窮，巍巍然若萬仞峰，莫可攀仰；滔滔然若萬頃波，莫能涯際。瞻之在前，忽焉在後。」〔註8〕這是以孔子弟子讚美孔子之語來稱讚萬松老師。楚材對萬松老師的懷念，從下引諸詩可見。〈西域寄中州禪老士大夫〉自注：「恨離師太早，淘汰未精，起乳慕之念，作是詩以寄之。」詩云：「吾師道化震清都，奔走絕塵我不如。近日虛傳三島信，幾年不得萬松書。宗門淘汰猶嫌少，習氣薰蒸尚未除，惆悵天涯淪落客，臨風不是憶鱸魚。」〈蒲華城夢萬松老人〉一詩自注：「辛巳（1221）閏月，蒲華城夢萬松老人，法語諄諄，覺而猶見其髭髯，作詩以寄。」詩云：「華亭髭髯舊時舟，又見吾師釣直鉤，只道夢中重作夢，不知愁底更添愁。曾參活句垂青眼，未得生侯已白頭。撒下塵囂歸去好，誰能騎鶴上揚州。」〔註9〕

耶律楚材由儒入釋，可以說受萬松禪師影響甚大，後者告訴他，要「以儒治國，以佛治心」〔註10〕。楚材除了與禪師過從甚密之外，他本人也是許多禪

〔註6〕前引書，卷四，頁54。
〔註7〕前引書，頁121。
〔註8〕仝上註，頁121～122。
〔註9〕《湛然居士文集》卷六，頁78。
〔註10〕前引書，卷十三，頁192〈寄萬松老人書〉。

院的功德主。《文集》中就記載他是孝義永安寺、太原開化寺、武川摩訶院、五山圓明禪院、萬卦山天寧萬壽禪寺，太原五台寺、大龍山永寧石壁禪寺等七所禪寺之功德主〔註11〕，禪僧顯然欲假借耶律楚材的地位而提昇佛教。耶律楚材與禪師、禪寺關係之密切，對於後日耶律楚材與丘處機的衝突影響很大。

　　西元一二一八年三月，成吉思汗聞耶律楚材之名，徵詣西域行在〔註12〕，這也是耶律楚材與蒙古可汗建立關係的開始。楚材以善於占卜，見重於成吉思汗。一二二一年十一月，長春眞人丘處機應詔至尋斯干（撒馬爾千Samarkhand），這是耶律楚材與丘處機首度碰面。在此之前，丘處機西行經燕京時，燕京大夫都有贈行詩。這些士大夫中，有很多是耶律楚材的舊友。可見耶律材楚在燕京時應耳聞丘處機之大名。從一二二一年十一月至一二二三年三月丘處機辭成吉思汗爲止，楚材與處機相處將近一年半，彼此之間有酬唱之作。陳援庵說：「湛然居士文集內有所謂『和人』者，就是和丘長春的。不過把長春名字改爲『和人』而已。」〔註13〕陳氏又云：「此類唱和之詩有四十餘首，未明言是哪幾首。吾人比對《湛然居士文集》、《長春眞人西遊記》、《磻溪集》，知道文集中〈過陰山和人韻〉六首（卷二），是唱和丘處機之作。卷四〈和人韻〉二首從內容上看，亦爲與丘處機酬唱之作。一二二二年寫的〈游河中西園和王君玉韻〉四首、〈河中遊西園〉四首、〈河中春游有感〉五首、〈感事〉四首、〈過閭居河〉四首皆用丘長春韻〔註14〕，當爲與丘處機酬唱之作。

　　耶律楚材與丘處機兩人有相同之處：（1）皆有亡國之痛，故國之思。（2）皆思拯生民於水火。不同者：（1）楚材出身遼朝宗室，常有「閭山」之思〔註15〕，丘處機則出身於山東棲霞顯姓〔註16〕；前者以儒入釋，後者以儒入道。他們兩

〔註11〕前引書，卷七、卷八、卷十三。
〔註12〕王國維〈耶律文正公年譜〉（《王觀堂先生全集》第九冊，頁3698）。
〔註13〕陳援庵〈耶律楚材父子信仰之異趣〉（《援庵史學論著選》，頁256）。
〔註14〕王國維〈耶律文正公年譜〉，頁3702。
〔註15〕《湛然居士文集》卷四〈和人韻〉云：「年來痛憶閭山景，月照茆亭水一圍」（頁54）。
　　　　卷四有〈謝禪門□公寄閭山紫玉〉一詩。
　　　　卷五〈西域從王君玉乞茶因其韻〉七首，第四首云：「無羔閭峰三百寺，遨遊吟嘯老餘生」（頁69）。
　　　　卷六〈和景賢見寄〉一詩云：「准擬歸時便歸去，閭山珍重舊禪庵」（頁71）。
〔註16〕《歷世眞仙體道通鑑續編》，卷二十第十，頁805。

人皆曾業儒，何以後來的發展大相逕庭？這跟兩人的居住地的風氣有關（燕京多禪寺，山東則多道眾），也跟兩人所拜的師父有關。楚材師萬松老人，儒釋兼通；處機師王重陽，則由儒入道，兼通禪理。此外，這與兩人的觀念、心志有密切的關係。耶律楚材「正統」的觀念極強，維護正統的心意甚堅。他雖然也認為三教同源：「三聖真元本自同，隨時應物立宗風，道儒表裏明墳典，佛祖權宜透色空。」〔註17〕，有時候也想「準備求真入道林」〔註18〕，但他所認同的只是老莊的學說，而非道教。他認為儒釋道家皆有「正統」，亦有「異端」。他的看法是這樣子的：

> 若夫吾夫子之道治天下，老氏之道養性，釋氏之道修心，此古今之通議也，舍此以往，皆異端耳。〔註19〕

他又舉例說明何者為異端：

> 夫楊朱、墨翟、田駢、許行之術，孔氏之邪也。西域九十六種，此方毗盧、糠瓢、白經、香會之徒，釋氏之邪也。全真、大道、混元、太乙、三張左道之術，老氏之邪也。〔註20〕

從以上記載可知：凡非關修身、養性、治國、平天下者，皆屬異端，這就無怪乎耶律楚材把全真也視為異端了。易言之，楚材之所以不齒全真者，不在乎全真之近儒禪一面，而在乎全真之方術那一面。這從西遊錄耶律楚材「不許丘公之事」的文字中（詳下文），可以明顯地看出。

耶律楚材的「正統」觀念已論述如上。如對丘公不滿的性情，也於〈寄巨川宣撫（王楫）〉一詩中（卷六），出現端倪，但只是拐彎抹角地講，並未正面攻擊。他對丘處機以及全真教的猛烈批評，要在一二二七年丘處機死去以後才展開。一二二八年〈戊子喜雨用馬朝卿韻二首〉，其二云：「不死鄉中靈草異，長生劫外紫雲深。茅山道士真堪笑，虛費工夫煉五金。」〔註21〕此雖言「茅山道士」，實際上是指桑罵槐，譏諷全真道士。一二三一年〈過太原南陽鎮題紫微觀壁三首〉第三首云：「三教根原本自同，愚人迷執強西東，南陽笑倒知音士，反改蓮宮作道宮」〔註22〕，這是譏諷村人改佛像為道像，改

〔註17〕 《湛然居士文集》，頁 22。
〔註18〕 前引書，卷四，頁 46。
〔註19〕 〈寄趙元帥書〉，見《文集》卷八，頁 120。
〔註20〕 〈西遊錄序〉，作于 1229 年，見《羅雪堂先生全集‧四編‧十二》，頁 5651。
〔註21〕 《湛然居士文集》卷四，頁 51。
〔註22〕 前引書，卷六，頁 85。

佛寺為道觀。同一年〈邵薛村道士陳公求詩〉云:「玄言聖祖五千言,不說飛昇不說仙。燒藥煉丹全是妄,吞霞服氣足延年。須知三教皆同道,可信重玄也是禪。趨破異端何足慕,紛紛皆是野狐涎。」〔註23〕這是重申一二二九年的「正統」說。一二三六年〈和劉子中韻〉云:「君子慎擇術,痛恨陪全真。調心正是妄(一作「妄」),堪笑學鳥伸。一日錯下腳,萬劫含酸辛。」〔註24〕自注:「劉子中頗通儒,幼依全真出家,今已還俗,故有擇術不可不慎之句」,這顯然把全真視為左道之術,把奉全真視為誤入歧途(錯下腳)。耶律楚材對全真的成見已深至不可挽回的餘地。

耶律楚材對丘處機與全真教的打擊,以一二二九年《西遊錄》所載楚材詆毀丘公十事,最為嚴重。因為錄中所言成為後來佛道辯論中和尚攻擊道士的口實,也為至元廿八年釋祥邁《至元辯偽錄》所引用,因此這裡有加以全錄的必要。

耶律楚材「不許丘公之事,凡有十焉」:〔註25〕

一、初進見,詔詢其甲子,偽云不知。

二、對上以徽宗夢遊神霄之事。

三、自謂出神入夢,為彼宗之極理也。

四、又云聖賢提真性,遨遊異域,自愛夢境。

五、不識魯直贊意。

六、西窮昧谷,梵僧或修善之士皆免賦役。丘公之燕,獨請蠲道人差役,言不及僧。上雖許免役,仍令詔出之後,不得再度。渠輒違詔,廣度德眾。

七、進表乞符印,自出師號,私給觀額。古昔未有之事,輒欲施行。

八、道徒以馳驛故,告給牌符。王道人者,騶從數十人,懸牌馳騁於諸州,欲通管僧尼。丘公又欲追攝海山玄老,妄加毀坼。

九、天城毀夫子廟為道觀,及毀坼佛像,奪種田圃,改寺院為庵觀者甚多。以景州毀像奪寺之事,致書於從樂居士,潤過飾非,天地所不容。

十、順世之際,據廁而終,其徒飾辭以為祈福。

〔註23〕前引書,卷七,頁90。
〔註24〕前引書,卷十,頁148。
〔註25〕耶律楚材《西遊錄》,頁4下至5上,總頁5660～5661。

　　以上耶律所列舉的「十大罪狀」，據姚從吾先生的說法，第二項與第四項是儒道看法的不同，很難說孰是孰非。兩人衝突的真正原因只有第六、八、九項〔註26〕，說亦可通。其實，不止第二、第四項牽涉到儒道看法的不同，第三、第五項也牽涉及此。易言之，第二、三、四、五項，皆與耶律楚材的「正統」觀念相牴觸。至于第一項丘處機僞云不知年齡，是因爲劉仲祿已先於成吉思汗面前替丘處機吹噓一番，丘不願意拆穿，給劉難堪。第六項至第九項，涉及教產與信徒的爭奪，易言之，涉及現實的利益。耶律楚材的指責，有一些屬實，例如「天城毀夫子廟爲道觀」，「毀圻佛像」等皆是；另有一些則有待商榷。例如「通管僧尼」一事，根據一二二三年成吉思汗命宣差阿里鮮頒給丘處機的聖旨，就叫他管「天下底出家人」，因此丘及其門徒並未違詔，只能說成吉思汗的聖旨語意曖昧。另外第六項說丘於詔出之後，不得再度人，也頗值得懷疑。因爲在一二二七年成吉思汗下令「凡道家事，一聽神仙（丘處機）處置」〔註27〕，而且從後來的蒙古可汗准允掌教人自行度人一事觀之〔註28〕，成吉思汗並未限制丘處機在何時度人。至於改佛寺爲道觀一事，亦不能全怪全真道士，因爲在亂離之世，一些佛寺已無和尚，年久未修，荒廢不堪，經道眾修復，改爲道觀，這是常有之事，不能把此事完全當作竊奪看待。至於第十項，既無涉於觀念，亦無關於教產，只能說是全真的家務事，耶律楚材實在沒有理由以此作爲攻擊全真的口實。

　　綜合以上所論，吾人對於耶律楚材與丘處機衝突的原因，實可分爲兩大類：一類涉及儒道的互異與耶律楚材的正統觀念，另一類則關教產的爭奪。後一類比前一類關係更大。因爲如果只是前一類的原因，則耶律楚材應於丘處機生前（即一二二七年以前）就發難，不致于等到丘處機死後。耶律楚材擁太宗窩闊台即位有功，在太宗朝曾位居中書令，位極人臣，我們推測禪師有意利用楚材的聲望與地位打擊當時勢力最大的全真教，而楚材因爲與禪師關係之密切，也曲意迴護。因此，耶律楚材對丘處機的指責，可以說是後來

〔註26〕　姚從吾〈成吉思汗信任丘處機與這件事對於保全中原傳統文獻的貢獻〉（《姚從吾先生全集》第六冊，頁114）。

〔註27〕　《長春演道主教真人內傳》（《道家金石略》，頁636）。

〔註28〕　《漢天師世家》卷三第十，忽必烈命（張天師）得自給牒，度人爲道士。
　　　　王惲〈衛輝路道教提點張公（志淵）墓碣銘並序〉云：「嘗奉旨給諸道度牒。」（《秋澗大全集》卷六一）。
　　　　王鶚〈真常真人道行碑銘〉云：「（1253年）給散隨路道士女冠普度戒牒，以公（李志常）爲印押大宗師」（《甘水仙源錄》卷三）。

佛道大辯論、大衝突的伏筆。

　　茲再從丘處機這一方面來看他與耶律楚材的關係。丘處機出身於登州棲霞之顯姓。生於一一四八年，比耶律材大四十二歲。十九歲時出家，赴寧海全真庵，拜王重陽爲師。重陽臨死前（1170 年，時處機二十三歲），曾當著馬鈺、譚處端、丘處機三人的面，對處機說：「此子異日地位非常，必大開教門」〔註 29〕。重陽羽化之後，處機於終南盧墓三年，後居磻溪六年，龍門七年，養真所受之於師者，或時作歌詩以形容之，由是聲名藉甚。一一八八年（時四十一歲）金世宗召見，問以至道。處機首陳延生保命之要，次及持盈守成之難，以後又召見兩次。一一九○年（章宗明昌六年）東歸棲霞，大建琳宮，救賜其額曰「太虛」，一二○七年（泰和七年），金主元妃施道經一藏，驛送棲霞。一二一六年以後，處機居登州，金主徵召，不至。居萊州昊天觀時，宋亦遣使徵召，處機亦未應。直到一二一九年五月，成吉思汗派遣劉仲祿請他到西域講道，才展開他的一番大事業，當時處機已經七十二歲了。處機於一二二○年正月出發，一二二一年十一月，抵達尋斯干，與耶律楚材碰面，彼此有酬唱之作，一二二三年三月，丘處機向成吉思汗辭行，得成吉思汗辭行，得成吉思汗聖旨，管「天下應有底出家人」，回到燕京，住持太極宮（後改名長春宮），於燕京建平等、長春、靈寶、長生、明真、平安、消災、萬蓮八會，求法名者日益眾，勢力達於顛峰，一二二六年，行省請處機主醮祈雨。次年五月應在京道眾之請，復作醮祈雨。又得成吉思汗所賜虎符，命掌道家事。七月九日去世，享年八十歲〔註 30〕。

　　丘處機是重陽弟子北七真中最年幼者，也是壽命最長的。他留下來的作品有《磻溪集》、《磻溪詞》，以及弟子李志常所追述的《長春真人西遊記》。他的一生可以一二一九年作爲分野，在此之前的活動以山東、陝西兩地爲主。在此以後，則以燕京地區爲主。他在燕京設立八會，吸引了不少信徒，這對以燕京爲大本營的禪宗來說是大大不利的。再加上他擁有成吉思汗的聖旨，命他掌管天下所有的出家人，這也使得全真門人仰仗他的聲望，擴充地盤，佛道衝突遂不可避免。

　　吾人如今翻閱《磻溪集》，《磻溪詞》，其中並無排佛之作。丘處機的三教同源論，第五章已引用「儒釋道源三教祖，由來千聖古今同。」，〈讚道〉一

〔註 29〕《歷世真仙體道通鑑續編》，卷一第九，總頁 793。
〔註 30〕前引書，卷二第十一第二十一，頁 805～811。

詩又云：「前賢後聖無差別，異派同源化執迷。」〔註31〕他的處世之道是「飢時只解巡門乞，飽後兼能鼓腹歌，除此一身愚作外，萬般餘事不知他。」〔註32〕，「游興不隨他物轉，和光聊與世塵同。」〔註33〕，「無情不作鄉中夢，有志須爲物外仙」〔註34〕，「雅志橫高節，虛心適大方，披雲游汗漫，鼓櫂泛滄浪。獨立明千古，周行視八荒。天星非有落，地脈杳無疆。幻化漚千點，浮生夢一場。」〔註35〕，「未能明道術，欲去問松喬。罔象如何覓，還丹著甚燒。」〔註36〕，其中充滿了老子「和其光，同其塵」與莊子浮生若夢、羽化登仙的出塵之想。他對佛的看法，從他寫給法門寺李生的一闋詞，可以略知一二。詞云：

> 一團殢肉，千古迷人，看不足，萬種狂心，六道奔波浮更沉。　天眞佛性，昧了如何，重顯証，寶範仙宗，覺後憑君豁蔽蒙。〔註37〕

這一闋詞明言仙佛同道。〈滿庭芳〉第五闋〈神光燦〉云：

> 悲歡絕念，視聽忘懷，從初號曰希夷。不曉根源，剛強説是談非，百般拈花摘葉。謾徒勞，使盡心機。這件事，算人人易悟，箇箇難依。　不在唇槍舌劍人前鬥，惺惺廣學多知。上士無爭，只要返樸除疑，冥冥放開四大把塵勞，一旦紛飛，認得後，管教賢拍手笑歸。推窮三教，誘化群生，皆令上合天爲。慕道修眞，行住坐臥歸依，先須保身潔淨，内常懷愍物慈悲。挫剛銳，乃初心作用，下手根基（下半闋略）〔註38〕。

此明言三教本同源，唇槍舌劍、爭論是非之無用。因此吾人在丘處機的作品中看不見詆佛之作。《磻溪詞》中甚至收有〈沁園春〉一闋詞題爲「讚佛」者，讚美釋迦牟尼〔註39〕。這一闋詞現不存於《正統道藏·磻溪集》中，疑明英宗正統年間編道藏時有意刪去。此當與元代佛道衝突有關。

從以上的論述，我們可以論：耶律楚材與丘處機的衝突，實起於耶律楚

〔註31〕《磻溪集》卷三第五「讚道」。
〔註32〕《磻溪集》卷三第四「眾道友問修行」。
〔註33〕《磻溪集》卷一第十一「秋旦與蓬萊道友遊西溪」。
〔註34〕《磻溪集》卷一第二「堅志」。
〔註35〕《磻溪集》卷三第十四「海上述懷」。
〔註36〕《磻溪集》卷四第七「自述」。
〔註37〕《磻溪集》卷六第八，頁647。
〔註38〕《磻溪集》，頁9（《彊村叢書》第卅三冊）。
〔註39〕《磻溪集》，頁5。

材這一邊。而耶律楚材於一二二九年著《西游錄》指責丘處機，除了導源於他的正統觀念甚爲強烈之外，信徒與地盤的爭奪實爲更大的原因。

第二節　全眞的經濟勢力

　　本節欲就全眞教與華北地方經濟團體的關係，全眞的發展路線（信徒與宮觀分布的延伸）與貿易路線的相關性，這兩個問題作一探究。本節之所以只探討全眞，是因爲其資料在諸道派中最多。

　　道教的「民間」性格（地方性格），已爲一般學者所肯定。而金元時代興起的道派，除了「玄教」之外，也都起於民間。而玄教嚴格說來，並不是一新興道派，它只是天師正一教在京的代表。金初興起的全眞教，也起於民間。日本學者窪德忠認爲從內容與性格來考察全眞教，它具有三種特徵：實踐的、合理的、庶民的〔註40〕。其中第三個特徵正點出了全眞教的民間性格。

　　根據窪德忠的研究，有家世可考的全眞教士有五十二名，清楚的有二十五名，其中農業（地主程度）與官吏各八名，儒者六名，醫者二名，職工一名。其他二十七名，都是出身巨族、右族、豪族、大族、士族、鉅富、富豪。大體說來，這五十二名道士出身於上流社會的下層與中產階層。就入教前的職業而言，資料清楚的有四十九名，其中儒者三十二名，官吏九名，農夫六名，卜者、營卒各一名〔註41〕。窪德忠的取樣雖然只有五十二名，只占金元全眞道士的一小部分，但資料較詳者，多少是較有影響力，較有作爲的，因此這五十二名的家世與四十九名的職業，應可點出全眞道士的性格——身兼儒道。

　　吾人如就全眞的開山祖師與北七眞的家世與職業作一分析，也會發現同樣的結果，茲製一表如下：

表九：王重陽與北七真家世職業一覽表

道　士	生卒年代	家　世	入教前學業或職業	資料來源
王重陽	一一一二～一一七〇	鉅富、右族	儒者，兩舉進士不第	歷世眞仙體道通鑑續編卷一，金蓮正宗記卷二。
馬丹陽	一一二三～一一八三	家貲鉅萬	儒流中豪傑	仙鑑續編卷一、甘水仙源錄卷一。

〔註40〕窪德忠《中國の宗教改革：全眞教の成立》（法藏館，京都，1967）。
〔註41〕前引書，頁 165～166。

譚處端	一一二三～一一八五	孝義傳家，父爲鏐鏐之工	十歲學詩，涉獵經史，北斗經	金蓮正宗記卷四、甘水仙源錄卷一。
劉處玄	一一四七～一二○三	右族，存恤親舊，贍貧乏。	不詳	仙鑑續編卷二、金蓮正宗記。
丘處機	一一四八～一二二七	顯姓、名族	幼而聰敏，識量不群，年十九，棄家學道	仙鑑續編，金蓮正宗記卷四，長春眞人內傳。
王處一	一一四二～一一九一	寒門	好誦雲霞方外之語	金蓮正宗記卷五、甘水仙源錄卷二
郝大通	一一四○～一二一二	宦族	深窮卜筮之教，黃老莊列未嘗釋手。	金蓮正宗記卷五。
孫不二	一一一九～一一八二	右族	善翰墨、工吟詠	金蓮正宗記卷五，七眞年譜第一。

　　以上八人中，除了王處一出身寒門，譚處端父爲工人，家世較不顯赫之外，其餘六人不是出身豪族，就是出身官宦之家，尤以王重陽和馬丹陽二家，更是地方鉅富。若以入教前的學業或職業而論，則可分成儒者與道術兩類。王重陽、馬丹陽爲前一類的代表，譚處端、丘處機則身兼二類。王處一、郝大通則精通道術。劉處玄的資料雖然不詳，但從他後來居武官，玄風大振、注道德、黃庭、清靜等經而觀之〔註 42〕，則彼必精通道家、道教經典無疑。這八人中，除了孫不二是女性之外，其餘七人皆熟稔道家經典。王重陽尤其精通佛典，「重陽立教十五論」深受佛教影響〔註 43〕。

　　王重陽的出身、學養及其豪邁性格，對其傳教事業有莫大的影響。出身咸陽右族，涉獵儒釋道三家典籍，是他到山東傳教逕詣儒者范明叔家，以及首度寧海豪族儒者馬丹陽爲弟子的原因。《金蓮正宗記》記載王重陽於金世宗正隆五年（1160）中秋過醴泉縣（在咸陽北），遇一道者。道者告以「速往東海，丘劉譚中有一俊馬，可以擒之。」〔註 44〕，把收馬丹陽爲弟子之事，講得很玄妙。這是《金蓮正宗記》的編者樗櫟道人有意把王馬之間的因緣，添上神秘的色彩。吾人從《金蓮正宗記》、《仙鑑續編》、《重陽全眞集》諸書中，大致可以了解王重陽傳教的地區，知道他最初並不是以山東寧海爲終點站。

　　王重陽於一一六○年，在醴泉一帶傳教，收弟子史風。一一六七年五月（金

〔註42〕《歷世眞仙體道通鑑續編》卷二第七，總頁 804。
〔註43〕窪德忠前引書，頁 160。
〔註44〕《金蓮正宗記》卷二第三，頁 134。

世宗大定七年四月廿六日），迤邐東邁，經咸陽、藍田、華山、洛陽、衛州、登州，於大定七年七月（1167 年 8 月）抵寧海，取教名爲「全眞」〔註45〕。王重陽東行路線大抵沿著渭水、黃河邊驛路而走。至衛州（今河南汲縣）見蕭眞人（道熙）〔註46〕頗有仙風道骨，深欲提挈，盤桓數日，話不相投，贈之〈驀山溪〉，中有「可憐仙骨落入鬼形骸」一語〔註47〕。可見王重陽是有意度化蕭道熙的，由於教理互異，「話不相投」，終不能如願。

　　衛州地當河南、河北、山東交界處，是交通要衝〔註48〕。王重陽未能度化蕭道熙，是全眞在重陽時代未能於河北擴展勢力的重要關鍵。王重陽只有往東行，從衛州到登州，循何路線，史料無徵，惟從濟南經益都到登州、寧海，是有驛路可通。王重陽從陝西咸陽到山東寧海，只花了三個月不到的時間，可見他在途中並沒有多作耽擱，亦可見他是循著大路而行。

　　王重陽從咸陽老遠地跑到山東傳教，廣招門徒，其中緣故除了山東是道教發祥地之一外〔註49〕，當於經濟因素中求之。關中自晚唐五代以來，已殘破不堪，民生凋蔽。至金初，依然如此。《歷世眞仙體道通鑑續編》云：「阜昌初（即金太宗天會八年）……秦歲屢饑，人至相食。」〔註50〕足爲明証。此外，王重陽在東行之前，曾於咸陽、醴泉一帶傳教七年左右（1160～1167），所收門徒唯史風一人載諸典籍，可見門徒當不多。而山東、河北地區，如丘處機所云，是「天下美地，多出良香、美蔬、魚鹽、絲枲，以給四方之用。」〔註51〕，山東、河北的重要性，除了丘處機所云物產豐饒之外，它也是交通要衝，隨著商旅的來往頻繁，勢必帶來地方的繁榮。而這正是政治中心北移至燕京，經濟重心移至江南所導致者。另外，山東、河南等地，亦爲宋金交界處、緩衝區，這也是當地商業繁榮之一助因。由於這些因素，王重陽東行傳教，就不足爲奇了。至於他從衛州折東而不往北，是受阻於太一教已論於前。太一教先全眞教而成立，其勢力範圍是從衛州沿著驛路，往北發展，經

〔註45〕　《仙鑑續編》卷一，《金蓮正宗記》卷二。
〔註46〕　據〈太一二代度師贈嗣教重明眞人蕭公行狀〉（《秋澗大全集》卷四七），此眞人當指蕭道熙，因爲一代度師蕭抱珍已於大宗六年十一月去世。
〔註47〕　《金蓮正宗記》卷二第四，頁 135。
〔註48〕　參考拙著《元代驛遞制度研究》驛路圖。（國立台灣師範大學歷史研究所碩士論文，民國 67 年）。
〔註49〕　Granet, *The Religion of the Chinese People*, P. 127。
〔註50〕　《仙鑑續編》卷一第一，頁 789。
〔註51〕　《仙鑑續編》卷二第十七，頁 809，又見《玄風慶會錄》。

趙州（今趙縣）、眞定（今正定）而達燕京（元之大都）。

道教之所以不能在太貧瘠的地區發展，與道教的基本特質有關。因爲道教與齋醮脫離不了關係，而齋醮所費不貲，非貧窮地區所能長期負擔。全眞教在山東的發展，也與此論點相符。山東除了物產豐饒，商業繁榮之外，王重陽及其弟子的傳教，也與山東地區的會首、醮首有密切的關係。王重陽於大定九年（1169）四月，在寧海設立金蓮堂、金蓮會。五月，於文登立七寶會，福山立三光會，登州（今蓬萊）立玉華會，最後在萊州（今掖縣）設立平等會〔註52〕。由此可見重陽在山東活動以沿海地區爲主。他所立的會名，全都是採自佛典，這是爲了適應當地的情況。我推測在王重陽設立金蓮會之前，寧海已有「金蓮社」的民間組織，重陽只是把道教性格注入其中。因此他需要提倡三教同源，禪道兩全來釋眾惑：

> 天地人生，同來相遇。應將甚，照彰顯務。道門開，釋門闖，儒門堪步。識元初，習元本，睹元辰，元陽自固。
>
> 日月星辰，齊旋躔度，唯臨莅，虛空照布。精關局，氣關達，神關超露。稟三才，立三教，得三光，三丹寶聚。〔註53〕
>
> 禪中見道總無能，道理通禪絕愛憎。
>
> 禪道兩全爲上士，道禪一得自眞僧。
>
> 道情濃處澄還淨，禪味何時淨復澄。
>
> 咄了禪禪並道道，自然到彼便超昇。〔註54〕
>
> 盡知長與道爲鄰，搜得玄玄便結親。
>
> 悟理莫忘三教語，全眞修取四時春。
>
> 養成元氣常充滿，結住靈神沒漏律。
>
> 十九圓光如我願，敢邀相伴樂天眞。〔註55〕

在這些詩詞中，王重陽不但高談三教同源，並且有意把道教提昇至最高位，引眾生之道。另外，我們從王重陽的〈金蓮會詩〉、〈玉花會（玉華會）疏〉、〈玉花社疏〉、〈贈萊州平等會首徐守道〉、〈五月一日〉等詩中，亦可看出重陽與會首、會眾之關係。重陽一方面仰仗會首、會眾出錢助醮，另一方面又

〔註52〕 《仙鑑續編》，頁791～792。

〔註53〕 《重陽全眞集》卷十二第十二，頁518「特地新」。

〔註54〕 《重陽全眞集》卷一第十「問禪道者何」，頁418。

〔註55〕 《重陽全眞集》卷十第一「贈道眾」，頁491。

宣傳他的長生之道，以吸引信徒。〈金蓮會詩〉云：

> 諸公須是助金蓮，願出長生分定錢。
>
> 逐月四文十六字，好於二八結良緣。
>
> 長生永結金蓮社，有始有終無諂詐。
>
> 諸公不可半途止，直待王風去則罷。〔註56〕

〈五月一日〉詩云：

> 奉白金蓮社裏人，龔賓月一起良因。
>
> 諸公若悟靈山食，暗換長生不老身。〔註57〕

王重陽在山東所收的大弟子馬丹陽對於全真在山東的發展有很大的貢獻，這與丹陽出身於寧海鉅族有密切的關係。除了丘處機之外，王重陽對馬丹陽最為稱許，他說：「丹陽已得道，長真已知道」，重陽對他倚重甚深，教導最多，也曾命他化錢於寧海〔註58〕。吾人從《仙鑑續編》、《金蓮正宗記》、《洞玄金玉集》諸書，得知馬丹陽傳教仍以山東沿海地區為主，亦曾於東车、華亭、芝陽、亭川、長安等地度人。他行走的路線是從山東經汴梁，出關至長安，再折回山東。他對全真教的貢獻有兩端：一是繼續重陽祖師調和僧道之事；一是重闡五會。前者可從〈勸僧道和同〉詞與〈詠三教門人〉、〈賜萊陽縣眾醮首〉三首詞中見其端倪。〈勸僧道和同〉詞云：

> 道毀僧，僧毀道，奉勸僧道，各休返倒。出家兒本合，何如了性命事早。
>
> 好參同，搜秘奧，鍊氣精神，結為三寶。真如上兜率，天宮靈明赴蓬島。〔註59〕

〈詠三教門人〉詞云：

> 九陽數，盡通徹，三教門人，乍離巢穴。探春時，幸得相逢，別是般懽悅。
>
> 也無言，也無說，執手大笑，無休無歇。覺身心，不似寒山，這性命拾得。〔註60〕

〈贈萊陽縣眾醮首〉詞云：

〔註56〕《重陽全真集》卷九第十六，頁490，「王風」即王害風（重陽）。

〔註57〕《重陽全真集》卷十第十八，頁499。

〔註58〕《仙鑑續編》卷一第十二至第十六。

〔註59〕《洞玄金玉集》卷八第二十三，頁284。

〔註60〕全上註。

……人聽勸，齊心樂善，釋道一般崇。（下略）〔註61〕

馬丹陽與山東會首、醮首、道眾的關係十分密切。在《洞玄金玉集》中，收有〈贈萊州平等會首〉（卷七）、〈贈醮首劉大官〉（卷七）、〈贈萊州醮首王永暨眾道友〉（卷四）、〈文登縣黃籙醮贈道眾〉（卷七）、〈贈三光會首周彬甫〉（卷三）、〈題文山孫會首〉（卷二）、〈贈文山七寶會眾〉（卷十）、〈贈五會道眾〉（卷八）等詩詞之作，足見馬丹陽與五會會首、會眾、醮首、道眾關係之密切。〈晉州五岳觀碑〉記載會首李元輩，日給飲食補助道士朱志希〔註62〕。這些會首的出身，有些是「虎苛狼戾，性於嗜殺之徒。」〔註63〕，但於亂世地方上很有聲勢。全眞與他們保持密切的關係，一方面是要度化他們，另一方面也是要假借他們的勢力與財富，祈求他們「加持助醮」。王重陽在山東開創全眞五會，而馬丹陽則奠定全眞在山東的基礎。王重陽對馬丹陽夫婦「尤加鍛鍊」，不是沒有道理的。

在北七眞中，以馬丹陽和丘處機的地位最爲重要。馬丹陽奠定全眞在山東的基礎，而丘處機則樹立全眞在燕京（大都）的基礎，並打開山西的門戶。丘處機仗著管「天下應有些底出家人」的聖旨〔註64〕以及「所有之城，其欲居者居之」的詔命（1124）〔註65〕，乘機發展勢力。他採用的方法有二：一是命門人「立觀度人，將迎往來道眾爲務」〔註66〕，一是命宋德方編纂道藏〔註67〕。而立觀與編道藏皆得力於道眾與王公貴族的捐助。宋德方編纂的《玄都至道寶藏》即曾得到胡丞相（失吉刊忽土虎）與儲宮闊端的捐助〔註68〕。「立道觀」與「編道藏」二事實際上是平行發展的。道觀之設立，除了用來「度人」、「迎往來道眾」以及作爲道士齋醮道眾修進之所，災民庇身之處外，它的一個很重要的功能就是編纂道藏。宋德方爲編玄都寶藏，一共設了二十七局，分布於平陽、晉、絳、秦中、太原、潞、澤、懷、洛等地，當借用不少宮觀。全眞的宮觀於一二四○年達到最高峰，而《玄都寶藏》也於此年編

〔註61〕 前引書，卷十第二十四，頁305。

〔註62〕 《道家金石略》，頁558。

〔註63〕 王惲《秋澗先生大全文集》卷五三，頁545。

〔註64〕 〈一二二三年盩厔重陽萬壽宮聖旨碑〉（《元代白話碑集錄》，頁2）。

〔註65〕 《仙鑑續編》卷二第十九，總頁810。

〔註66〕 《甘水仙源錄》卷七第十七，總頁207。

〔註67〕 〈永樂宮碑錄・玄都至道崇文明化眞人道行之碑〉（《道家金石略》，頁613轉引）。

〔註68〕 仝上註。

成（前後花了六年，1234～1240），因此立道觀與編道藏兩者有密切的關係，前者爲後者的一大助因。這兩件事都倡議於丘處機，而完成於尹志平掌教時代（1127～1238），（按：尹志平於 1238 年雖仍健在，但已先將教務交給李志常）。

鄭素春在《全眞教與大蒙古國帝室》一書中，列有「全眞教宮觀一覽表」，列舉了一百零九所宮觀〔註69〕，其中疏誤之處不少。今據《正統道藏》，方志、方集與《道家金石略》，重新製成一表，列舉一百五十七所宮觀（同觀異名者不計）並繪一分布圖，以凸顯全眞華北宮觀分布的特色。從表中可以明顯地看出自一二二三年丘處機西域歸來，至一二三八年尹志平卸下教務爲止，是全眞教大興道觀的時期，這與丘處機所得到的聖旨及其本人的鼓吹有密切的關係。就地理分布而言，一二二三年至一二二七年丘處機興復的道觀以河北、山西兩地爲主，地近大都，足見丘處機有假借政治力量擴展全眞教的企圖。一二二七年七月以後，尹志平繼續丘處機未竟之業，在他掌教期間設立修復的道觀，則以山西、陝西爲主。陝西道觀的修復多在一二三五年以後，這與該年關中略地的情勢有關〔註70〕。一二四〇年尹志平雖已卸任，然爲改葬重陽祖師之故，尹志平與馮志亨二人「自燕至秦，三千餘里，凡經過道家宮觀，廢者興之，缺者完之，至百餘所」〔註71〕，尹這次從燕京至陝西，是取道河南抑或山西，史料闕文。不過尹於一二四一年還燕時，是取道山西太原〔註72〕，因此他從燕至秦，可能也是取道山西。而且他從燕至秦，花了四個多月的時間，取道山西是較有可能的。尹志平《葆光集》中收了不少他在山西嶂州、泝州、太原、平遙、沁城、蔚州的詩作〔註73〕，而在河南之作，一篇也沒有，亦爲他取道山西的旁証。總而言之，尹志平掌教期間，除了留燕與前往東北時間之外，大部分的精力都用在擴展勢力於山西，陝西一帶。全眞在這一帶的勢力發展較遲（晚於在山東、河北的發展）與蒙古軍的征服行動在陝晉較遲有關。而丘處機在山西奠定的基礎，是由尹志平與宋德方兩人完成的。

〔註69〕鄭素春《全眞教與大蒙古國帝室》（台北：學生書局，1987 年）頁 115～137。
〔註70〕王惲〈玄門掌教大宗師尹公道行碑銘並序〉云：「乙未（1235）春，關輔略定，師西游，並圖營建，又興復佑德、雲台二觀，太平、宗聖、太一、清華四宮，以翼祖觀。」（《秋澗集》卷五六）。
〔註71〕《甘水仙源錄》卷六第九〈佑玄寂照大師馮公道行碑銘〉，頁 190～191。
〔註72〕〈清和眞人尹宗師碑銘並序〉（《甘水仙源錄》卷三第七，頁 149）。
〔註73〕尹志平《葆光集》，頁 141～162。

　　茲將一二五一年（尹志平去世）以前，全眞宮觀在華北的分布地區繪製一圖如下，以明其在地方的勢力。

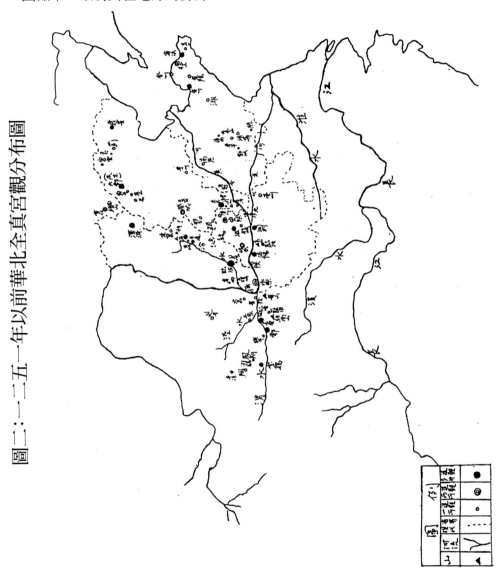

圖二：一二五一年以前華北全眞宮觀分布圖

　　從上圖可以明顯地看出，全眞在華北的宮觀分布呈現一個正三角形，大都、長安（包含鄠縣）、寧海正是構成這個三角形的三點點，分別代表宮觀發展的三個不同的時期：以寧海爲中心的山東宮觀，絕大部分成於王重陽與馬丹陽、王處一、劉處玄時代（即 1212 年以前），以大都爲中心的宮觀則底定於丘處機掌教時代，陝西宮觀則大成於尹志平時代（1227～1251）。就總數來

說，全真宮觀之集大成者正是尹志平。他除了在重陽祖師發跡地長安及其附近之地大起宮觀之外，並繼續丘處機在山西打下的基礎。河南為北宋政治中心，在北宋時代即有不少道觀，又因為處於山東、河北、山西、陝西四省交會之處，因此在任何人掌教時代，均有宮觀的興建修復或住持。而這也是河南宮觀總數超越山東、山西二省的原因。

全真宮觀的發展與經濟政治、軍事發展有密切的關係。王重陽雖是陝西咸陽人，但由於陝西經濟的蕭條，他不得不往山東傳教。丘處機時代在燕京（大都）及其周圍之地大起宮觀，正是挾著帝王寵信之勢。山西、陝西（尤其是陝西）宮觀興起較晚，一方面固然出自經濟原因，另一方面也是因為陝西平定較晚所致。全真教發展宮觀常常循著貿易路線與蒙古軍的行軍路線。而在大都與汲縣之間，全真的宮觀較少，主要是因為這正是太一教的地盤所在。

全真的極力發展宮觀，一方面對其他教派固然有影響，但影響較小。另一方面對佛教影響甚大，尤其是全真在大都及其周圍的發展，更遭佛教之忌。因為該地自金朝以來正是禪宗的大本營。隨著全真發展宮觀，信徒勢必增加，經濟勢力也加大，這對佛教來說，是很大的威脅，而這正是佛道衝突的基層原因。

表十：一二五一年以前全真道士新建修復住持棲居宮觀表

有關年代	宮觀名	地　點	有　關　記　事	資　料　來　源
一一六七	龍翔觀	萊州（山東掖縣）	綦志遠大建	甘水仙源錄五／一八四
一一七四	長生觀（長生萬壽宮）	河南洛陽	劉處玄隱居處	金蓮正宗仙源像傳頁176
一一七四	朝元宮	河南洛陽	譚處端居之	七真年譜，頁187
一一七四	長春觀（成道宮）	陝西寶雞	丘處機故居	陝西通志二八／八二九
？	丹陽觀	汝州（河南臨汝）	馬丹陽修真處	河南通志五○／一一○○
？	清溪觀	汝州	丘處機修真處	河南通志五○／一一○○
一一七七 一二三六	太清觀	薊門	喬潛道結茅於此，後因庵為觀，吉志通等修建	甘水仙源錄一○／二四七
一一七八	丹陽觀	陝西寶雞	馬丹陽度劉綱處	陝西通志二八／八二九 七真年譜頁188
一一七八	萬壽宮	隴州（陝西隴縣）	馬丹陽居之	七真年譜頁188

一一七九	佑德觀	隴州	馬丹陽於此居環	七眞年譜頁 188
一一八〇	丹陽觀	陝西咸寧	馬丹陽結茅於此，後改為觀	陝西通志二八／八〇〇
一一八三	通仙宮	山東福山	遲衍建，內有馬丹陽遺像	福山縣志頁 91
一一八三	遊仙宮	山東萊陽	馬丹陽羽化處	七眞年譜頁 188 萊陽縣志頁 1594 齊乘頁 445
一一八三前	六眞觀	河南修武	六眞邱劉譚王郝馬講道之所	河南通志五〇／一〇九三
一一八五	紫微觀	冠氏（山東冠縣）	丘處機命名	道家金石略頁 474
一一八六	啓靈觀	陝西寶雞	長春眞人避暑之所	陝西通志二八／八二九
一一九一	華陽觀	北平	馬丹陽弟子于通清居之	祖庭仙眞內傳上頁 646
一一九一	沖虛觀	山西臨汾	丘處機命喬潛道，李沖道築之	祖庭仙眞傳內傳中頁 652
一一九一	太虛觀	棲霞（山東牟平）	丘處機故居，金章宗賜額	七眞年譜頁 190
一一九七	修眞觀	燕京（北平）	王處一請額	七眞年譜 189
一一九八	靈虛觀（重陽萬壽宮）	陝西鄠縣	祖庭所在，王處一請額	七眞頁 190
一一九八	白雲觀	濟州（山東濟寧）	張志淵築之	甘水仙源錄四／一六六
一一九八	靈虛觀	萊州武官莊（山東掖縣）	劉處玄買額	七眞年譜頁 190
一一九八	太微觀	不詳	劉處玄買額	七眞年譜頁 190
一一九八	龍翔觀	不詳	劉處玄買額	七眞年譜頁 190
一一九八	集仙觀	不詳	劉處玄買額	七眞年譜頁 190
一一九八	妙眞觀	不詳	劉處玄買額	七眞年譜頁 190
一一九九	丹霞觀	京兆（陝西長安）	統軍完顏公助貲建此觀，俾楊明眞居之	祖庭仙眞內傳中頁 650、673
一二〇三	樂眞觀（玉清宮）	山東濰縣	丘處機居之，尹志平住持之	甘水仙源錄五／一七七 六／一九二
一二〇六	玄都觀（玄都宮）	山東牟平	馬丹陽故居，邱志堅買額	牟平縣志頁 1480 山東通志二〇〇；六一六八

一二〇七	太清觀	惠州神山縣（河北遷安）	楊至道住持	甘水仙源錄一〇／二四四
一二〇九	清眞觀	河南修武	全眞諸人爲丘處機所建	甘水仙源錄九／二三三
一二一〇	清都觀（洞眞宮）	河北密雲	杜宗道建	畿輔梵刹志頁250
一二一二	先天觀	寧海（山東牟平）	郝大通羽化處	七眞年譜頁191
一二一四	靈虛觀	衛州胙城（河南延律）	李志遠建	甘水仙源錄九／二三四－二三七
一二一五	天慶觀	忻州（山西忻縣）	王志常重建	山西通志一七一／三二七五
一二一七	開陽觀	景州（河北東光）	楊志道建，丘處機賜名	甘水仙源錄一〇／二四四－二四五
一二一七	志道觀	陝西鄠縣	原爲馬、譚、丘、劉言志處，1217建觀	甘水仙源錄九／二二九－二三二
一二一七	昊天觀	萊州（山東掖縣）	丘處機居之，綦志遠住持	甘水仙源錄五／一八四　七眞年譜頁一九一
一二一九	靈虛觀	河南陝縣	王處一弟子辛希聲建	甘水仙源錄九／二四二－二四三
約一二一九	棲霞宮	河北遷安	丘處機弟子傅志常建	畿輔梵刹志頁384
一二二〇以前	長春觀	山東濟南	丘處機修眞處	山東通志二〇〇／六一六〇
一二二〇以前	萬壽宮	山東滕縣	丘處機建	山東通志二〇〇／六一六三
一二二〇以前	清蘿觀（迎祥觀）	萊州（山東掖縣）	丘處機道場	山東通志二〇〇／六一六八
一二二〇	朝元觀	宣德	丘處機居之	仙鑑續編二／八〇七
一二二〇	龍泉觀	山西渾源	劉道寧住持	甘水源錄六／一九四　道家金石略頁493
一二二〇	金泉觀	山西渾源	劉道寧住持	甘水源錄六／一九四　道家金石略頁493

一二二〇	玄元觀	山西渾源	劉道寧住持	甘水源錄六／一九四 道家金石略頁493
一二二〇	棲雲觀	薊州盤山	張志格築之，王志謹住持	雲山集七／八〇八－八〇九
約一二二〇	萬安宮	河北清豐	丘處機修煉於此	畿輔梵刹志頁532
約一二二〇	修眞觀	河北樂安	李志清建	道家金石略頁561
一二二一	棲霞觀	阿不罕山	宋道安、李志常等建	甘水仙源錄三／一五二
一二二一	丹霞觀	京兆（陝西長安）	李志遠住持	甘水仙源錄六／一八七
一二二一	碧虛觀	陝西三原	李志遠興建	甘水仙源錄六／一八七
一二二一後	祈眞觀	隰州（山西隰縣）	丘處機修煉於此	山西通志一七一／三二七六
一二二三	王虛觀	寧海聖水（山西牟平）	王處一故居，夏志誠住持	牟平縣志九／一四七二 金蓮正宗仙源像傳頁179
一二二三	丹陽觀	大梁（河南開封）	李志源住持	甘水仙源錄四／一五九
一二二三	中太乙宮	河南開封	于善慶住持	甘水仙源錄四／一六〇 金石略頁723
一二二三	秋陽觀	德興府（河北縉雲）	韓志久建	甘水仙源錄九／二三九－二四一
一二二三	長春觀	漳州（河南臨漳）	李志柔建	甘水仙源錄七／二〇八
一二二三	長春觀	漳州（河南臨漳）	李志柔建	甘水仙源錄七／二〇八
一二二三	棲眞觀	河北大名	李志柔建	甘水仙源錄七／二〇八
一二二三	奉天宮	河北大名	李志柔建	甘水仙源錄七／二〇八
一二二三	清眞觀	山東鄆縣	全眞女宮王守一弟子張守順建	道家金石略頁545

一二二四以前	天長觀（太極宮）（長春宮）	燕京	丘處機住持 燕京唯一古道觀	西遊記卷下，頁827～830 析津志輯佚，頁89
一二二四	太清宮	亳州（河南商邱）	于道顯住持、李志常修建	祖庭內傳下，頁665
一二二四	龍陽觀	德興（河北涿鹿）	尹志平住持	祖庭內傳下，頁661
一二二四	迎祥觀	彰德（河南安陽）	李志方住持	甘水仙源錄六／一九六
一二二四	保眞觀	山西太原	李志明葺居	甘水仙源錄六／一九七
一二二五	玉清觀	陝西汧陽	全眞道士蒲察卜庵其地，後改建觀	甘水仙源錄一○／二五○
一二二五	棲雲觀	終南（陝西長安）	王志謹門人任公率弟子李志勸等建	雲水集七／八○六－八○七
一二二六	上清萬壽宮	山東東平	范圓曦住持	甘水仙源錄四／一六七
一二二七	白雲觀	燕京	尹志平於長春宮之東甲第爲觀	甘水仙源錄九／二三二
一二二七	天慶宮	彰德（河南安陽）	李志方住持	甘水仙源錄六／一九六
一二二七	神清觀	開州（河北濮陽）	張志信築之	雲山集八／八二一－八二二
一二二七	煙霞觀	上谷（河北易縣）	尹志平隱居之	祖庭內傳下，頁661
一二二七	元寶觀（延祥觀）	平谷（河北平谷）	丘處機曾居之	畿輔梵刹志，頁305
一二二七	靈都觀	晉陽（山西臨汾）	張志謹住持	道家金石略，頁584
一二二七	葆眞觀	河北欒城	葆光大師魏公所建，丘處機給額	畿輔梵刹志，頁468
一二二七	五岳觀	晉州（河北晉縣）	秦志朴建	道家金石略，頁558
一二二七	長春觀	山西汾陽	丹華子張眞一建	山西通志一六九／三二四二
一二二七	清虛宮	武川	重顯子陳道益建	道家金石略頁475～476
一二二七	神霄觀	磁州（河北磁縣）	李志柔建	甘水仙源錄七／二○八
一二二七	清虛觀	相州（河北安陽）	李志柔建	甘水仙源錄七／二○八

一二二七	天平觀	河南林縣	李志柔建	甘水仙源錄七／二○八
一二二七	大同觀	廣宗（河北大名）	李志柔建	甘水仙源錄七／二○八
一二二七	洞眞觀	燕京	李志柔建	甘水仙源錄七／二○八
一二二八	翠微宮	樊川平涼府（陝西長安）	趙悟玄築庵、尹志平改建	甘水仙源錄四／一六二－一六三
一二二八	通眞觀	順德（河北邢台）	李志柔建之	甘水仙源錄一○／二四五－二四六
一二三○	佑神觀	河南洛陽	于善慶提點此觀	甘水仙源錄一○／二五六
一二三○	朝元觀	山西崞縣	梁思問住持	道家金石略頁四九四
一二三○	朝元觀	山西安邑	梁思問住持	道家金石略頁四九四
一二三一	紫微觀	山西太原	本爲佛寺，村人改爲觀，耶律楚材作詩譏之，尹志平作詩反駁。	湛然居士文集六／八五
一二三一	天慶宮（玄通觀）	山西陽曲	棲眞子住持	山西通志一六八／三二一二
一二三一	太極觀	河北欒城	孫志覺建	道家金石略頁608
一二三二	玄都觀	晉境	毛養素住持	甘水仙源錄七／二○二
一二三二	玉清觀	燕京	馬志希建	甘水仙源錄九／二三八－二三九 析津志輯佚頁九一
一二三二	清逸觀	燕京	潘德沖建，尹志平命名	甘水仙源錄一○／二五一－二五二 析津志輯佚頁88
一二三二	崇眞觀	河北長垣	李志眞建	畿輔梵刹志頁546
一二三二	延祥觀	京兆（陝西長安）	馬丹陽築全眞堂，後改爲觀	甘水仙源錄四／一六二
一二三二	棲眞觀	河北東河	李圓明建	甘水仙源錄四／一六六

一二三二	慧沖觀	山東高唐	賈希志、李志端共建	雲山集七／八〇九－八一〇
一二三一	遊仙宮	陝西鄠縣	薛知微故居	祖庭內傳中頁656
一二三二	靈虛觀	汲郡（河汲縣）	李志遠建	甘水仙源錄六／一八七
一二三三	天慶觀	汲郡（河汲縣）	李志遠建	甘水仙源錄六／一八七
一二三三	創成觀	汲郡（河汲縣）	李志遠建	甘水仙源錄六／一八七
一二三三	榮觀觀	汲郡（河汲縣）	李志遠建	甘水仙源錄六／一八七
一二三三	通仙觀	義州（遼寧義縣）	尹志平講道德經	道家金石略頁539、689
一二三三	清華觀	京兆（陝西長安）	儒志久築之，尹志平題額	雲山集七／八一三－八一四
一二三三	太清觀	平涼府華亭縣	馬丹陽徒李大乘之弟子築之	祖庭內傳上頁644
一二三三	玄通觀	陝西長安	馬丹陽徒王志達故居	祖庭內傳中頁656
一二三四	昊天觀	山西太原	宋德方修葺	祖庭內傳下頁670
一二三四	東華觀	燕京	長春門人賈志堅建	析津志輯佚頁89
一二三五	朝元宮	汴京	王志謹主之	道家金石略頁780、頁724
一二三五	上清觀	汴京	王志謹主之	道家金石略頁780、頁724
一二三五	龍德觀	汴京	王志謹主之	道家金石略頁780、頁724
一二三五	棲霞宮	河南洛陽	常志久等人葺之	甘水仙源錄七／二〇二
一二三五	清華觀	陝西華陰	常志久等人葺之	甘水仙源錄七／二〇二
一二三五	佑德觀（玉清宮）	河中（山西永濟）	李志遠住持	道家金石略頁689　甘水仙源錄六／一八七
一二三五	重陽成道宮	陝西長安	李圓明於南時村建觀	甘水仙源錄三／一四九
一二三五	玉清觀	山西平遙	尹志平作醮	道家金石略頁540

一二三六	太平興國觀（清虛觀）	山西平遙	尹志平主之	甘水仙源錄三／一四九
一二三六	神清觀	山西崞縣	尹志平主之	甘水仙源錄三／一四九
一二三六	玉虛觀	山西前高	尹志平主之	甘水仙源錄三／一四九
一二三六	重陽觀	山西定襄	尹志平主之	甘水仙源錄三／一四九
一二三六	神霄宮	山西沁縣	尹志平主之	甘水仙源錄三／一四九
一二三六	玄都宮	山西臨汾	尹志平主之	甘水仙源錄三／一四九
一二三六	雲台宮	華山（陝西大荔）	劉道寧住持	甘水仙源錄三／一四九 道家金石略頁493
一二三六	太平宮	終南（陝西長安）	尹志平令人修建	甘水仙源錄三／一四九
一二三六	宗聖宮	終南（陝西長安）	尹志平令人修建	甘水仙源錄三／一四九
一二三六	棲雲觀	河南洛陽	王志謹弟子崔志隱等四人所建	道家金石略頁557
一二三七	北極觀	河南臨汝	毛養素住持	甘水仙源錄七／二〇二
一二三八	眞常觀	燕京	李志常創之，強志敬擴充	甘水仙源錄九／二四一－二四二
一二三八	清和宮	燕京	尹志平新建	甘水仙源錄三／一四九
一二三八	全眞觀	燕京	于志道住持	祖庭內傳下頁668
一二三八	遇仙宮	陝西鄠縣	于志道建	甘水仙源錄一〇／二五六
一二三八	長春成道宮	陝西鳳翔	于志道命門人創之	祖庭內傳下頁669
一二三八	祐德觀	陝西寶雞	張志洞建	道家金石略頁478
一二四〇	清和宮	河北房山	尹志平增葺	古樓觀集中
一二四〇	大玄都萬壽宮	陝西長安	綦志遠建	甘水仙源錄五／一八五
一二四〇	白鹿宮	陝西臨潼	綦志遠葺新	甘水仙源錄五／一八五

一二四〇	太一宮	樊川（陝西長安）	墓志遠葺新	甘水仙源錄五／一八五
一二四〇	長生宮	鳳棲原（陝西）	墓志遠葺新	甘水仙源錄五／一八五
一二四〇	金山宮	陝西藍田	墓志遠葺新	甘水仙源錄五／一八五
一二四四	純陽萬壽宮	山西永樂	潘德沖住持	甘水仙源錄五／一七八
一二四四	純陽上宮	山西永樂	潘德沖住持	甘水仙源錄五／一七八
一二四六以前	玄眞觀	山西交城	程志保住持，元定宗賜額	山西通志一六八／三二二一
一二四七以前	玄都清虛觀	山西寧鄉	洞眞子高志輔隱居處	山西通志一六九／三二四七
一二五〇	純陽觀	山西稷城	張志朴住持	道家金石略頁707
一二五一以前	長春觀	山西翼城	張志和	山西通志一六八／三二三〇－三二三一
一二五一以前	長春觀	山西翼城	張志和	山西通志一六八／三二三〇－三二三一
一二五一以前	玉陽觀	燕京	有王百一（王鶚）石刻	析津志輯佚頁87
一二五一以前	丹陽觀	燕京	趙汲吉宅之西北	析津志輯佚頁87
一二五一以前	洞神觀	燕京	李鼎撰碑記，長春宮提點彭志祖書	析津志輯佚頁88
一二五一以前	玉華觀	燕京	李鼎碑記	析津志輯佚頁88
一二五一以前	十方洞陽觀	燕京	長春宮下觀	析津志輯佚頁88

第三節　佛道辯論與衝突

從中國歷史上看，儒道之間不曾有過重大的衝突，但佛道之間的關係卻不同〔註74〕。自東漢以來，道佛二教相爭爲師，互相誹詆，越演越烈〔註75〕。在北魏太武帝、北周武帝、唐武宗三次佛道大衝突中，佛教人士皆失利。到了元憲宗與世祖時代，佛道歷次辯論與衝突中，道士卻失利。至元十八年，

〔註74〕丁鋼《中國佛教教育——儒佛道教育比較研究》（四川教育出版社，1988年）頁35～36。
〔註75〕傅勤家《中國道教史》，頁168。

並遭受部分道藏被焚毀的惡運。其諸多問題耐人尋味。儒道在歷史上未有大衝突，是因爲它們之間彼此有互補作用〔註76〕，且都是來自中土，未有種族衝突的因素在內。而佛道的衝突原因多端，其中羼雜了種族的因素。本節即在探究元代佛道衝突的原因，以及蒙古可汗、番僧以及儒者在其間所扮演的角色。至於辯論與衝突的經過，詳見《至元辨僞錄》、《元代白話聖旨碑》以及《元史世祖本紀》中，本文只是一筆帶過，並不詳述衝突經過情形。

憲宗朝的佛道辯論只有兩次，一次是在憲宗五年（1255）九月二十九日，地點是君腦兒（軍腦兒 Gün Naǧur）；另一次是在憲宗七年（1257）八月，地點是上都開平。祥邁《辯僞錄》卷三云憲宗六年（1256）七月十六日，佛道之間還有一次辯論，李志常命權教張志敬代理〔註77〕，此事有待商榷。因爲李志常已於該年六月廿四日羽化〔註78〕，而「誠明眞人（張志敬）道行碑銘」亦未明言張志敬代理辯護。

這兩次辯論皆由佛教界發動。佛道論爭的遠因是全眞道士改佛寺爲道觀，破壞神像，將釋迦牟尼置於老子之下，奪占寺有田地，又毀壞西京天城孔廟，將它改成文成觀〔註79〕。不過第一次辯論時，雪庭福裕（少林曹洞宗禪僧）訴求的重點是《老子化胡經》與八十一化圖的眞僞問題，因爲憲宗對於此問題不甚了解，因此召福裕與李志常展開辯論，結果李志常敗北。關於這一次的辯論，有兩個問題值得探討：（1）《化胡經》成於西晉道士王孚〔註80〕，自東晉以來，屢有損益，人知其僞。唐高宗曾一度下令焚燬《老子化胡

〔註76〕 儒道的互補可從兩大方面加以考察，一是儒家與道家的互補，金觀濤《在歷史的表象背後》（頁30）、李澤厚《中國古代思想史論》（頁29、頁112）已有論述。一是儒家與道教的互補，本文從後者加以考察：

　　（1）儒家就人與社會的關係，提出解決方法。道教則就人與大自然（宇宙）的關係，尋調適之道。

　　（2）儒家滿足人的政治慾望，道教則滿足人的精神生活與感性生活。

　　（3）在亂離之世，道教宮觀因免除賦役，可以收留不少難民，並發揮救濟的功，以補儒家在這方面的不足。

　　（4）歷史上很多人身兼儒道、在朝爲儒，在野爲道。

　　Prof. Schipper 認爲"Coufucius connait le monde extérieur, Lao-tzu connait le monde intérieur"亦可爲儒道互補作註腳。

〔註77〕 祥邁《辯僞錄》卷三，頁770（大正藏第五十二冊）。

〔註78〕 王鶚〈眞常眞人道行碑銘〉（《甘水仙源錄》卷三）。

〔註79〕 《辯僞錄》卷三，頁766～767。

〔註80〕 窪德忠認爲《化胡經》也許成於佛教人士之手，以使中國人更易接受佛教。（說見《中國の宗教改革》一書，頁192～193）。

經》〔註81〕何以福裕又提出來作為論爭的焦點？福裕何以不明言道士改佛寺為道觀一事，以求道士歸還？（2）唐代道士抗佛的武器是《老子化胡經》〔註82〕，何以到了元憲宗時，《化胡經》反成為道士的致命傷？這兩個問題彼此是相關的。第一次辯論的導火線，根據《辯偽錄》的說法是：八十一化圖刻板既成，李志常廣齎其本，遍散朝廷近臣，時少林長老福裕建寺和林，見其本謗訕佛門，乃使學士安藏獻呈阿里不哥訴其偽妄，於是憲宗下詔展開辯論〔註83〕，因此這次辯論是臨時而起的，而且是透過安藏、阿里不哥請人。阿里不哥為蒙哥之弟，安藏後於至元十九年曾任職翰林國史集賢院領會同館道教事，當為畏兀人。福裕沒有把握此為必然發生，因此才沒有提到教產被奪之事。福裕顯然利用蒙古人（阿里不哥、鉢剌海、哈剌哈孫）、色目人（安藏）之力，讓李志常難堪。而最能聳動蒙古人、色目人聽聞的，就是《老子化胡經》。彼等既為「胡人」，自不堪忍受老子行化之事。這也是為什麼《老子化胡經》在唐代為道士抗佛之利器（唐代皇帝自認為是老子之後），而在元憲宗時反成為道士之致命傷。一二五五年的這一場辯論，李志常之所以敗陣，一方面固由於老子化胡之偽，另一方面也與道宗之謙沖淵默有關。反觀佛教人士則長於辯論，據丁鋼的研究，在某一學派的寺院中進行不同學派的爭辯論學，在佛教教育中是常有之事。佛教亦有在講堂上質疑問題的傳統〔註84〕，一二五七年的辯論，佛教人士更發揮了此項特長。

　　一二五七年的大辯論，聲勢非常浩大。辯論的起因是道士並未遵照聖旨焚毀偽經刻板，亦未重塑釋迦佛像及觀音像，而憲宗也未追究。福裕長老乃訴諸於忽必烈。這次佛教界出動了三百多人，包括那摩國師、八思巴國師、西蕃國師、河西國僧、大理國僧在內，道士則包含掌教張志敬、道錄樊志應、道判魏志陽等二百餘人，儒士方面則有竇默，姚樞、張仲謙等人〔註85〕。在這一次的辯論中，那摩、八思巴等西蕃國師替漢地佛教徒助陣，儒士則居於中介的角色，道士理屈，根據事先的約定，樊志應以下十七名道士削髮為僧〔註86〕，焚偽經四十五部，歸還佛寺二百三十七所。

〔註81〕卿希泰《中國道教史》，第二冊，頁65。
〔註82〕孫克寬《寒原道論》，頁54～56，頁94。聯經出版事業公司。
〔註83〕《辯偽錄》卷三，頁786。
〔註84〕丁鋼《中國佛教教育》，頁174。
〔註85〕《辯偽錄》，頁771。
〔註86〕此據《辯偽錄》所載。惟陳援庵懷疑樊志應等人削髮的可靠性（見《南宋初

　　這次論爭的焦點仍是《老子化胡經》的眞僞。道士所提出的証據，只是《史記》提及老子西行之事。忽必烈則以「他國皇帝言語」與漢地皇帝，「都中使用」，因此就無老子化胡之必要。八思巴國師則以西天史記不曾言老子化胡之事，來証明漢地史記所言老子化胡之事不確。漢地佛教徒則言，《老子化胡經》既爲老子所作，則經中所言僧眾剃髮受戒之事，道士應知，要道士回答，道士無答。漢地禪僧又引出「佛」、「覺」何義的問題，使道士落入言語的陷阱裡。也使儒士姚樞的言論對佛教徒有利〔註87〕。忽必烈又要道士使出各種法術，張志敬沒有反應。

　　綜觀這一次的大辯論，因化胡經本身之僞，道士在先天上已處於劣勢，再加上那摩、八思巴等人之助陣，忽必烈又傾向佛教徒，而漢地佛教徒又很有技巧地把論點引至孔子，使儒士作出對佛教有利的言論。因此這一次的辯論，是經過漢地佛教徒的精心之設計。利用蕃僧以及忽必烈祖佛教之因素，以遂行奪回教產的眞正目的。而儒士在這場辯論中，雖被迫作出有利佛教的言論，但基本心態上，是居於中立的角色。至元二十一年的〈焚毀僞道藏經碑〉雖爲王磐所作，但王又撰〈誠明眞人（張志敬）道行碑〉〔註88〕，足証王磐對於張志銘並無排斥之意。「焚碑」只是奉敕作，不能據以作爲儒士排道之証據。而且《辯僞錄》所云被削髮爲尼的道士樊志應與儒士王鶚、李治、姚樞、王磐、竇默等人過從甚密〔註89〕，亦爲儒不排道之一佐証。

　　經過這兩次的挫折，全眞的勢力並未減弱，世祖還於至元六年頒崇道詔書。道士也未按照一二五七年的裁決行事，因此漢地佛教徒又聯合番僧楊璉眞迦去爭取。一二八〇年（至元十七年）〈虛仙飛泉觀碑〉載有該年二月廿五日，忽必烈在大都所頒發的聖旨。內云：

> 如今總統每、和尚每付奏有：那回與來底寺院內，一半不曾回付；已回付了底再爭有。那說謊捏合來底經文每、印板每，一半不曾燒了。三教也不依在前體例安置者麼道，言語每，是實那廑。若是這底言語是實呵，一遍經斷了底，怎生宜？只依在前斷定底，不曾回

河北新道教考》，頁51）。李治安認爲蒙古帝國兩次佛道辯論中，那摩國師對於蒙廷抑制全眞道和扶持佛法，竭盡全力。（氏著《忽必烈傳》，頁574），北京人民出版社，2004。

〔註87〕《辯僞錄》卷四，頁771～773。
〔註88〕陳援庵《南宋初河北新道教考》，頁50～51。
〔註89〕陳援庵前引書，頁52。

付來底寺院，並屬寺家底田地、水土、一處回付與。將說謊捏合來
底經文並印板，不曾毀壞了底，交毀壞了者。更將三教依在前體例
安置。〔註90〕

這是重申一二五七年的裁定。另一方面，忽必烈又下令當時全眞掌教祁志誠
自行焚毀道藏僞妄經文及板〔註91〕，又叫張易（平章政事）、張仲謙（右丞）、
焦尚書、泉總統（按：楊璉眞珈）、忽都于思、都魯（中書省客省使）、苦速
丁淵（中書省宣使）、眞藏（僧錄）、僧判、眾講主，以及張天師（宗演）、
李眞人（眞大道七祖李德和）、杜眞人（疑爲杜道堅）一同於長春宮參校道
書的眞僞〔註92〕。至元十八年十月十七日，張易等言：「參校道書，惟《道
德經》係老子親著，餘皆後人僞撰，宜悉焚毀。」〔註93〕世祖乃於三天後（十
月二十日）下詔焚之，並差楊璉眞珈、都魯監督各省達魯花赤管民官用心拘
刷〔註94〕。道家遭此焚經厄運，幸經張留孫透過眞金太子的力量，「存其不
當焚者，而醮祈禁祝，亦皆不廢」〔註95〕又據今人陳國符的說法，除京畿道
觀之外，各路並未嚴格執行焚經之事〔註96〕。雖然如此，道藏經典仍有不少
損失。宋德方所編纂的道藏（《玄都寶藏》）有七千八百餘卷，而《正統道藏》
僅有五千三百零五卷，兩者相差二千五百卷左右〔註97〕。雖然其中有一些毀
於元末兵燹，但至元十八年焚毀之道經，當不在少數。《至元辯僞錄》列舉
了三十九種聖旨禁斷的道經〔註98〕。這三十九種道經一共有多少卷，吾人不
得而知。今《正統道藏闕經目錄》所著錄道書，大多係遭元代焚經而致亡闕
者〔註99〕。然闕注目錄總數超過三十九種，因此道經之亡佚，也不完全由於
元代之焚經。

　　至元十八年的焚經聖旨，對於全眞教來說，誠然爲一打擊。何以世祖於

〔註90〕蔡美彪《元代白話碑集錄》，頁29。
〔註91〕《元史》卷十一〈世祖本紀〉，頁84。
〔註92〕一二八一年忽必烈皇帝聖旨，載《元代白話碑集錄》，頁105。
〔註93〕《元史》卷十一〈世祖本紀〉，頁89。
〔註94〕全註90。
〔註95〕虞集〈張宗師墓誌銘〉（《道園學古錄》卷五○）又見趙孟頫〈玄教大宗師張公
　　　　碑銘並序〉。
〔註96〕陳國符《道藏源流考》，頁167。
〔註97〕前引書，頁161，頁174。
〔註98〕《辯僞錄》卷二，頁764。
〔註99〕《道藏源流考》，頁167。

至元六年立「崇道詔書碑」，褒封全真教五祖和七真，卻又於至元十八年下此
重挫？關於這個問題，學者們尚未有答案。吾人從參校道書諸人的身分以及
張易的奏章中，約略可以看出其中端倪：

張易：中書省平章政事，樞密副使〔註100〕，為當時最有權勢的漢人。曾
　　　推薦高和尚給世祖。

張仲謙：中書省右丞，洞究術數，為漢法派大將。〔註101〕

焦尚書：不詳。

泉總統：即畏兀僧人楊璉真伽，江南釋教都總統。

忽都于思：不詳。

都魯：即禿忽魯，康里亦納之孫，曾從許衡學。〔註102〕

苦速丁淵：中書省宣使，出身不詳。惟從名字上看，當是畏兀人無疑。
　　　　　賽典赤瞻思丁有一子名為「苦速丁兀默里」，不知是否即為此
　　　　　人。

張天師：第三十六代天師張宗演，時應召赴闕。

李真人：真大道七祖李德和。

杜真人：疑為茅山宗（併入正一）的杜道堅，因為他曾對老子作注，請
　　　　他參校道書十分合理。

從以上諸人的出身來看，無一人與全真教有良好的關係者。張易親高和
尚，張文謙（仲謙）與劉秉忠同學，洞究術數，楊璉真珈，都魯、苦速丁淵
皆畏兀人，於全真素無好感。張天師為世祖新寵，正企圖鞏固自己的地位。
真大道李真人固與全真教頗近，與全真互不相能。杜真人對全真態度則不明
朗。從以上分析可知：請人中無一袒全真者。張易的奏章又云；「（道經）至
有教人非妄，佩符在臂，男為君相，女為后妃，入水不溺，入火不焚，刀劍
不能傷害等。及令張天師、祁真人、李真人、杜真人試之於火，皆求哀請命，
自稱僞妄，不敢試驗。」〔註103〕，這是一二五七年番僧招式的翻版。李真人、
杜真人又情願燒毀《道德經》以外的道經，因此我們可以斷定此次焚經，當
不是出自正一教或真大道教的同室操戈，而是張易與番僧攜手合作的結果。

〔註100〕《元史》卷十一，頁89。
〔註101〕《元史》卷一五七，〈張文謙傳〉，頁1767，黃時鑒認為他是漢法派大將。
〔註102〕《元史》卷一三四，〈禿忽魯傳〉，頁1438。
〔註103〕《至元辯僞錄》。

由於張易的出身仍不夠翔實，因此我們無由知道他何以如此做。不過，從他推薦高和尚一事看來，他與佛教人士似有淵源。

　　至元十八年的焚經，對全眞固是一大打擊，但全眞的民間勢力並未因此而中衰。沙畹說：「道教從此未在中國取得一個優勢的地位。」〔註104〕這句話是有待商榷的。因爲一二八一年以後道教在朝廷的地位由正一教取代，而全眞仍保留它在民間的勢力。虞集《紫虛觀記》云：「今爲道家之教者，爲宮殿樓觀門垣，各務極其宏麗，象設其所事神明而奉祠之，日爲天子致福延壽，故法制無所禁，惟其意所欲爲。」〔註105〕可見其在地方的勢力並未稍減。此外，各省通志仍有許多宮觀建於至元十八年以後的記載，亦爲佐證。窪德忠認爲全眞教自此以後，教團性格有了很大的轉變，從王重陽《立教十五論》的淳朴虛靜轉向帶有莊園地主的性格〔註106〕。從全眞宮觀之密布情形來看，窪德忠之說是有幾分道理的。在隨朝慶賀班次上，「先生」（道士）總是居於「和尚」之後祝讀，〔註107〕這與世祖以後諸帝之崇佛有關〔註108〕。但元帝對道教並沒有禁斷，任人民信奉〔註109〕。因此道教在民間的勢力並未稍減。吾人可以說：道士得志則寵於朝廷帝君，失意則退居民間，並無所謂失勢不失勢。

　　總之，元憲宗和世祖在位期間的佛道辯論與衝突，佛教僧人終於取得勝利，主要原因並不在於蒙古可汗的尊佛或西藏僧人的鼎助漢地僧人，亦不在於忽必烈於佛理有深刻的認識，而是蒙元諸帝基於實用需求和政治控制，不欲全眞道的勢力過於龐大，導致政治天平上的失衡。Rossabi 認爲忽必烈並無意壓制道教，其主要目的在於抑制道士的濫權〔註110〕，這是持平之論。

〔註104〕 E. Chavannes, "Inscriptions et pièces de Chancellerie Chinoise de l'époque mongole" P. 404. *Toung Pao*. Série 2. Vol 5. 1904. Leide.

〔註105〕 《道園學古錄》卷四六。

〔註106〕 窪德忠《中國の宗教改革》，頁196。

〔註107〕 《元典章》卷三三，又見《元代白話碑集錄》。

〔註108〕 李治安認爲忽必烈在海雲禪師的影響下，以佛爲尊的意念已開始形成。（氏著《忽必烈傳》，頁574，北京人民出版社，2004年）

〔註109〕 姚燧〈長春宮碑銘〉云：「道流儒宿，眾擇之，凡金籙科範，不涉釋言者，在所聽爲」《牧庵集》卷十一，頁96）。

〔註110〕 Rossabi, *Khubilai Khan-His Life and Times*, P. 204, Univ of California Press, 1988.

第七章　結　論

　　綜合以上所論，吾人可將蒙元帝國初期的政教關係分三大階段來論：

　　第一階段：一一八九年至一二五九年。即從成吉思汗第一次稱汗至蒙哥汗去世爲止。這一階段蒙古帝國的政治重心在漠北，因此該階段的政教關係以可汗與薩蠻的關係爲主。此階段又可細分成兩時期，以成吉思汗剷除帖卜騰格里作爲分野（一二〇六年），在此以前，薩蠻在蒙古社會仍擁有雄厚的勢力，並且憑藉著他們所具有的特殊功能（預言、占卜、祭祀、祈禳、治病等），得以左右可汗的人選。鐵木眞之即位先後得到豁兒赤、帖卜騰格里倡言符端的幫助。後一時期（即帖卜騰格里被成吉思汗剷除之後），成吉思汗頒佈《大札撒》，以嚴酷的法令箝制薩蠻的活動，他又將全國人民、士兵納入一個嚴密的行政與軍事體系之下，建立帝國社會，遏阻社會再分化的潮流，使薩蠻失去了社會基礎。薩蠻從社會中游離出來，與可汗、諸王建立私人關係。他們憑藉此種私人關係，可以謀取物質上的利益或在汗位爭奪中發生影響力，甚至也有亂政之事，但他們不致於對汗位產生威脅，他們與可汗諸王的私人關係也是有限的──一種互賴互利的合作關係。從另一方面觀之，可汗對薩蠻教的神統也產生影響，使後者開始階層化。而可汗所專用的「長生天」，也居於諸騰格里之上，這使得薩蠻獨具的通天本領不再對可汗地位構成威脅。

　　第二階段：一二六〇年至一二八一年，即世祖中統元年到至元十三年滅南宋，統一中國爲止。此階段蒙元帝國政治重心已南移至上都與大都之間。薩蠻的地位爲喇嘛與道士所取代，只在蒙古國俗舊禮的祭祀中發揮主祭（燒飯、射草狗、祭祖等）的功能，因爲這項功能爲薩蠻所獨具，喇嘛與道士皆無能爲之。而就政治上而言，喇嘛番僧最受蒙古可汗寵信，最受優遇，其次爲全

真道士。前者不在本文研究範圍之內，姑置不論，後者之在政治上得勢，主要由於它在民間的勢力。全真之得勢是從一二二三年丘處機從西域歸來，得到成吉思汗的聖旨開始。全真教發展勢力的主要方式是建立與修復宮觀，引吸門徒，於一二五○年代達到高峰。全真發展宮觀，大抵是沿著貿易路線與蒙古行軍路線而行，也因此與漢地佛教徒發生嚴重的衝突。佛道的衝突表面上是爲了《老子化胡經》，實際上是爲了教產與信徒的爭奪。就蒙古可汗而言，禮拜場所之爲佛寺或道觀，實無關緊要。因此佛道的幾次辯論，全真道士雖然敗北，但無損於他們在民間的勢力。至元十八年的焚經，只對全真有害，但對正一教並無任何負面影響。

第三階段：一二八一年至一三○四年，此階段最受可汗寵信的道派是天師正一教，尤其是從正一教分出來的玄教。這一方面是由於它們在民間的勢力，另一方面也由於法術的高強。玄教可以說是正一教駐在京城的代表，它與正一教之間並無衝突，因爲玄教宗師注重的是「政治」面（即以宗教機構長官——領集賢院——的身分，統御道官、道眾），而張天師注重的是「宗教」面，即以牒度人及主持醮儀等事。不僅如此，玄教對於道教（尤其是正一教）更發揮了正面作用。張留孫憑藉五朝皇帝的寵信，挽救了部分道經被焚毀的命運，也使天師領三山符籙，奠定正一之爲江南道教領袖的基礎。

以上是就時間來考量帝國初期政教關係的發展。吾人可從另一角度來觀察帝國初期的政教關係。從「供需原理」與「功能」的角度來看此時期的政教關係，會發現兩者對應程度越高的，政教關係越密切，神職人員越受可汗寵信。蒙古可汗酷信法術，薩蠻具有預言、占卜、祭祀、祈禳、治病五大功能，這是薩蠻備受蒙古可汗（尤其是從成吉思汗至蒙哥汗）寵信的主因。但薩蠻不具有政治功能，因爲薩蠻沒有教團，不能藉之治國。薩蠻的法術也有地區性的限制，例如他們不能祭祀漢地的岳鎮海瀆，因此當帝國重心南移時，薩蠻的地位就爲番僧與道士所取代了。

蒙古帝國初期諸道派中，有些功能爲各派所共有（如齋醮、祭祀山川岳瀆等），有些功能則爲某道派所擅場。例如全真教擅長組織群眾，修身養性治國之術，提供宗教慰藉與社會福利。太一教則擅長告天祭斗與延壽，並以符籙治病見長。正一教亦擅長齋醮符籙治病消災預言。這是爲何全真教於一二二三年至一二七六年得勢，太一於一二七四年左右極盛，正一於一二七六年以後得勢的主因。質言之，全真之得勢主要不在於其法術，而在於它在民間

的勢力；太一之得寵，主要由於法術；而正一之寵遇歷久不衰，則兩種原因兼而有之。眞大道派一直未能大興，則因缺乏此兩大因素所致。

　　從社會的角度來看蒙元帝國初期的政教關係，會發現「薩蠻與可汗的關係」和「道士與可汗的關係」有顯著的不同點：薩蠻與可汗同屬蒙古族，再加上薩蠻在早期蒙古社會的地位很崇高（甚至有兼族長的），因此薩蠻與可汗之間不發生「被統治者」與「統治者」的關係，薩蠻也沒有被納入「宗教戶計」之內，因此兩者的關係可說是一種互賴互利的關係。道士與可汗則分屬不同的種族，兩者之間即有「被統治者」與「統治者」的關係存在。道士也被納入「宗教戶計」，道派在朝勢力的興衰，取決於蒙古可汗的因素頗大。從經濟的角度來看，薩蠻、道士與其他宗教人士一樣，皆免除賦役。但因爲處在不同的經濟型態中，因此對帝國經濟的影響就不大相同。大抵而論，道士免地稅商稅的優待，對帝國的經濟影響較大，這也是自忽必烈以下，元初諸帝對於免稅規定反覆不定的緣故。但事實上，元廷對此並未施以嚴格的控制。

　　若從政治層面加以考量，蒙古可汗頗有利用宗教自由政策與宗教管理機構，以遂行其政治目的的企圖。蒙古可汗推行宗教自由的原因固然多端，但主要出於政治上的考慮。可汗推行自由政策，准許信教自由，不許任何一派凌駕其他宗派之上，如此一來，任何教派不因得寵而遂行其私。這一政策在漠北時期，推行得並不很成功，由於蒙古可汗寵信薩蠻，遂使彼等有亂政的機會。但此政策在漢地卻很成功。元初並無任何教團假宗教名義倡亂者，不能不說是蒙古宗教自由政策的成功。而蒙古可汗之不斷延攬各教派人士至朝廷，爲可汗效命，不能不說是一種政策的運用。此外，「宣政院」與「集賢院」官員的安排，更充分顯示蒙古可汗利用宗教機構來控制漢地僧侶、道士的企圖。以集賢院爲例，官員分爲「道士」與「非道士」兩系統，前者皆漢人，後者則包含蒙古人與色目人，彼此互相制衡。元代地方道官的分級設置與地方官的分級平行，連道官的名稱皆與地方官名稱相若，這充分反映出元廷在宗教機構中所賦予的政治使命。總而言之，蒙古可汗一方面需要道士滿足他們的需求，另一方面也借重道士，達到統治道眾、安撫百姓的政治目的。爲了酬庸道士，可汗則以下列方式表現之：（1）賜予各種封號；（2）於兩京建宮觀，作爲道派禮拜場所；（3）做功德主，供給香火食糧；（4）賜予度牒，許其自行度人；（5）賜額給宮觀；（6）捐資幫助道經的編印；（7）採納道士的若干建議；（8）給予物質上的賞賚。可汗與道士之間實存有互賴互利的關

係，這點與可汗、薩蠻的互利關係相同。

就政教關係的類型來說，蒙元帝國初期的政教關係屬於楊慶堃所謂「第一類型」。易言之，各教派人士與統治者合作，尤其在蒙元帝國初期，更有迎合蒙古可汗意旨的跡象。這一方面由於蒙古可汗有「汗位天授」的觀念，不容許任何宗教人士挑戰；另一方面由於蒙古軍武力之強大，亙古所無，各宗派在蒙古強大的武力震懾之下，只有想盡辦法迎合可汗的意旨，希冀獲得恩寵，以謀取利益。元代漢地僧侶雖無在宣政院任官者，然元代僧侶向可汗稱臣，已為明顯的事實〔註1〕。而道士之任職集賢院者不少，當然亦向天子稱臣。《佛祖歷代通載》記載一段話，頗能點出僧侶的迎合。卷二十二云：

> 僧眾遠迎帝駕。帝曰：「往日僧人三詔不起，今日僧人云以遠迎。」
>
> 僧無對。〔註2〕

丘處機不應宋金之召，卻應成吉思汗之召，以七十三歲之年齡，遠涉沙漠，前往西域晉見成吉思汗，其中固有迎合之意旨在。因此在蒙古帝國初期，統治者與各宗派之間，並無衝突存在，反而是各宗派之間彼此勾心鬥角，互爭雄長，最顯著的例子是佛教（以禪宗為代表）與道教（以全真為代表）的衝突。儘管宗派之間有衝突存在，但由於蒙古可汗的宗教信仰並無所謂「正統」與「異端」之別，其宗教政策亦採自由放任，因此終元之世，並無全面滅佛或排道之舉，這是迥異於其他朝代的。幾次佛道衝突中，佛教僧侶之所以取得勝利，固得力於僧侶之善辯與番僧之協助，主要原因還是在於蒙元諸帝的實用觀點與政治控制，欲藉宗教寬容，以達到政治宗教勢力的平衡。

元代焚經，雖使全真受挫，但並未損及全真在華北民間的勢力，這是因為它本來就出自民間。反觀元帝寵信的「玄教」卻隨元帝國之覆亡而終，也是因為它在民間並無基礎所致。道教與民間終究是分不開的。

元代僧道眾多，又免除賦役，會傷害到帝國的經濟，尤其是番僧的奢侈浪費，史不絕書，拖垮了帝國的經濟，也是元帝國速亡的原因之一，此有待來日的研究。此外，蒙古可汗的宗教政策對於三教合一是否具有促進的作用〔註3〕，以及對於道教教義是否有影響，皆值得研究，惟只能俟諸來日。

〔註1〕 道端良秀《佛教與儒家倫理》，頁83引《百丈清規》：「大智壽聖禪寺住持，臣僧德輝奉敕重編」，明顯地向天子稱臣。

〔註2〕 《佛祖歷代通載》卷廿二，頁724。

〔註3〕 Liu Tsun-Yan and Judith Berling "The Three Teachings in the Mongol-Yuan Period" （Concluded in *Yuan Thought*, PP. 479～503）一文曾對此略有論述。

參考書目

壹、史　料

一、中　文

1. 《漢天師世家》，續道藏，《正統道藏》第五十八冊。（《正統道藏》採 1977 年新文豐版本，以下同）

2. 《金蓮正宗記》，洞眞部，《正統道藏》第五冊。

3. 《金蓮正宗仙源像傳》，洞眞部，《正統道藏》第五冊。

4. 《甘水仙源錄》，洞神部，《正統道藏》第三十三冊。

5. 《重陽全眞集》，太平部，《正統道藏》第四十三冊。

6. 《重陽玄教十五論》，正乙部，《正統道藏》第五十四冊。

7. 《七眞年譜》，洞眞部，《正統道藏》第五冊。

8. 《終南山祖庭仙眞內傳》，洞神部，《正統道藏》第三十二冊。

9. 《玄風慶會錄》，洞眞部，《正統道藏》第五冊。

10. 《長春眞人西遊記》，正乙部，《正統道藏》第五十七冊。

11. 《歷世眞仙體道通鑑續編》，洞眞部，《正統道藏》第八冊。

12. 《磻溪集》，太平部，《正統道藏》第四十三冊。

13. 《洞玄金玉集》，太平部，《正統道藏》第四十三冊。

14. 《雲山集》，太平部，《正統道藏》第四十二冊。

15. 《葆光集》，太平部，《正統道藏》第四十三冊。

16. 《中和集》，洞眞部，《正統道藏》第七冊。

17. 《雲笈七籤》，太玄部，《正統道藏》第三十七冊。

18. 《抱朴子》，太平部，《正統道藏》第四十七冊。

19. 《茅山志》，洞眞部，《正統道藏》第九冊。

20. 《太平經鈔》，太平部，《正統道藏》第四十一冊。

21. 《太上老君開天經》，續道藏，《正統道藏》第五十八冊。

22. 《靈寶无量度人上品妙經》，洞眞部，《正統道藏》第一冊。

23. 《古樓觀紫雲衍慶集》，洞神部，《正統道藏》第三十二冊。

24. 《金籙齋啓壇儀》，洞玄部，《正統道藏》第十五冊。

25. 《宮觀碑志》，洞神部，《正統道藏》第三十三冊。

26. 《雲光集》，太平部，《正統道藏》第四十三冊。

27. 《淮南鴻烈解》，太清部，《正統道藏》第四十七冊。

28. 《洞玄靈寶自然九天生神章經解義》，《正統道藏》第十一冊。

（以上見《正統道藏》，台北，新文豐出版公司，民國 66 年）

29. 《佛祖歷代通載》，《大正藏》第四十九冊。

30. 《至元辯僞錄》，《大正藏》第五十二冊。

31. 《大明高僧傳》，《大正藏》第五十冊。

32. 《彰所知論》，八思巴撰，沙囉巴譯，《大正藏》第三十二冊。

33. 《大唐大慈恩寺三藏法師傳》，《大正藏》第五十冊。

（以上見《大正新脩大藏經》，日本一切經刊行會）

34. 《史記》，司馬遷撰，鼎文書局。

35. 《漢書》，班固撰，鼎文書局。

36. 《後漢書》，范曄撰，鼎文書局。

37. 《梁書》，姚思廉撰，鼎文書局。

38. 《魏書》，魏收撰，鼎文書局。

39. 《周書》，令狐德棻撰，鼎文書局。

40. 《南史》，李延壽撰，鼎文書局。

41. 《北史》，李延壽撰，鼎文書局。

42. 《隋書》，魏徵撰，鼎文書局。

43. 《舊唐書》，劉昫撰，鼎文書局。

44. 《遼史》，脫脫撰，鼎文書局。

45. 《金史》，脫脫撰，鼎文書局。

46. 《元史》，宋濂撰，鼎文書局，中華大典編印會。

47. 《新元史》，柯紹忞撰，藝文印書館。

（以上爲正史，見鼎文書局及藝文印書館所印行）

48. 《蒙兀兒史記》，屠寄撰，鼎文書局。

49. 《陝西通志續通志》，雍正十三年，民國 23 年刊本，華文書局。

50. 《河南通志續通志》，光緒八年刊本，華文書局。

51. 《畿輔梵刹志》，《中國佛寺史志彙刊》第二輯第二五冊，明文書局，1980 年。

52. 《至順鎮江志》，俞希魯撰，台北，華文書局，1968 年。

53. 《析津志輯佚》，熊夢祥撰，北京，古籍出版社，1983 年。

54. 《山東通志》，張葆田撰，民國四年重印本，華文書局。

55. 《山西通志》，王軒撰，光緒十八年刊本，華文書局。

56. 《福山縣志》，許鐘璐修，民國 20 年鉛本，成文出版社。

57. 《萊陽縣志》，梁秉錕修，民國 24 年鉛本，成文出版社。

58. 《牟平縣志》，宋憲章修，民國 25 年鉛本，成文出版社。

59. 《齊乘》，于志齊作，《宋元地方志三十七種》（一），國泰文化事業有限公司。

60. （元）《龍虎山志》，元明善編，丹青圖書公司。

61. （清）《龍虎山志》，婁近垣編，丹青圖書公司。

    （以上爲方志）

62. 《秋澗先生大全文集》，王惲撰，《四部叢刊初編》，台灣商務印書館。

63. 《清容居士集》，袁桷撰，《四部叢刊初編》，台灣商務印書館。

64. 《牧庵集》，姚燧撰，《四部叢刊初編》，台灣商務印書館。

65. 《雪樓集》，程鉅夫撰，景印《文淵閣四庫全書》第 1202 冊，台灣商務印書館。

66. 《遺山先生文集》，元好問撰，《四部叢刊初編》，台灣商務印書館。

67. 《湛然居士文集》，耶律楚材撰，《國學基本叢書》，台灣商務印書館。

68. 《道園學古錄》，虞集撰，《國學基本叢書》，台灣商務印書館。

69. 《滹南遺老集》，王若虛撰，《四部叢刊初編》，台灣商務印書館。

70. 《宋學士文集》，宋濂撰，《四部叢刊初編》，台灣商務印書館。

71. 《國朝名臣事略》，蘇天爵撰，台北，學生書局，用元統三年刊本。

72. 《清庵先生中和集》，李道純撰，《元人文集珍本叢刊》第八冊。

73. 《吳文正集》，吳澄撰，景印《文淵閣四庫全書》第 1197 冊，台灣商務印書館。

74. 《松雪齋文集》，趙孟頫撰，《四部叢刊初編》，台灣商務印書館。

75. 《養蒙文集》，張伯淳撰，《四庫全書珍本三集》，第二七五冊，台灣商務

印書館。

76. 《白雲稿》，杜道堅撰，《四庫全書》。

77. 《磻溪詞》，丘處機撰，《彊村叢書》第三十三冊。

78. 《剡源戴先生文集》，戴表元撰，《四部叢刊初編》，台灣商務印書館。
（以上為文集）

79. 《酉陽雜俎》，段成式著，《四部叢刊初編》子部二十七冊，台灣商務印書館。

80. 《輟耕錄》，陶宗儀著，《叢書集成簡編》，台灣商務印書館。
（以上為筆記）

81. 《塞北紀行》，張德輝撰，《皇朝藩屬輿地叢書》第二集第十五冊。

82. 《蒙韃備錄》，趙珙撰，（本文用王國維箋証本），《王觀堂先生全集》第九冊，文華出版公司。

83. 《黑韃事略》，彭大維撰，（本文用王國維箋証本），《王觀堂先生全集》第九冊，文華出版公司。

84. 《馬可波羅行紀》，馮承鈞譯，台灣商務印書館，民國 51 年。

85. 《西遊錄》，耶律楚材撰，《羅雪堂先生全集》四編第十二冊。

86. 《長春真人西遊記》，丘處機撰，中華書局。

87. 《三朝北盟會編》，徐夢莘編，文海出版社。

88. 《中西交通史料彙編》，張星烺編，台北，世界書局，民國 58 年。
（以上為遊記）

89. 《元代白話碑集錄》，蔡美彪輯，上海，科學出版社，1955 年。

90. 《道家金石略》，陳垣編纂，北京、文物出版社，1988 年。

91. 《金石萃編未刻稿》，羅振玉編，收入《石刻史料新編》，台北，新文豐，民國 66 年。

92. 《中州金石記》，阮元編，收入《石刻史料新編》，台北，新文豐，民國 66 年。

93. 《唐玄宗御製〈故闕特勤碑〉》，收入鈴木氏餐菊軒印行《闕特勤碑譯文》，1935 年。
（以上為碑刻）

94. 《老子讀本》（本文採余培林注譯本），三民書局。

95. 《老子校釋》，朱謙之校，里仁書局。

96. 《老子今譯》，任繼愈譯，里仁書局。

97. 《莊子讀本》，（本文採黃錦鋐本），三民書局。

98. 《十三經注疏》，阮元校勘，嘉慶二十年重刊宋本，大化書局。

99. 《楚辭》（本文採傅錫壬讀本），三民書局。

100. 《管子》，台灣中華書局，1982 年。

    （以上爲經部、子部與集部）

101. 《古今圖書集成》，鼎文書局，第四九冊。

102. 《大元聖政國朝典章》（本文採故宮博物院景印元本），故宮博物院，民國 65 年。

103. 《大元通制條格》，台北，中文出版社，1970 年。

104. 《多桑蒙古史》，馮承鈞譯，台灣商務印書館，民國 56 年台三版。

105. 《史集》（第二卷），余大鈞，周建奇譯，北京商務印書館，1985 年。

106. 《蒙古秘史新譯並注釋》，札奇斯欽譯註，台北，聯經出版事業公司，民國 68 年。

107. 《蒙古《黃金史》譯註》，札奇斯欽譯註，台北，聯經出版事業公司，民國 68 年。

108. 《白雲觀志》，小柳司氣太編，日本東方文化學院東京研究所，1934 年。

109. 《尼山薩蠻傳》，莊吉發譯註，文史哲出版社，1977 年。

110. 《北派七眞修道史傳》，佚名撰，台北，自由出版社，1965 年。

二、日　文

1. 《勝教寶燈》（原文爲藏文），日本外務省調查部譯，改名《蒙古喇嘛教史》，昭和十五年（1940）。

三、土耳其文

1. Eski Türk Yazitlari, I, by H. N. Orkun, Istanbul 1936.

四、西　文

1. *Cathay and the Way Thither*, translated and edited by Sir Henry Yule. reprinted by Ch'eng Wen Publishing Co. Taipei, 1972.

2. *DebT'er DMar Po gSar Ma trans.* by G. Tucci, Roma, 1971.

3. *Histoire des Mongols*, D'Ohsson, La Haye et Amsterdam, 1834.

4. *The History of the World Conqueror*, by Juvaini, Manchester University Press, U. S. A.

5. *The Journey of William of Rubruck*, Hakluyt Society, 1900.

6. *The Mongol Mission*, edited by C. Dawson. Sheed and Ward. London and N. Y. 1955.

7. *Les Mongols et la Papauté*, traduit par P. Pelliot, Revue de l'Orient Chretién. 3è série, T. III, 1922〜23, Paris.

8. *Sinica Franciscana*, Vol. I, Firenze, 1929.

貳、工具書

一、中　文

1. 《西洋哲學辭典》，項退結譯，國立編譯館，1976 年。
2. 《宗教詞典》，台北，博遠出版社，1989 年。
3. 《中國古今地名大辭典》，台灣商務印書館，民國 64 年，台四版。

二、蒙古文與英文

1. *Mongolian-English Dictionary*, Compiled by F. D. Lessing etc. Univ. of California Press, 1960.

三、日　文

1. 《梵和大辭典》，荻原雲來編。原著於 1940 年出版，台北新文豐出版公司 1979 年影印。
2. 《宗教學辭典》，小口偉一、堀一郎合編，東京大學出版會，1973 年。

四、土耳其文

1. *Türkçe Sözlük*, Ankara, 1966.
2. *Türkçe-ingilizçe*, Redhouse Sözlügü.

參、專　著

一、中　文

1. 《成吉思汗傳》，李符桐著，台北，新動力出版社，民國 54 年（1965 年）。
2. 《松花江下游的赫哲族》，凌純聲著，南京，《史語所專刊》甲種之十四，民國 23 年（1934 年）。
3. 《宗教心理學》，烏格里諾維奇著，沈翼鵬譯，北京，社會科學文獻出版社，1989 年。
4. 《達呼爾方言與滿蒙語之異同比較》，哈勘楚倫、胡格金台合著，台北，學海出版社。
5. 《世界宗教史》，加藤玄智著、鐵錚譯，台灣商務印書館，1972 年 3 版。
6. 《契丹史略》，張正明著，台北，帛書出版社。
7. 《中國佛教發展史》，中村元著，余萬居譯，台北，天華出版公司，1984 年。
8. 《契丹古代史研究》，愛宕松男著，邢復禮譯，呼和浩特，內蒙古人民出

版社，1987 年。

9. 《蒙古史論叢》，札奇斯欽著，台北，學海出版社，民國 69 年（1980年）。

10. 《蒙古與西藏歷史關係之研究》，札奇斯欽著，台北，正中書局，民國 67 年（1978 年）。

11. 《姚從吾先生全集》，姚從吾著，台北，正中書局，民國 71 年（1982年）。

12. 《元代社會階級制度》，蒙思明著，哈佛燕京社出版，1938 年。

13. 《蒙古社會制度史》，Vladimirtzov 著，張興唐、烏占坤合譯，台北，中華文化出版事業委員會，民國 48 年（1959 年）。

14. 《邊疆史研究——宋金時期》，陶晉生著，台灣商務印書館。

15. 《薩滿教研究》，秋浦主編，上海，人民出版社，1985 年。

16. 《世界各民族歷史上的宗教》，托卡列夫著，魏慶征譯，北京，中國社會科學出版社，1985 年。

17. 《教廷與中國使節史》，羅光著，台北，傳記文學叢刊，1983 年。

18. 《元代戶計制度研究》，黃清連著，《台灣大學文史叢刊》，民國 66 年（1977年）。

19. 《佛教與政治》，譚英華著，台北，大乘文化出版社，民國 68 年（1979年）。

20. 《蒙古與俄羅斯》，Vernadsky 著，札奇斯欽譯，台北，中華文化出版事業委員會，民國 44 年（1955 年）。

21. 《唐元二代之景教》，羅香林著，香港，中國學社，民國 59 年（1970 年）台三版。

22. 《蒙古史略》，Grousset 著，馮承鈞譯，台灣商務印書館，民國 55 年（1966年）2 版。

23. 《中國道教史》，傅勤家著，台灣商務印書館，民國 59 年（1970 年）台三版。

24. 《道教文化新探》，卿希泰著，四川人民出版社，1988 年。

25. 《道教基礎知識》，曾召南、石衍丰合著，成都，四川大學出版社，1988年。

26. 《蒙古漢軍與漢文化研究》，孫克寬著，台中，東海大學，民國 59 年（1970年）二版。

27. 《元代道教之發展》，孫克寬著，台中，東海大學，民國 57 年（1970 年）。

28. 《寒原道論》，孫克寬著，台北，聯經出版事業公司。

29. 《蒙古文化與社會》，札奇斯欽著，台灣商務印書館，民國 76 年（1987

年）。

30. 《南宋初河北新道教考》，陳垣（援庵）著，台北，新文豐出版公司，民國 66 年（1977 年）。

31. 《援庵史學論著選》，陳援庵著，台北，木鐸出版社，民國 71 年（1982 年）。

32. 《全真教與大蒙古國帝室》，鄭素春著，台北，學生書局，民國 76 年（1987 年）。

33. 《明代道教正一教》，莊宏誼著，台北，學生書局，民國 75 年（1986 年）。

34. 《中國近世宗教倫理與商人精神》，余英時著，台北，聯經出版事業公司。

35. 《道藏源流考》，陳國符著，台北，古亭書屋，民國 64 年（1975 年）。

36. 《長春道教源流》，陳銘珪（教友）著，台北，廣文書局，民國 64 年（1975 年）。

37. 《中國佛教教育——儒佛道教育比較研究》，丁鋼著，四川教育出版社，1988 年。

38. 《道教與中國文化》，葛兆光著，上海人民出版社，1984 年。

39. 《佛教與儒家倫理》，道端良秀著，釋慧嶽譯，中華佛教文獻編撰社，民國 68 年（1979 年）。

40. 《蒙古史論文選集》一至五輯，呼和浩特，蒙古語文歷史學會編印，1983 年。

41. 《元史論叢》一至三輯，元史研究會編，北京，中華書局，1982 年至 1986 年。

42. 《蒙古史研究》一至二輯，中國蒙古史學會，呼和浩特，內蒙古人民出版社，1985～1986 年。

43. 《西域南海史記考證譯叢丁集》，Pelliot 著，馮承鈞譯，台灣商務《人人文庫》，民國 61 年（1972 年）。

44. 《理性化與官僚化》，W. Schluchter 著，顧忠華譯，台北，聯經出版事業公司，民國 75 年（1986 年）。

45. 《中國宗教與西方神學》，秦家懿、孔漢思合著，台北，聯經出版事業公司，民國 78 年（1989 年）。

46. 《中國古代思想史論》，李澤厚著，台北，谷風出版社，1986 年。

47. 《在歷史的表象背後》，金觀濤著，台北，谷風出版社，民國 77 年（1988 年）（原作 1983 年一版）。

48. 《忽必烈傳》，李治安著，北京，人民出版社，2004 年。

49. 《忽必烈》，周良霄著，吉林教育出版社，1986 年。

50. 《蒙古族騰格里觀念的演變》，胡其德著，《蒙藏專題研究叢書》之 81，蒙藏委員會發行，1997 年。

51. 《中國道教史》，卿希泰著，成都，四川人民出版社，1992 年。

52. 《楚文化史》，張正明著，台北，南天書局，1990 年。

二、日　文

1. 《白鳥庫吉全集》，白鳥庫吉著，東京，岩波書店，1971 年。

2. 《シャーマニズム——エクスタシと憑靈の文化》，佐佐木宏幹著，東京，中央公論社，1980 年。

3. 《遊牧騎馬民族國家》，護雅夫著，東京，講談社，1967 年。

4. 《羽田博士史學論文集》，羽田亨著，京都，東洋史研究會，1957 年。

5. 《中國征服王朝の研究》（上）（中）（下），田村實造著，東京，東洋史研究會，1964～1985 年。

6. 《道教史》，窪德忠著，京都，山川出版社，1983 年。

7. 《中國の宗教改革——全眞教の成立》，窪德忠著，京都，法藏館，1967 年。

8. 《金代道教の研究——王重陽と馬丹陽——》，蜂屋邦夫著，東京大學，東洋文化研究所，1992 年。

三、西　文

1. V. V. Bartold, *Turkestan down to the Mongol Invasion*, Luzac & Co. , London, 1928.

2. S. Cammann, *China's Dragon Robes*, The Ronald Press Co. , N. Y. 1952.

3. de Bary, *Yuan Thought*, Columbia Univ. Press, N. Y. 1982.

4. M. Eliade, *Patterns of Comparative Religion*, trans. by Rosemary Sheed. Sheed & Ward., London and N. Y. 1958.

5. M. Eliade, *Shamanism – Archaic Techniques of Ecstasy*, trans. by W. R. Trask, Bollingen Series LXXVI, 1964.

6. M. Granet, *La Pensée Chinoise*, Paris, 1950.

7. M. Granet, *The Religion of the Chinese People*, trans. by M. Freedman, Harper & Row Publishers N. Y. Hagerstown, San Francisco, London, 1975.

8. W. Heissig *La Religion de la Mongolie*, traduit par R. Sailley, Payot, Paris, 1973.

9. Luc Kwanten, *Imperial Nomads*, Univ. of Pennsylvania Press 1979.

10. A. Lommel, *Shamanism—The Beginnings of Art*, McGraw-Hill Book Co. , N. Y. Torento.

11. Mihaly Hoppal, *Shamanism in Eurasia*, Göttingen, 1984.

12. K. Schipper, *Le Corps Taoiste*, Fayard, Paris. 1987.

13. M. Weber, *The Religion of China*, trans by Hans H. Gerth. The Free Press. N. Y. 1951.

14. H. Welch, *The Parting of the Way*.

15. M. Rossabi, *Khubilai Khan-His Life and Times*, Univ. of California Press, Berkeley, 1988.

16. K. Sagaster, *Die Weisse Geschichte*, Asiatische Forschungen, Band 41, Otto Harrassowitz, Wiesbaden, 1976.

17. C. K. Yang, *Religion in Chinese Society*, Univ. of California Press, Berkeley, Los Angeles, 1970.

肆、論 文

一、中 文

1. 〈從借字看突厥、回紇的漢化〉，陳慶隆師，《史語所集刊》四七本三分，頁 34，1976 年。

2. 〈突厥的習俗和宗教〉，林幹，《蒙古史論文選集》第五輯，1983 年。

3. 〈成吉思汗的宗教觀〉，哈勘楚倫師，《中國文化大學民族與華僑研究所年報》第三期，民國 70 年 5 月。

4. 〈蒙古薩滿教蛻革初探〉，蔡志純，《世界宗教研究》第四期，1988 年。

5. 〈黑教〉，Banzaroff 著，許明銀譯。

6. 〈釋 Natigai, Nacigai〉，邵循正，《元史論叢》第一輯，北京，1982。

7. 〈博額考〉，潘世憲，《蒙古史論文選集》第五輯，呼和浩特，1983。

8. 〈中國北方民族的薩滿教〉，蔡家麒，期別漏記。

9. 〈成吉思汗即位前後的政教關係〉，胡其德，《師大歷史學報》第十五期，1987。

10. 〈十三四世紀蒙古族數字觀初探——以三、九爲中心〉，胡其德，《師大歷史學報》第十三期，1985。

11. 〈元代驛遞制度研究〉，胡其德，國立台灣師大碩士論文，1978。

12. 〈蒙古碑刻文獻所見統治者的宗教觀念與政策〉，胡其德，載於《蒙元的歷史與文化——蒙元史國際學術研討會論文集》，清華大學編，學生書局出版，2001 年。

13. 〈王重陽的解脫法門〉，胡其德，《丹道研究》創刊號，台北，丹道文化出版事業股份有限公司，2006 年。

14. 〈粟特的研究〉，掛田良雄，國立台灣師大史研所博士論文，1988。

15. 〈淺論蒙古族長生天思想產生及其演變的根源〉，烏恩，《蒙古族哲學思想史論集》，民族出版社，1984。

16. 〈讀一二七六年龍門禹王廟八思巴字令旨碑〉，亦鄰眞，《蒙古史論文選集》第四輯。

17. 〈中國文化何處去〉，傅偉勳，《文星》復刊，九號，（總號一○七期）。

18. 〈淺談成吉思汗大雅薩法典〉，哈勘楚倫，蒙藏委員會，民國 76 年。

19. 〈校金完顏希尹神道碑書後〉，徐炳昶，《史學集刊》第一期，民國 25 年。

20. 〈蒙古帝國汗位帝系轉移過程的三位女性〉，劉靜貞，《史原》十三期台灣大學，1984。

21. 〈宋元道教神霄派的形成與發展〉，李豐楙，《東方宗教研究》，第 2 期，1988。

22. 〈梁武帝「皇帝菩薩」理念的形成及政策的推展〉，顏尚文，國立台灣師大史研所博士論文，1989。

23. 〈元代道教龍虎宗支派玄教紀略〉，曾召南，《世界宗教研究》，1988 年第 1 期。

24. 〈都城建造傳說探原〉，陳學霖，《漢學研究》五卷一期，民國 76 年 6 月。

25. 〈蒙古的宗教〉，札奇斯欽，收入《蒙古論叢》。

26. 〈金元之際的全眞道〉，郭游，《元史論叢》第三輯，1986。

27. 〈蒙古族的早期信仰和成吉思汗的宗教政策〉，楊紹猷，《民族研究》，六○期，1983。

28. 〈元代之西藏佛教與高麗王國〉，李龍範，《中日韓文化關係研討會論文集》，台北，1983。

29. 〈「和卓」考釋〉，陳慶隆，台北，1968。

30. 〈元代太一教考〉，孫克寬，原載《大陸雜誌》十四卷六期，今收入《漢軍與漢文化研究》一書。

31. 〈查干圖和的作者與成書年代考〉，哈日赤，收於《內蒙古社會科學》，1985 年第二期。

32. 〈阿難答秦王八思巴蒙古語馬年聖旨〉，照那斯圖撰，收於《民族語文》，1988 年。

二、日　文

1. 〈北方民族の間に於ける巫について〉，羽田亨，收入《羽田博士史學論文集》。

2. 〈成吉思汗建國當時の宗教形相〉，羽藤秀利，《蒙古》，一四四期，1944。

3. 〈元代のシヤマニ教に就いて〉岩井大慧，《史學雜誌》四六卷九號，1944。

4. 〈元のラマ僧膽巴にっいて〉，稻葉正就，《印度學佛教學研究》，十一卷一期，1963。

5. 〈滿蒙巫史〉，村田治郎，《滿蒙》十五卷十一期，1934 年 11 月。

6. 〈元代の巫〉，村田治郎，《滿蒙》十五卷十二期，1934 年 12 月。

7. 〈元初に於ける帝室と禪僧との關係にっいて〉圖下大慧，《東洋學報》十一卷四期——十二卷一期，1921～1922。

8. 〈元朝における政治と佛教〉，藤島建樹，《大谷大學研究年報》二七期，1975 年 2 月。

9. 〈元の集賢院と正一教〉，藤島建樹，《東方學報》，三八期，1971。

10. 〈チベットに對する元朝の宗教政策〉，矢崎正見，《立正女子大學短期大學研究紀要》十四期，1970 年 12 月。

11. 〈元の帝師にっいて〉，野上俊靜、稻葉正就合撰，《石濱東洋史論叢》，1958 年 11 月。

12. 〈黑教或いは蒙古人に於けるシヤマン教〉，Banzaroff 著，白鳥庫吉譯，《北亞細亞學報》卷一，1942 年 10 月。

13. 〈フビライ汗とラマ教〉，橋本光寶，《蒙古》一〇八期，1941 年 6 月。

14. 〈元朝崇佛の一面〉，藤島建樹，《印度學佛教學研究》十一卷一期，1963 年 1 月。

15. 〈蒙古史料中所見之初期蒙藏關係〉，岡田英弘，《東方學》第二三輯，東方，東方學會，1962。

三、西　文

1. Chavannes, "Inscriptions et pièces de Chancellerie Chinoise de l'époque mongole," *T'oung Pao* Série II, Vol. V. 1904. Leide.

2. Chen, Ching-lung "Chinese Symbolism in the Huns" included in *Proceedings of the 27th Meeting of the Permanent International Conference*, 1984.

3. Chen, Ching-lung "Concepts Regarding Numbers, Colors, and Cardinal Points among the Turkic Peoples," included in *Proceedings of the 28th Permanent International Altaistic Conference*, Wiesbaden, 1989.

4. Demiéville, "La Situation Religieuse en Chine au Temps de Marco Polo" *Choix d'Etudes Sinologiques*, Leiden, 1973.

5. R. Hamayon, "Is There a Typical Female Exercise of Shamanism in Patrilinear Societies such as the Buryat?" in *Shamanism in Eurasia*.

6. R. Hamayon, "Chamanisme et Taoisme", *Archives Européenes Sociologiques*, No. 26, 1985.

7. Lewis, "What is Shamanism" included in *Shamanism in Eurasia*.

8. A. Rémusat, "Yeliu-Thsou-Thsai" *Nouveaux Mélanges Asiatiques* II, Paris, 1829.

9. A. Sarkoz, "A Mongolian Text of Exorcism" included in *Shamanism in Eurasia*.

10. Liu Ts'un-Yuan & Judith Berling "The Three Teachings in the Mongol-Yuan Period" included in *Yuan Thought*.

11. Mikhajlov, "Evolution of Early Forms of Religion" in *Shamanism in Eurasia*.

12. Cleaves, "Teb Tenggeri", in *Ural—Altaische Jahrbücher*, Band 39, 1967.